모세오경의
진실

모세오경의 진실

창세기, 출애굽기, 레위기,
민수기, 신명기에 대한 과학적 강해

류
상
태

지
음

북카라반
CARAVAN

일러두기

1. 이 책에서 인용한 성서는 개역개정판을 기본으로 하고, 필요에 따라 공동번
   역판과 표준새번역판을 함께 사용했습니다.
2. 성서 구절은 오늘날의 용례와 맞지 않는 어휘나 고유명사, 맞춤법일지라도
   그대로 사용했으나, 본문에서는 오늘날의 용례에 맞게 수정했습니다.

1.

　우리 사회에서 '성서'라는 말은 기독교 경전을 지칭
하는 용어입니다. 하지만 저는 그 통념에 동의하지 않습니다. 세상
에는 '거룩한 책'이라는 뜻을 가진 성서가 매우 많다고 생각하기 때
문입니다.

　기독교 성서 못지않게 인류에게 큰 영향을 끼친 이슬람 경전
『코란』(꾸란)도 성서, 즉 '거룩한 책'이라고 생각합니다. 『논어』와
『맹자』 『중용』 『대학』 등 유교의 성서, 『도덕경』으로 대표되는 도교
의 성서, 『베다』와 『우파니샤드』 등 힌두교 성서, 『법화경』 『화엄경』
『금강경』 등 셀 수도 없이 많은 불교의 성서가 저에게는 모두 거룩
한 책, 즉 성서들입니다. 이런 성서들은 모두 인류의 소중한 문화 자
산입니다.

그런데 기독교 성서만 유독 '성서'라는 이름을 독차지하는 이유가 무엇일까요? 그것은 기독교만이 유일한 구원의 종교라는 독선과 무관하지 않습니다. 기독교인들은 전통적으로 자기들의 경전인 기독교 성서만이 유일무이한 진리의 책이라고 생각했습니다. 심지어 다른 종교의 성서들은 사악한 책이라고 모함하기도 했습니다.

2.

'기독교 성서'라는 표현에 불편을 느끼실 분이 있을 것 같아 이제부터는 우리 사회에서 통상적으로 사용하는 용어 그대로 '성서'라고 하겠습니다.

기독교를 독선과 배타의 종교로 몰아넣은 데는 성서 자체가 단단히 한몫을 했습니다. 성서는 그 자체로 하나님의 말씀이므로 오류가 전혀 없다는 '성서 무오설'이 그렇게 만든 것입니다.

그래서 저는 성서의 진실을 세상에 알리기로 마음먹었습니다. 정말로 성서는 오류가 없는 책인지, 그게 아니라면 성서를 어떻게 읽어야 하는지, 성서 자체로 들어가 샅샅이 탐구해보기로 한 것입니다.

3.

'종교는 체험'이라는 말이 있습니다. 종교의 세계는 머리만으로 이해할 수 있는 세계가 아닙니다. 머리와 가슴으로 함께 다가가야 온전히 이해할 수 있다는 말입니다. 지식으로 배우거나 탐구하는 것으로는 한계가 있고, 전인격적인 체험이 더 중요하다는 말이기도 합니다.

성서의 세계도 마찬가지입니다. 성서는 머리와 가슴으로 동시에 다가가야 이해할 수 있는 책이지 머리만으로 이해할 수 있는 책이 아닙니다. 아마 모든 종교의 경전이 그럴 것입니다.

하여 이 작업을 할 수 있는 사람은 매우 제한되어 있습니다. 기독교 신앙인으로 입문하여 기독교 전통 안에서 생활해본 사람이 아니라면 아무리 뛰어난 학자라도 성서의 세계를 온전히 이해하기는 어렵습니다. 세계적인 석학으로 인정받는 종교학자나 문화학자라도 기독교 공동체 밖에서는 머리로 탐구하는 것은 가능하지만, 가슴으로 성서와 대화하기란 쉽지 않기 때문입니다.

기독교 전통 안에 있는 목사나 신학자, 성서학자라고 해도 누구나 이 작업을 할 수 있는 것도 아닙니다. 성서의 세계를 이해하는 것이 그만큼 어렵다는 뜻이 아닙니다. 조직 안에 있는 사람은 조직의 논리를 거스르기 어렵기 때문입니다.

4.

제가 다른 목사나 신학자, 성서학자들보다 뛰어나서 이 작업을 할 수 있는 것은 아닙니다. 저만큼, 아니 저 이상으로 성서의 세계를 깊이 여행한 사람도 많을 것입니다. 하지만 조직 안에 있는 사람은 자기가 알고 있는 것을 정확히 말하기 어려울 수 있습니다. 그동안 자신이 쌓아온 거의 모든 것을 잃을 수도 있기 때문입니다.

저는 18년 전까지 대한예수교장로회 통합 측 교단에 속한 목사였습니다. 하지만 어떤 사건에 휘말려 교단에 목사직을 반납하고 자유인이 되었습니다. 조직으로부터의 자유, 양심의 자유를 얻은 것이지요. 하여 그때부터 거리낌 없이 제가 알고 있는 진실을 말할 수 있게 되었습니다.

자의 반 타의 반으로 기독교 조직 밖으로 나와 보니, 안에 있을 때는 보이지 않던 것들이 보이기 시작했습니다. 이웃 종교인들과 격의 없이 대화할 수 있었고, 안티 기독교인들과도 많은 대화를 나누었습니다.

기독교로 인해 아파하는 이웃이 너무 많았습니다. 기독교로 인해 아파하고 고민하는 기독교인도 많았습니다. 제가 교단을 나온 이후로 기독교 의식 개혁 운동을 하며 글을 계속 써온 이유입니다. 또한 '류상태 성서 강해'라는 쉽지 않은 이 작업을 계속해서 이어가는 이유이기도 합니다.

5.

이 글은 강해의 형식으로 집필되었습니다. 강해란 '해석 강의'라고 쉽게 이해하시면 됩니다. 일반 강의와 다른 점은, 철저히 텍스트를 기본으로 한다는 점입니다. 텍스트를 기본으로 삼고 그 텍스트를 심층 분석해 설명하는 것입니다.

여기서 텍스트는 당연히 성서의 본문입니다. 하지만 독자들이 성서를 펼치지 않고도 충분히 이해하실 수 있도록 꼭 필요한 성서 본문은 책 안에 직접 넣었습니다. 또한 누구나 쉽게 이해하실 수 있도록 가급적 전문적인 신학적 논리와 용어를 사용하지 않고 쉽게 설명하려고 노력했습니다.

이 작업은 처음부터 출판을 목표로 한 것은 아니었습니다. 유튜브로 시작해 매주 한 편씩 강해 동영상을 올리다 보니 6개월 만에 모세오경을 모두 강해하게 되었습니다. 그 강해 원고를 수정하고 보완해서 책으로 내놓게 된 것입니다.

창세기 1장부터 계시록 마지막장까지 강해하는 것을 목표로 시작했지만, 먼저 모세오경을 세상에 내놓습니다. 아무쪼록 이 책이 기독교에 관한 진실을 세상에 널리 알리는 데 도움이 되기를 바랍니다.

6.

저의 후원자 이용진 선생의 도움이 없었다면 이 책은 세상에 나오지 못했을 것입니다. 선생은 2009년부터 시작해 14년째 제가 지치지 않고 기독교 의식 개혁 운동을 계속할 수 있도록 후원을 이어오고 있습니다.

선생의 후원 덕분에 저는 지금까지 일곱 권의 단행본을 낼 수 있었으며, 200편이 넘는 동영상을 제작해 유튜브에 올릴 수 있었습니다. 무엇보다 선생의 후원이 계속되지 않았다면 저는 이 작업을 시작할 엄두도 내지 못했을 것입니다. 선생의 후원에 마음 깊이 감사드립니다.

2022년 6월

일산 탄현동 나의 작은 서재에서

류상태

I
창세기 강해

강의를 시작하기 전에 먼저 양해를 구할 문제가 있습니다. 이 강해 프로그램의 텍스트로는 개신교 교회에서 가장 보편적으로 사용하는 개역개정판 『성경전서』를 기본으로 삼겠습니다. 그리고 필요할 때마다 공동번역판과 표준새번역판을 비교하면서 살펴보기로 하겠습니다.

신에 대한 용어도 가톨릭에서는 하느님으로, 개신교에서는 하나님으로 사용하는데, 이 용어 역시 개신교에서 사용하는 '하나님'으로 하겠습니다.

저는 개인적으로는 개역개정판보다 공동번역판과 표준새번역판을 더 좋아하고 신뢰합니다. 신에 대한 용어도 하나님보다 하느님이라는 표현을 더 좋아합니다. 그러나 이 과정의 일차적인 목적이 보수 신앙을 갖고 계신 대부분의 한국 개신교인에게 기독교와 성서에 관한 진실을 알리는 것이기에, 그분들에게 익숙한 개신교 용어를 사용하기로 한 것입니다. 이 점 널리 양해 부탁드립니다.

그러면 먼저 창세기 1장 1절을 보겠습니다.

> 태초에 하나님이 천지를 창조하시니라.

유일신 신앙의 대전제인데, 이 말씀이 공동번역에는 이렇게 기록되어 있습니다.

> 한처음에 하느님께서 하늘과 땅을 지어내셨다.

태초란 말을 한처음이라고 번역했는데, 이것은 삼라만상이 존재하기 이전의 맨 처음, 시간과 공간조차 존재하기 이전의 상태를 말하는 것이라는 데에 신학자들 사이에 이견이 거의 없습니다.

제가 신학자들 사이에 이견이 그냥 '없다'가 아니라 '거의 없다'고 말씀드리는 이유는, 현대 신학자들 가운데는 전통적인 유일신 신앙에 동의하지 않는 분도 많기 때문입니다. 하지만 전통적인 유일신 신앙에 동의하는 신학자들이라면, 그 유일신을 삼라만상의 존재 이전, 그러니까 시간과 공간까지 초월한 존재로 보는 데에 이견이 없다는 말입니다.

유일신론에도 전통적 유일신론, 포용적 유일신론, 범재신론 등 여러 견해가 있습니다만, 이 얘기를 하자면 끝이 없습니다. 우리가 신학을 하자는 것이 아니라 성서 연구를 하자는 것이니까 그런 얘기는 시간을 두고 꼭 필요할 때 조금씩 하는 것으로 하겠습니다.

특이한 점은, 태초에 아무것도 없었던 것이 아니라 오직 하나님만 존재하고 있었는데, 그 하나님은 어떻게 존재하게 되었는가에 대한 설명이 본문에는 없다는 점입니다. 성경의 다른 부분에 하나님은 '영원 전부터 영원까지' 계신다는 표현이 있습니다. 만물 가운데 가장 먼저가 아니라, 만물과 구별돼서 만물을 초월해 계시는 하나님, 이것이 바로 유일신 신앙의 대전제입니다.

이는 바로 다신교 신화와 구별되는 유일신 신화의 가장 독특한 부분이라고 할 수 있겠습니다. 고대 근동 지방이나 그리스의 다신교 신화에서 최고신은 물질이 존재하기 전에 먼저 태어나거나, 우주의 질서가 갖추어지기 전의 혼돈 상태에서 태어납니다.

그러나 성서가 말하는 하나님은 태어나는 존재가 아니라 창세 이전부터 이미 홀로 존재하는 상태에서 창조 활동을 시작합니다. 여기서 '창조하다'로 번역하는 히브리 낱말은 어떤 재료를 가지고 무엇을 만든다는 뜻이 아니라, 아무것도 없는 무의 상태에서 불러 낸다는 뜻입니다.

그래서 2절 이후에는 세상 만물을 모두 말씀으로 불러내시는 내용이 기록되어 있습니다. 하나님께서 이래라 하시면 이렇게 되고, 저래라 하시면 저렇게 됩니다. 그 내용을 간추려보면 이렇게 정리할 수 있습니다.

첫째 날, 하나님께서 빛을 창조하시고, 그 빛으로 낮과 밤을 나누셨습니다.

둘째 날, 하나님께서 궁창을 만드셔서, 그 궁창으로 물을 나누셨습니다. 공동번역과 표준새번역은 이 궁창을 창공이라고 번역했습니다. 특이한 것은 하나님께서 물을 만드셨다는 기록은 없고, 궁창을 만드셔서 그 궁창으로 물을 아래위로 나누었다고 되어 있습니다. 당시 근동 지방에 사는 사람들은 땅 위에 둥근 천장이 있고, 그 위에 물이 저장되어 있다고 생각했습니다. 그리고 거기서 구름과 비가 내린다고 생각했습니다.

셋째 날에는, 하나님께서 바다와 땅을 나누시고, 땅에서 식물을 나게 하셨다고 기록되어 있습니다.

넷째 날에는, 하나님께서 해와 달과 별, 즉 천체를 만드셨다고 성서는 말합니다. 특이한 부분은, 당시 주변 세계에서는 천체를 살아 있는 존재로 생각하고 사람의 운명을 결정짓는 신적 존재로 섬겼는데, 창세기 1장은 천체를 그저 자연물로 보았다는 점입니다.

다섯째 날에는, 수중 동물과 날짐승을 만드셨습니다.

마지막으로 여섯째 날, 육상 동물과 사람을 만드셨습니다.

여기까지가 창세기 1장 25절까지의 내용입니다. 하나님께서는 창조 작업의 구간이 끝날 때마다 "하나님이 보시기에 좋았더라"라며 만족감을 드러내셨다고 성서는 말합니다.

이상으로 천지창조의 과정과 내용을 간단히 정리했는데요, 너무 간단히 넘어가서 아쉬워하는 분이 계실 것 같습니다. 좀 더 자세하고 깊이 있게 설명해주기를 바라는 분들이 계실 것입니다.

제가 창조의 과정을 이렇게 간단히 정리하고 넘어가는 이유가 있습니다. 창세기 1장의 이 기록들이 기록된 문자 그대로 실제로 일어난 일이라면, 실제 역사적 사건이라면, 이렇게 간단히 정리하고 넘어가면 안 될 것입니다.

하지만 정말로 창세기 1장의 기록이 문자 그대로 실제로 일어난 일일까요? 옛날에는 그렇게 믿었지만 오늘날의 현대인도 이 말씀을 역사적 사실로 읽어야 할까요? 아니면 신화적 메시지로 읽어야 할까요?

오랫동안 교회는 이 말씀을 역사적 사실로 이해했습니다. 그래서 설교자들은 창세기 1장 1절만 가지고도 주일예배 때 한 시간 내내, 때로는 몇 주씩 이어가면서 설교를 하기도 했습니다. 그런데 안타깝지만 아직도 이 말씀이 실제로 있었던 역사적 사건이라고 철석같이 믿고 계시는 분들이 한국 교회 교우님들 중에는 매우 많습니다.

지난 2017년 8월이었지요. 문재인 정부가 막 출범하고 3개월 정도 지난 시점이었습니다. 당시 박성진 포항공대 기계공학과 교수가 중소벤처기업부 장관으로 지명되었습니다. 그러나 그가 한국창조과학회 이사로 등재돼 있다는 사실이 밝혀지면서 결국 장관 지명이 철회되는 해프닝이 있었습니다.

창조과학회는 이공계열 석사학위나 박사학위를 가진 개신교인들의 모임입니다. 과학자들의 모임인 것이지요. 그런데 이 창조과학회의 공식 입장이 성서의 기록에 근거해서 태초에 하나님의 말씀으로 세상이 창조되었고, 그 역사는 고작 6,000년에 불과하다고 주장합니다.

태초에 빅뱅으로 우주가 생겨났으며, 우주의 나이는 137억 년, 지구의 나이는 45억 년이라는 것이 과학계의 정설입니다. 그런데 창조과학회 사람들은 자기들이 전공하는 과학의 결과보다 성경의 기록, 그것도 의미를 묻는 것이 아니라 문자 자체를 더 신뢰하기에 창조과학회라는 것을 만들어서 활동하고 있습니다.

합리적으로 사고하는 사람들이 볼 때는 우스꽝스러운 짓이지만,

성서의 문자를 절대화하면 실제로 지구의 역사는 6,000년밖에 안 되는 것으로 계산할 수밖에 없습니다. 이 문제와 관련해서 창조과학자들의 주장을 정리하면 이렇게 요약할 수 있습니다.

첫째, 창세기 1장의 6일 창조는 실제로 24시간의 6일이다. 그러니까 물리적으로 144시간 만에 하나님께서 천지창조를 완성하셨다.

둘째, 지구의 나이는 아담 후손들의 나이를 계산하면 약 6,000년이다.

실제로 그런가 한번 볼까요? 창세기 5장에 아담의 계보가 나오는데 몇 절만 읽어보겠습니다.

> 3절: 아담은 130세에 자기의 모양, 곧 자기의 형상과 같은 아들을 낳아
>   이름을 셋이라 하였고,
> 6절: 셋은 105세에 에노스를 낳았고,
> 9절: 에노스는 90세에 게난을 낳았고,
> 12절: 게난은 70세에 마할랄렐을 낳았고,

이렇게 몇 살에 누구를 낳았고 몇 살에 누구를 낳았고, 이 기록들을 쭉 추적해가면 지구 나이는 6,000년 정도에 불과할 수밖에 없습니다.

현대 신학자들 대부분은 창세기 1장에서 11장까지는 역사가 아니라 신화라고 말합니다. 역사는 과거에 일어난 실제 사건들에 대한 설명입니다. 신화는 옛날 사람들이 자신들이 살고 있는 세계와 삶, 혹은 그 기원에 대해 어떻게 이해해야 하는지를 설명하기 위해 만든 이야기입니다. 그러니까 신화를 대할 때는 사실이 아니라 그

이야기가 전하고자 하는 의미가 무엇인지에 집중해야 합니다.

만약 신화를 역사처럼 취급하면 어떤 일이 벌어질까요? 그 이야기가 전하고자 하는 의미와 사실을 모두 잃게 됩니다. 게다가 사실이 아닌 것을 사실화함으로써 사실을 왜곡하는 오류를 범하고 맙니다. 그러니까 신화에서 읽어야 하는 것은 사실이 아니라 의미라는 겁니다.

그러면 창조신화가 기독교 신앙인에게 주는 의미와 가치는 무엇일까요? 여기에서 그것까지 하면 너무 길어질 것 같고, 창세기 2~3장과 연계해서 정리하는 게 더 나을 것 같습니다.

그런데 창세기 1장에서 주목할 점이 있습니다. 기록된 창조의 순서가 진화론과 대체로 일치한다는 점입니다. 넷째 날만 맞지 않습니다. 해와 달과 별, 즉 천체를 넷째 날에 만드신 것으로 창세기 1장에는 기록되어 있는데, 이것은 명백하게 틀렸습니다.

지구에서 바다와 땅을 나누시고 땅에서 식물을 자라게 하신 게 셋째 날이거든요. 그런데 해와 달과 별을 넷째 날에 만드셨다고 성서는 말합니다. 현대 과학이 밝힌 사실과 정면으로 배치됩니다.

그러므로 성경은 모순과 거짓의 책이다, 갖다 버려라, 라는 말에도 저는 동의할 수 없습니다. 제가 올린 유튜브 동영상에서 '차라리 성경을 찢어버려라'라고 주장한 적이 있습니다. 그냥 '찢어버려라'가 아니라 '차라리 찢어버려라'라는 말이었습니다. 그렇게 믿으려면 차라리 찢어버리라는 말입니다. 성경은 의미로 읽어야 하는 책인데, 문자 그대로 절대화해서 읽으려면 차라리 찢어버리라는 말입니다.

넷째 날에 천체를 창조했다는 기록 때문에 성서를 쓰레기라고 비하하는 사람들이 있습니다. 좀 죄송합니다만 그들은 성서 문자주의자와 다를 바가 없습니다. 의미로 읽어야 할 성경을 똑같이 문자로 읽고 있으니까요.

21세기가 아니라, 15세기도 아니라 2,000여 년 전에 쓰인 성서이기에 당연히 세상은 지구 중심일 수밖에 없습니다. 지동설이 아니라 천동설을 믿던 시대니까요.

새해 첫 날, 다섯 살이 된 아이를 데리고 동해 바다로 가서 일출을 보는데 아이가 떠오르는 태양을 보고 말합니다.

"아빠, 해가 떴어요."

아빠가 말합니다.

"이런, 무식한 녀석! 해가 뜨긴 어떻게 뜨냐? 지구가 돌아서 해가 보인 거지."

그렇게 말해야 되겠습니까? 그건 어린아이의 순수한 감성을 해치는 것입니다. 오늘날 우리도 '해가 떠오른다, 해가 진다'는 표현을 씁니다. 그 말을 듣고 누군가가 "에이, 어떻게 21세기를 살면서 그렇게 무식한 말을 할 수 있습니까? 항성인 해가 어떻게 뜨고 집니까? 지구가 돌아서 해가 보인다, 해가 안 보인다, 이렇게 말해야지요"라고 말하면 어떻겠습니까?

과학적으로는 그 말이 맞습니다. 그러나 그런 사람이 정말로 있다면 문학성이나 감성은 제로라고 말할 수밖에 없겠지요. 과학적 사실을 알 수 없었던 2,000여 년 전 성서 기록자들의 감성과 진정성이 담긴 신앙 고백에 대해 우리가 함부로 무시할 권리는 없다고 저는 생각하는데, 벗님들 생각은 어떠신지요?

기록된 창조의 순서가 진화론과 대체로 일치하는데, 넷째 날만

안 맞는다는 말을 하다가 여기까지 왔네요. 넷째 날만 빼면, 성서에 기록된 창조의 순서와 진화론이 말하는 순서가 거의 일치합니다. 진화론과 창조론이 완전히 상반되는 이론은 아니라는 겁니다.

현대 교회들은 가톨릭과 개신교 모두 거의 진화론을 받아들입니다. 하나님께서 진화의 방법으로 세상을 창조하셨다고 믿는 것이지요. 이걸 진화적 창조론이라고도 하고, 유신론적 진화론이라고 부르기도 합니다.

그런데 일부, 아니 세계적인 시각에서 보면 극히 일부지만, 한국에서 대다수인 근본주의 교회들은 전통적인 창조론이 맞는다고 아직까지도 교인들에게 비합리적이고 비과학적인 교리를 가르치고 있습니다. 개신교의 종주국인 유럽에서는 거의 자취를 감추었지만, 미국 교회의 30~40퍼센트, 한국 교회의 70~80퍼센트는 여전히 이런 근본주의 신앙에 매몰되어 있습니다.

저는 성서 전체를 강해하는 이 과정을 제 인생의 마지막 과제로 생각합니다. 앞에서도 말씀드렸듯이, 이 강의의 목적은 제 강의를 듣는 분들이 배타 교리 기독교를 떠나 합리적인 기독교 신앙을 되찾도록 돕는 데 있습니다. 혹 그 과정에서 기독교 신앙 자체를 아예 잃어버린다 해도 배타 교리에 빠져 있는 것보다는 낫다고 생각하기에, 성서에 담긴 한계와 모순을 파헤치기를 주저하지 않겠습니다.

배타 교리 기독교는 반드시 극복되어야 합니다. 배타 교리 기독교는 예수님의 기독교가 아니라, 예수님의 가르침을 배반한 이념이며, 인간 세상에 해롭다고 생각하기 때문입니다.

이제 창세기 1장에서 절망과 희망을 동시에 품고 있는 중요한 부분을 살펴보겠습니다. 26~28절 말씀을 보겠습니다.

> 하나님이 이르시되, 우리의 형상을 따라 우리의 모양대로 우리가 사람을 만들고 그들로 바다의 물고기와 하늘의 새와 가축과 온 땅과 땅에 기는 모든 것을 다스리게 하자 하시고, 하나님이 자기 형상 곧 하나님의 형상대로 사람을 창조하시되 남자와 여자를 창조하시고, 하나님이 그들에게 복을 주시며 하나님이 그들에게 이르시되, 생육하고 번성하여 땅에 충만하라, 땅을 정복하라, 바다의 물고기와 하늘의 새와 땅에 움직이는 모든 생물을 다스리라 하시니라.

이 본문이 인간 세상을 얼마나 잔인하게 훼손했는지 모릅니다. 땅을 정복하라, 모든 세상을 다스리라는 이 말씀을 듣고, 대항해 시대에 기독교 국가들은 전 세계를 정복해 나갔습니다.

정복하라고 했으니까, 다스리라고 했으니까, 마음껏 침략하고 빼앗고 죽이면서 그것이 하나님의 뜻을 구현하는 것이라고 합리화했습니다. 현대의 이슬람 테러리스트와는 비교도 안 될 정도의 엄청난 폭력과 살상을 저질렀습니다. 그들의 침략과 약탈로 아메리카 원주민의 90퍼센트 이상이 죽었고, 아프리카 원주민을 생포해 노예로 부렸습니다.

다행이라고 해야 할까요. 현대 신학자들은 이런 과격한 해석에 큰 무리가 있다는 것을 인식했습니다. 그래서 하나님이 인간에게 주신 것은 위임 권위이지 절대 권위가 아니라는 점을 지적했습니다. 그러므로 인간이 제 멋대로 같은 인간을 해치고 빼앗고 죽인 것은 하나님의 뜻을 훼손한 죄이며, 하나님의 권위에 도전한 엄청난 오만이었다고 해석했습니다.

다행히 오늘날 이런 해석은 진보와 보수를 막론하고 모두 받아들이는 보편적인 해석이 되었습니다. 대항해 시대 같은 약탈과 폭력은 더 이상 저지를 수 없는 시대가 되었습니다.

하지만 물질에 대한 과다하고 무분별한 소비로 환경 문제가 심각한 오늘날, 이 말씀은 오히려 기독교인뿐 아니라 현대인들이 반드시 새겨들어야 할 더욱 귀한 말씀이 되었습니다. 이 본문에는 너무나 소중하고 아름다운, 하나님의 생명의 말씀이 담겨 있기 때문입니다.

27절에 하나님이 자기 형상, 곧 하나님의 형상대로 사람을 창조하셨다는 말씀이 나옵니다. 하나님의 형상, 라틴어로 이마고 데이 Imago Dei, 영어로 Image of God, 인간은 하나님을 닮았다는 것입니다. 26절을 다시 읽어보겠습니다.

> 하나님이 이르시되, 우리의 형상을 따라, 우리의 모양대로, 우리가 사람을 만들고, 그들로 바다의 물고기와 하늘의 새와 가축과 온 땅과 땅에 기는 모든 것을 다스리게 하자 하시고

다른 모든 생명체는 그냥 '되어라' 하고 말씀으로 창조하셨는데, 사람을 창조하실 때는 하나님께서 신중을 기하십니다.

우리 모양, 우리 형상, 다스리게 하자, 이런 표현들에 대해서 어떤 학자는 삼위일체 하나님이 협의하시는 형식이라고 해석하고, 하나님의 호위 천사들을 포함한 표현이라고 해석하는 사람도 있고, 다신교의 흔적이라고 보는 사람들도 있습니다. 저는 다신교의 흔적

으로 봅니다. 초기 이스라엘 공동체는 물론이고 중기 이스라엘까지도 다신교 신앙이 더 창궐했고, 유일신 신앙이 온전히 확립된 건 서기전 5세기경이었으니까요.

어쨌든 인간은 하나님을 닮았다, 하나님의 인격과 지성과 자유하심을 닮았다, 그래서 하나님처럼 존귀하다는 겁니다. 하나님을 닮은 인간은 인종이나 피부색을 떠나 인간이라는 존재 자체로 하나님처럼 존귀하다는 겁니다.

그러므로 창세기 1장을 읽는 사람들은, 사람은 스펙이나 인종, 얼굴 색깔, 학력이나 능력과도 상관없이 존재 자체로 존귀하다는 것, 하나님처럼 존귀하다는 것을 받아들여야 합니다. 사람이 사람을 차별하고 무시하는 것은 하나님을 무시하는 것이며, 하나님의 창조 섭리를 거스르는 죄악이라는 것을 알아야 합니다.

성서에는 이런 존귀한 하나님의 말씀이 많이 있습니다. 이게 바로 생동하는 하나님의 말씀이며 정금 같은 하나님의 말씀입니다. 이런 해석에 이제는 진보와 보수를 막론하고 모두 동의하고 있습니다. 이런 의견들이 기독교의 중심 교리가 되어야 합니다. 예수 안 믿으면 지옥 간다는 유치한 원시 교리는 하루 빨리 넘어서야 합니다.

창세기 2~5장, 또 하나의 창조 이야기

성서의 장과 절은 처음부터 있었던 게 아니고 성서
가 쓰인 뒤 1,000년 이상 지나서 읽기 편하게 하려고 만들었습니
다. 그런데 그 장절을 만들 때 잘못 나눈 부분이 많습니다. 그래서
차라리 장절을 무시하고 보는 게 더 나을 때가 있습니다.

오늘 공부할 부분이 바로 그런 경우에 해당합니다. 창세기 1장
은 2장 4절 앞부분에서 마쳤어야 했습니다. 그리고 2장은 4절 뒷부
분부터 시작해야 했습니다.

현재 창세기 1장은 천지창조 여섯째 날까지 기록되어 있습니다.
일곱째 날에 쉬신 기록은 2장 1~3절에 있습니다. 그리고 2장 4절
뒷부분부터 '천지의 창조된 대략이 이러하니라'라고 하면서, 창조
를 다른 관점에서 다시 기술하고 있습니다. 현재 2장 4절은 이렇게
되어 있습니다.

이것이 천지가 창조될 때에 하늘과 땅의 내력이니, 여호와 하나님이 땅과 하늘을 만드시던 날에

이 문장은 하나의 문장으로 되어 있지만, 사실 두 개의 문장이 합쳐진 것입니다. 이렇게 말입니다. '이것이 천지가 창조될 때에 하늘과 땅의 내력이다. 여호와 하나님이 땅과 하늘을 만드시던 날에', 그럼 이 두 문장을 나누어서 1장 마지막 절인 31절부터 2장 4절 앞부분까지를 이어서 보겠습니다.

하나님이 지으신 그 모든 것을 보시니 보시기에 심히 좋았더라. 저녁이 되고 아침이 되니 이는 여섯째 날이니라. 천지와 만물이 다 이루어지니라. 하나님이 그가 하시던 일을 일곱째 날에 마치시니 그가 하시던 모든 일을 그치고 일곱째 날에 안식하시니라. 하나님이 그 일곱째 날을 복되게 하사 거룩하게 하셨으니 이는 하나님이 그 창조하시며 만드시던 모든 일을 마치시고 그 날에 안식하셨음이니라. 이것이 천지가 창조될 때에 하늘과 땅의 내력이다.

이렇게 됩니다. 여기서 창세기 1장이 끝나야 한다는 것이지요. 다음은 2장 4절 뒷부분부터 6절까지 보겠습니다.

여호와 하나님이 땅과 하늘을 만드시던 날에, 여호와 하나님이 땅에 비를 내리지 아니하셨고 땅을 갈 사람도 없었으므로, 들에는 초목이 아직 없었고 밭에는 채소가 나지 아니하였으며 안개만 땅에서 올라와 온 지면을 적셨더라.

어떻습니까? 이렇게 장을 나누는 것이 훨씬 더 자연스럽지 않습니까? 이렇게 구분해야 하는 이유가 하나 더 있습니다. 창세기 2장은 시기적으로 1장 다음에 이어지는 사건이 아니라, 똑같은 창조 이야기를 서로 다른 관점에서 쓴 별개의 두 이야기이고 기록자도 서로 다르기 때문입니다.

신학자들 대부분은 창세기 2장이 1장보다 먼저 기록되었다고 생각합니다. 옛날에는 모세오경을 모두 모세가 썼다고 생각했지만, 지금은 그렇게 생각하는 신학자가 별로 없습니다. 모세오경은 최소한 네 명, 어쩌면 다섯 명 이상, 또는 다섯 개 집단 이상의 사람들이 기록했을 것입니다. 입으로 전해 내려오던 설화를 서기전 10세기경부터 기록하기 시작해서 서기전 5세기경 또는 그 이후에 하나로 모았다는 것입니다.

이 이야기를 자세히 설명하면 복잡한 신학적인 이야기가 됩니다. 여기서 다 할 수도 없습니다. 필요할 때마다 조금씩 하겠습니다. 중요한 건 창세기 1장의 창조신화와 2장 이하의 창조신화는 서로 다른 사람이 다른 관점에서 다른 방식으로 기록했다는 것입니다.

창세기 2장의 내용은 대략 이렇습니다.

하나님은 흙으로 사람을 지으십니다. 흙이라고 되어 있지만 더 정확하게는 티끌입니다. 사람이라는 존재의 물질적 본질은 별 볼일 없는 것이라는 생각이 담겨 있습니다. 그런데 하나님께서 생기를 그 코에 불어넣으셨습니다. 그랬더니 사람이 산 인격체가 되었습니다. 사람은 하나님과 연결되어 있을 때만 그 인격의 가치를 가진다는 생각이 되겠습니다.

이런 사상에는 긍정적인 면과 부정적인 면이 함께 담겨 있습니다. 그 하나님을 원시 유일신 신앙이 말하는 편협하고 배타적인 하나님으로 생각해서 그 하나님을 떠난 사람, 즉 예수를 믿지 않는 사람들은 전부 무가치한 존재라고 생각하게 되면 고약한 배타 교리에 빠져들 수밖에 없습니다.

하지만 하나님을 좀 더 넓은 관점에서 이해한다면, 그래서 우리 민족이 전통적으로 말하는 한울님이나 철학에서 말하는 제일원인을 포괄할 수 있다면, 모든 인간은 종교라는 그리고 민족과 사상의 다름이라는 모든 울타리를 넘어 모두가 하나님과 연결된 고귀한 인격체가 됩니다. 우리가 원시 유일신 신앙을 반드시 극복해야 하는 이유입니다.

하나님은 동방의 에덴에 동산을 창설하시고, 지으신 사람을 거기에 살게 하십니다. 2장 10절부터 보면 에덴동산의 위치에 대한 설명도 나옵니다. 아마도 지금의 아라비아 지방과 에티오피아, 그리고 메소포타미아 지방일 것으로 학자들은 추정합니다.

하나님은 에덴동산에 생명나무와 선악을 알게 하는 나무를 비롯해서 여러 과실나무를 나게 하시면서, 모든 나무 열매를 마음대로 먹어도 좋은데, 선악을 알게 하는 나무의 실과만은 먹지 말라고 말씀하십니다. 먹는 날에는 반드시 죽을 것이라고 경고까지 하셨습니다. 16~17절을 보겠습니다.

> 여호와 하나님이 그 사람에게 명하여 이르시되, 동산 각종 나무의 열매는 네가 임의로 먹되, 선악을 알게 하는 나무의 열매는 먹지 말라, 네가 먹는 날에는 반드시 죽으리라 하시니라.

선악과 이야기는 잠시 후에 3장과 같이 하기로 하고, 20~25절을 보겠습니다.

> 아담이 모든 가축과 공중의 새와 들의 모든 짐승에게 이름을 주니라. 아담이 돕는 배필이 없으므로 여호와 하나님이 아담을 깊이 잠들게 하시니 잠들매, 그가 그 갈빗대 하나를 취하고 살로 대신 채우시고, 여호와 하나님이 아담에게서 취하신 그 갈빗대로 여자를 만드시고, 그를 아담에게로 이끌어 오시니, 아담이 이르되, 이는 내 뼈 중의 뼈요 살 중의 살이라, 이것을 남자에게서 취하였은즉 여자라 부르리라 하니라. 이러므로 남자가 부모를 떠나 그의 아내와 합하여 둘이 한 몸을 이룰 지로다. 아담과 그의 아내 두 사람이 벌거벗었으나 부끄러워하지 아니하니라.

이제 하나님은 아담을 잠들게 해서, 갈빗대 하나를 뽑아 여자를 만들어 배필로 허락합니다. 여기서 아담은 개인의 이름을 뜻하는 고유명사가 아니라 '사람'이라는 뜻을 가진 보통명사입니다. 흙을 히브리어로 '아다마흐'라고 하는데, 아담이라는 말은 거기서 파생되었습니다. 사람이 흙으로부터, 먼지로부터 왔다는 뜻을 담은 단어입니다.

그리고 여자를 만들 때 별도의 흙이나 다른 재료로 만들지 않고 남자의 갈빗대로 만들었다는 것은 가정의 소중함을 나타내는 말씀이라고 해석하는 것이 일반적입니다. 이런 해석은 자연스럽게 이어지는 본문 자체로 다른 뜻의 여지없이 타당한 해석이라는 것을 알 수 있습니다. 하나님께서 하와를 만드신 후에 아담에게 데리고 오시는데, 이를 본 아담이 "내 뼈 중의 뼈요 살 중의 살"이라고 자연스럽게 고백하는 부분, 그리고 하나님께서 남자가 부모를 떠나 그의 아내와 합하여 둘이 한 몸을 이루라고 하신 말씀에서 확인할 수 있습니다.

그런데 여기서 인류가 오랫동안 해왔던, 그러나 성경의 권위에 대한 모독으로 간주되었기에 더 이상 제기할 수 없었던 한 가지 의문에 대해 정직하게 대답할 필요가 있습니다.

창조 이야기를 만든 옛사람들은 왜 하나님께서 아담과 하와 두 사람을 동시에 만들거나 여자를 먼저 만들게 하지 않고, 남자를 먼저 만든 후에 그 신체의 일부로 여자를 만들게 했는가, 라는 질문입니다. 둘이 한 몸임을 나타내기 위해서, 라는 하나의 답은 의미가 있고 타당한 해석이라고 이미 말씀드렸습니다. 그런데 과연 그걸로 족할까요? 더 이상 질문을 계속하는 것은 신성모독일까요?

저는 신학자들이 아무리 변명을 해도, 본문의 이 서술은 남녀평등 사상에 눈을 뜨기 전, 고대인들의 한계를 나타내는 부분이라고 생각합니다. 그리고 성서의 메시지를 정직하게 만나고자 하는 사람은 성서의 이런 한계를 인정하는 것이 무엇보다 중요하다고 생각합니다. 그렇지 않으면 성서에 담긴 진실을 왜곡할 수 있기 때문입니다.

성서 안에는 분명 모순도 있고 한계도 있습니다. 구전 시대에는 전달자의, 그리고 기록의 시대로 들어와서는 기록자나 편집자의 의도적인 왜곡도 있습니다.

독실한 신앙을 가진 진보 신학자들 중에는 성서 안에 담긴 모순과 한계를 인정하지만 의도적인 왜곡도 있다는 점은 동의하지 않는 분들도 있습니다. 하지만 성서에는 분명 의도적인 왜곡도 있습니다. 그 증거는 해당 본문을 만날 때 제시하도록 하겠습니다. 우선은 사람은 누구나 자신이 살았던 시대의 한계 안에서 살아갈 수밖에 없다는 점을 이해하는 것이 중요합니다.

쉬운 예를 들어보겠습니다. 피타고라스는 위대한 수학자이지만 수학에 대한 그의 절대 지식은 오늘날의 평범한 고등학생보다 뒤떨어집니다. 오늘날의 고등학생들은 피타고라스의 정리를 넘어 피타고라스는 감히 생각조차 할 수 없었던 인수분해와 함수 같은 고등수학을 부여잡고 씨름합니다. 2,000여 년 전이라는 시대의 한계 안에서는 피타고라스가 당대 가장 뛰어난 수학자였지만, 학문이 크게 발전한 오늘날에는 평범한 고등학생이라도 피타고라스를 넘어서게 된 것입니다. 그렇다고 피타고라스의 위대함이 사라지지는 않습니다.

저나 여러분을 포함해서 현대인 대부분도 그 시대에 태어났다면 당연히 남존여비 사상이라는 큰 틀 안에서 생각하고 살아갈 수밖에 없었을 것입니다. 그러므로 성서에 담긴 이런 한계를 부정하려고 애쓰는 것보다 자연스럽게 인정하고 현재에 맞지 않는 관습은 넘어서면 되는 것입니다. 오히려 성서에 문자로 남아 있다고 해서 오늘날에도 그래야 한다고 억지를 부리는 것이 훨씬 더 큰 문제입니다.

다만 『탈무드』에 있는 이런 해석은 주목할 필요가 있습니다. '하나님께서 남자로 하여금 여자를 지배하게 하려고 하셨다면, 남자의 발에서 뼈를 취하여 여자를 만드셨을 것이다. 하나님께서 여자로 하여금 남자를 지배하게 하려고 하셨다면, 남자의 머리에서 뼈를 취하여 여자를 만드셨을 것이다.'

성서에 기록된 문자에 매여 아직까지 남녀 차별 의식에서 벗어나지 못하는 교계 지도자들, 구체적으로 말씀드리면 여성의 목사나 장로 안수를 허락하지 않는 보수 개신교단과 여성 사제를 허락하지 않는 가톨릭 지도자들에게 간곡히 부탁드리고 싶습니다. 기록된 문자의 한계를 인정하기 싫으시면 『탈무드』의 해석이라도 참고해주시기 바랍니다.

이제 이야기는 3장으로 연결됩니다. 1~7절 말씀을 보겠습니다.

> 그런데 뱀은 여호와 하나님이 지으신 들짐승 중에 가장 간교하니라. 뱀이 여자에게 물어 이르되 하나님이 참으로 너희에게 동산 모든 나무의 열매를 먹지 말라 하시더냐. 여자가 뱀에게 말하되 동산 나무의 열매를 우리가 먹을 수 있으나 동산 중앙에 있는 나무의 열매는 하나님의 말씀에 너희는 먹지도 말고 만지지도 말라 너희가 죽을까 하노라 하셨느니라. 뱀이 여자에게 이르되 너희가 결코 죽지 아니하리라. 너희가 그것을 먹는 날에는 너희 눈이 밝아져 하나님과 같이 되어 선악을 알 줄 하나님이 아심이니라.
> 여자가 그 나무를 본즉 먹음직도 하고 보암직도 하고 지혜롭게 할 만큼 탐스럽기도 한 나무인지라. 여자가 그 열매를 따먹고 자기와 함께 있는 남편에게도 주매 그도 먹은지라. 이에 그들의 눈이 밝아져 자기들이 벗은 줄을 알고 무화과나무 잎을 엮어 치마로 삼았더라.

'여호와 하나님의 지으신 들짐승 중에 뱀이 가장 간교하더라'라는 말로 이야기가 시작됩니다.

본문에 따르면, 이 간교한 짐승이 여자를 유혹하여 선악과를 먹게 합니다. 그리고 여자가 남자를 유혹해서 남자도 선악과를 먹습니다. 먹고 나서 그들은 하나님의 금령을 어겼다는 걸 비로소 깨닫습니다. 두려움이 생긴 그들이 하나님을 피해 숨었지만 어디로 가겠습니까.

하나님은 뱀과 사람에게 벌을 내리십니다. 뱀은 기어 다니고 흙을 먹는 존재가 되며 사람과 원수가 됩니다. 여자는 자식을 잉태하는 게 고통이 되고 남자의 지배를 받게 됩니다. 남자는 죽도록 고생해야 먹고 살 수 있게 되고 결국은 죽어서 흙으로 돌아가는 존재가 됩니다.

뱀이 간교하다는 표현에 대해서, 간교하다는 말은 영리하다는 뜻일 뿐이고 부정적인 의미가 내포되어 있지 않다고 변명하는 학자도 있습니다. 그럼에도 본문의 흐름으로 볼 때 부정적인 의미로 쓰인 단어라는 것을 알 수 있습니다.

물론 여기서 뱀은 악마를 상징합니다. 그러나 뱀의 생김새와 독성을 경험한 사람들의 부정적인 인식이 오래도록 쌓여서 뱀에 대한 편견을 만들었고, 그 편견이 성서에 그대로 담겼다는 점도 인정할 필요가 있습니다. 뱀의 입장에서는 사실 억울합니다. 뱀이 무슨 죄가 있겠습니까. 그저 그런 모습과 특징을 가진 파충류로 태어난 것뿐인데요.

객관적으로 악한 생명체란 없습니다. 인간에게 이롭거나 해로운 생명체가 있을 뿐입니다. 코로나19 바이러스가 악합니까? 악한 게 아니라 인간에게는 해로운 것입니다. 반면에 이 바이러스는 인간이 파괴한 자연의 본래 모습을 회복시키는 데는 매우 이로운 역할을 했다는 것이 충분히 입증되었습니다.

그러면 코로나 바이러스에게 인간은 어떤 존재입니까? 역시 인간은 그들에게 해로운 존재입니다. 자신이 살기 위해 코로나라는, 살고 싶어 하는 다른 생명체를 몰살시키려고 하지 않습니까. 바이러스를 생명체로 볼 수 있느냐 없느냐는 논쟁의 여지가 있습니다만, 너무 세상을 선과 악으로 나누어 보는 것은 위험할 수 있습니다. 3장 22~23절을 보겠습니다.

> 여호와 하나님이 이르시되, 보라 이 사람이 선악을 아는 일에 우리 중 하나 같이 되었으니, 그가 그의 손을 들어 생명 나무 열매도 따먹고 영생할까 하노라 하시고 여호와 하나님이 에덴 동산에서 그를 내보내어 그의 근원이 된 땅을 갈게 하시니라.

'선악을 아는 일에 우리 중 하나같이 되었으니', 하나님이 자신과 동등한 위치에 있는 여러 존재들과 대화를 나누는 것 같은 말씀이 나옵니다. 초기 유대교가 다신교적인 문화 안에 있었다는 점이 엿보입니다.

사람이 선악을 아는데 신들과 같이 되었다, 그런데 그게 문제라는 것입니다. 그러니까 선악을 분별하고 정죄하고 판결을 내리는 것은 신의 영역이지 인간의 영역이 아니라는 뜻이 됩니다.

저는 이 설화 안에 옛사람들의 깊은 지혜가 담겨 있다고 생각합니다. 선악을 함부로 말하지 말라, 우리 민족은 선하고 너희 민족은 악하고, 내 생각만 옳고 네 생각은 틀리고, 그러지 말라는 것입니다. 그런 판단은 신이나 할 수 있는 것이지, 인간이 그런 판단을 내리면 인간 세상이 지옥이 될 수 있으니 함부로 선악을 판단하지 말라는 말입니다, 그런 뜻으로 옛사람들이 이 말씀에, 그러니까 창조설화

안에 선악과를 등장시킨 이유라고 저는 생각합니다.

선악을 함부로 판단하지 않는 것, 이것은 현대인에게도 꼭 필요한 지혜라고 저는 생각합니다. 사실 절대 객관의 선악이란 존재하지 않습니다. 그런데 종교인들, 특히 유일신 종교를 믿는다는 사람들이 선과 악을 나누는 일에 목숨을 겁니다.

기독교 근본주의자에게는 기독교만이 선이고 다른 종교는 악입니다. 마찬가지로 이슬람 근본주의자에게는 오직 이슬람만이 선이고 기독교를 비롯한 다른 모든 종교는 악일 뿐입니다. 절대 선인 이슬람의 계율을 문자 그대로 지키고, 악의 화신인 서구 기독교 문화를 척결하고 불상을 파괴하는 것은 그들에게 선입니다. 지금 세상이 탈레반의 복귀를 염려하는 것도 그런 극단적인 생각을 가진 사람들이 무슨 짓을 저지를지 모르기 때문입니다.

나만 옳다, 우리만 옳다, 우리만 절대 진리를 알고 있다고 말하는 사람들과 그런 집단을 조심하고 멀리하십시오.

이제 4장을 보겠습니다.

아담 부부가 카인과 아벨, 두 아들을 낳았습니다. 카인은 농사를 짓고, 아벨은 목축을 합니다. 오랜 옛날 수렵 시대를 지난 다음에는 대부분 농사를 짓거나 목축을 하거나 둘 중 하나였지요. 1~5절을 보겠습니다.

아담이 그의 아내 하와와 동침하매, 하와가 임신하여 가인을 낳고 이르되, 내가 여호와로 말미암아 득남하였다 하니라. 그가 또 가인의 아우 아벨을 낳았는데, 아벨은 양 치는 자였고 가인은 농사하는 자였더라. 세월

카인과 아벨은 각자 자기가 생산한 것으로 하나님께 제물을 바쳤습니다. 그런데 하나님이 아벨의 제물만 받고 카인의 제물은 거절하셨습니다. 그러자 분노한 카인이 아벨을 죽입니다.

왜 하나님께서는 카인의 제사를 거절하셨을까요? '아벨의 제사는 피의 제사이기에 받으셨고, 카인의 제사는 피의 제사가 아니었기에 받지 않으셨다'라는 해석이 오랫동안 교회 안에 퍼졌습니다. 하지만 오늘날에는 그렇게 해석하는 신학자나 목회자가 많지 않습니다.

그러면 왜 본문의 최종 편집자는 이 이야기를 남겼을까요? 이스라엘 민족은 죽은 아벨 대신 태어난 아들인 셋의 후손입니다. 그래서 이방인의 선조인 카인의 제사는 하나님께서 받지 않으시고, 자기들의 선조인 아벨의 제사만 받으시는 것으로 생각하고 싶었을 것입니다. 엄마 아빠가 동생은 안 예뻐하고 자기만 예뻐해 주기를 바라는 어린아이의 마음과 같은 것이라고 저는 생각합니다.

4장 뒷부분과 5장에서는 아담의 후손들이 어떻게 이어지는지 그 계보를 비교적 상세히 소개합니다. 주변 종족들이 무엇을 하고 사는지부터 시작해서 아담에서 노아까지, 그리고 아담의 아들들인 셈, 함, 야벳까지 이어지는 계보를 소개하고 있습니다.

눈에 띄는 건 사람들이 매우 오래 산다는 점입니다. 900살 넘게 산 사람도 있습니다. 물론 너무나도 당연히, 실제로 그렇게 오래 산 사람은 역사에 없습니다. 이건 그냥 착하게 사는 사람은 오래 살았으면 하는, 옛사람들의 희망 사항이 반영되었을 뿐입니다.

그런데 도대체 이 길고 지루한 족보는 왜 기록되어 있을까요? 이 족보는 오늘날 우리에게 어떤 의미가 있을까요? 제 생각으로는 솔직히 별 의미가 없습니다. 이런 족보는 당시 이스라엘 민족이 주변 세계를 이해하고 자신들의 정체성을 다지기 위해 필요했던 기록입니다.

우리 주변에 이런저런 종족들이 있는데, 어느 종족은 농사를 짓고, 어느 종족은 목축을 하며, 어느 종족 사람들은 도구를 잘 만들고, 어느 종족은 악기를 잘 다룬다. 이런 주변 정보는 이웃 종족과 더불어 살아가는 데 꼭 필요합니다. 물건을 교환하거나 어떤 사업을 협력해서 할 때나 전쟁을 할 때도 필요합니다. 그래서 당시의 그들에겐 너무나 필요한 정보이며 기록이었습니다.

하지만 '당시, 이스라엘'이라는 시간적 공간적인 한계에 현대인들이 갇힐 이유가 없습니다. 그러니까 이런 내용은 그냥 그렇구나, 하고 지나가도 별 상관이 없습니다. 성서에 기록되었다고 해서 모든 장 모든 절이 다 중요하고 의미 있는 것은 아닙니다.

5장에도 족보는 계속 이어집니다. 하지만 5장은 이스라엘 민족이 자신들의 정체성을 다지기 위한 것이므로 4장보다 더욱 소중한 족보라고 할 수 있겠습니다.

노아까지 이어지는 족보는 후에 아브라함까지 그리고 이스라엘의 가장 위대한 왕 다윗과 그 후손들까지 이어집니다. 이 족보에는 이런 의미가 있겠습니다.

우리 민족의 근원은 하나님이다, 전 세계와 전 인류를 창조하신 하나님께서 첫 사람 아담의 족보가 아브라함을 거쳐 모세로 이어지고 다윗왕을 거쳐 왕들의 계보로 이어지게 하셨다, 우리는 이렇게 존귀하신 하나님이 선택하신 백성이다, 그걸 말하고 싶은 겁니다.

5장까지 대략의 내용을 소개드렸는데요, 우리가 창세기의 기록에 갖는 의문이 많습니다. 하나님은 왜 선악과를 만드셨을까, 하나님이 지으신 사람이 아담과 하와뿐인데 카인이 만났다는 사람은 누굴까, 창세기 인물들이 실제로 몇백 년씩 살았을까?

이런 질문들은 창세기의 기록을 모두 사실로, 역사로 생각하기에 가지는 질문들입니다. 앞에서 말씀드렸듯이, 창세기의 앞부분은 신화의 기록이지 역사의 기록이 아닙니다.

다시 말씀드리지만, 신화는 사실이 아니라 의미를 담은 이야기입니다. 선악과뿐 아니라 아담과 하와라는 인물의 실제 존재 여부도 중요하지 않습니다. 창조신화, 또는 창조설화의 그 말씀들이 여전히 우리에게 전해주는 의미가 무엇인가에 중점을 두어야 합니다.

그러면 그 의미, 즉 창조신화가 오늘날의 기독교 신앙인에게 주는 의미와 가치는 무엇일까요? 그것은 하나님이 세상을 아름답고 조화 있게 만드셨다는 것입니다. 그리고 그 아름다운 세계를 더욱 아름답게 가꾸고 유지하도록 우리 인간에게 위임을 해주셨다는 것입니다. 그러므로 인간은 하늘을 우러러 부끄러움 없이 살아야 하며, 뜻이 하늘에서 이룬 것처럼 땅에서도 이루어지도록 책임을 다

해야 한다는 것입니다.

그런데 인간은 하느님을 떠나 자기 이기심과 욕심에 끌려 제멋대로 살았고, 그 결과 아름답게 창조된 선한 세계가 파괴되고 죄악이 난무하는 악한 세계로 변질되었다는 겁니다. 그래서 그 죄악에 대해서 하나님께서 엄하게 책임을 물으신다는 것입니다. 그러니까 이 말씀을 읽고 듣는 사람들은 정신 똑바로 차리고 하늘을 우러러 부끄러움 없이 살라는 겁니다.

이것이 창조신화가 이스라엘 민족뿐 아니라 오늘날 우리에게도 주는 속 깊은 의미입니다. 그러므로 우리는 오늘날에는 맞지 않는, 때로는 모순투성이인 문자 자체에 매이지 말고, 옛사람들이 그 문자 안에 소중히 담아놓은, 그리고 오늘날 현대인에게도 여전히 지침이 되고 교훈이 되는 그 의미만 새겨들으면 됩니다. 아니, 그 의미는 반드시 새겨들어야 합니다.

창세기 6~11장, 노아와 홍수 이야기

창세기 6장은 신학자들과 설교자들을 곤혹스럽게 만드는 특이한 이야기로 시작합니다. 1~4절을 보겠습니다.

사람이 땅 위에 번성하기 시작할 때에 그들에게서 딸들이 나니, 하나님의 아들들이 사람의 딸들의 아름다움을 보고 자기들이 좋아하는 모든 여자를 아내로 삼는지라. 여호와께서 이르시되, 나의 영이 영원히 사람과 함께 하지 아니하리니 이는 그들이 육신이 됨이라. 그러나 그들의 날은 백이십 년이 되리라 하시니라. 당시에 땅에는 네피림이 있었고, 그 후에도 하나님의 아들들이 사람의 딸들에게로 들어와 자식을 낳았으니 그들은 용사라. 고대에 명성이 있는 사람들이었더라.

하나님의 아들들이 사람의 딸들을 취했고, 그 후손들이 고대의 유명한 용사가 되었다는 이야기입니다. 하나님의 아들들이 사람의 딸들을 아내로 삼았다, 유일신 신앙을 가진 해석자들에게 이 구절은 곤혹스러울 수밖에 없습니다. 그래서 좀 억지스럽기는 하지만 일반적으로 본문을 해석하는 두 가지 견해가 있습니다.

하나는, 본문에 등장하는 하나님의 아들들을 타락한 천사로 보는 견해입니다. 타락한 천사의 유혹으로 인간 세상이 더욱 죄악으로 물들었다는 얘기가 되겠습니다.

또 하나는, 하나님의 아들들을 셋의 후손으로, 사람의 딸들을 카인의 후손으로 보는 견해입니다. 하나님만 바라보고 의롭게 살아야할 셋의 후손이 방탕한 삶에 빠져 살아가는 카인의 후손과 교류하면서 인류가 더욱 큰 죄악에 빠져들었다는 얘기가 됩니다.

두 견해가 모두 본문의 분위기와는 어울리지 않지만, 어쨌든 그렇게 해석하면 죄악에 빠진 인간을 멸하는 홍수 이야기로 자연스럽게 넘어가기는 합니다.

그러나 종교의 경전을 아무런 전제 없이 객관적으로 보는 종교학자나 문화학자의 눈에는, 이 이야기가 전혀 이상할 것이 없는, 그리고 너무나 자연스러운 이웃 종교와 이웃 문화 사이의 교류의 흔적으로 보일 뿐입니다. 당시 그리스를 비롯해 근동 지방의 신화에는 신이 인간 여인을 취하여 위대한 영웅을 낳았다는 이야기가 숱하게 등장하니까요. 그리스 신화의 최고신 제우스도 아내인 헤라의 눈을 피해 인간 여인과 여러 차례 바람을 피웠고 영웅들을 낳았습니다.

이 본문이 이스라엘 역시 고대 근동 지방에 살던 민족의 하나로 당시 주변 민족들과 활발한 문화적 교류를 하고 있었음을 증명하는 자료라는 점에서 오히려 긍정적인 의미를 찾을 수 있다고 저는 생각합니다.

여기서 우리가 반드시 기억해야 할 중요한 사실이 있습니다. '나 홀로 종교'란 세상에 존재하지 않는다는 사실입니다. 세상 모든 종교는 주변의 종교와 문화의 영향을 받으며 성장합니다. 그것은 유일신 종교들, 그러니까 유대교와 기독교, 이슬람교 모두 마찬가지입니다. 그러므로 '성경은 인간의 문화적인 산물이 아니라 하나님이 하늘에서 내려준 절대 계시다'라고 고집하지만 않는다면 이 문제로 고민할 필요는 없습니다.

이제 창세기 6장 5절부터 본격적으로 서술되는 노아의 홍수 이야기로 들어가겠습니다. 4장 후반부에 서술된 카인의 후예와 5장에 서술된 셋의 후예가 번성해서 여러 종족을 이룬 이후부터 이야기가 시작됩니다. 5~8절을 보겠습니다.

> 여호와께서 사람의 죄악이 세상에 가득함과 그의 마음으로 생각하는 모든 계획이 항상 악할 뿐임을 보시고, 땅 위에 사람 지으셨음을 한탄하사 마음에 근심하시고 이르시되, 내가 창조한 사람을 내가 지면에서 쓸어버리되, 사람으로부터 가축과 기는 것과 공중의 새까지 그리하리니, 이는 내가 그것들을 지었음을 한탄함이라 하시니라. 그러나 노아는 여호와께 은혜를 입었더라.

사람의 죄악이 세상에 가득 찼고 그 마음에 생각하는 모든 계획이 언제나 악할 뿐이어서, 하나님께서 사람 지으셨음을 한탄하셨다고 본문은 말합니다. 그래서 세상을 쓸어버리기로 하나님께서 작정하십니다.

제가 처음 예수님을 믿을 때가 1978년 대학 3학년 때였습니다. 수련회에 가서 큰 은혜를 받고 성서를 통독하기 시작했는데요, 이 본문을 만나고 엄청난 충격을 받은 기억이 납니다. 하나님은 전지전능하신 분이라고 배웠습니다. 그런데 본문에서는 하나님이 후회하고 계십니다. '전지전능하시다더니 이렇게 될 줄 모르셨단 말인가?'라는 생각이 들더군요.

전지전능이라는 말이 무슨 뜻입니까. 전지, 모든 것을 다 아신다는 말입니다. 전능, 모든 것을 다 하실 수 있다는 말입니다. 그런데 오늘날 벌어지는 여러 재난과 사람들의 죽음, 신자들의 기도에도 불구하고 행동하지 않으시는, 또는 행동하지 못하시는 하나님에 대해서 우리는 여전히 '하나님은 사랑이시며 전지전능하신 분'이라고 고백해야 하는 것일까요. 이런 문제는 앞으로도 여러 차례 나올 것입니다. 그때마다 필요하면 다시 짚어보기로 하고 본문 내용을 계속 살펴보겠습니다.

다행히 모든 사람이 죄악에 빠진 것은 아니고 노아라는 당대의 의인이 있었습니다. 그래서 하나님은 노아와 그 가족들을 구원하기로 하시고 그에게 방주를 짓도록 명령하셨습니다.

방주와 배의 차이는, 배는 노나 돛과 같은 추진 기관이 있지만 방주는 그런 추진 기관이 전혀 없이 그냥 물 위에 떠 있는 박스 형태의 구조물이라는 점입니다. 인위적인 노력 없이 하나님께 전적으로 의존하도록 하기 위해서 하나님께서 배가 아니라 방주를 만들게 하셨노라고 목회자 대부분이 설교합니다.

방주의 크기는 길이 300큐빗, 넓이 50큐빗, 높이 30큐빗으로 하라고 하나님께서 직접 말씀하십니다. 큐빗은 고대 이집트, 바빌로니아 등지에서 썼던 길이 단위로, 1큐빗은 팔꿈치에서 손끝까지의 길이를 말합니다. 사람에 따라 조금씩 차이가 나지만 50센티미터가 조금 안 됩니다. 즉, 길이 150미터, 넓이 25미터, 높이 15미터 정도 되는 커다란 상자 형태의 방주를 노아 가족 여덟 명이 지었다는 말이 됩니다.

그런데 6장과 7장 본문에는 충돌하는 부분이 나옵니다. 먼저 6장 19~20절을 보겠습니다.

> 혈육 있는 모든 생물을 너는 각기 암수 한 쌍씩 방주로 이끌어들여 너와 함께 생명을 보존하게 하되, 새가 그 종류대로, 가축이 그 종류대로, 땅에 기는 모든 것이 그 종류대로, 각기 둘씩 네게로 나아오리니 그 생명을 보존하게 하라.

다음은 7장 2~3절입니다.

> 너는 모든 정결한 짐승은 암수 일곱씩, 부정한 것은 암수 둘씩을 네게로 데려오며, 공중의 새도 암수 일곱씩을 데려와, 그 씨를 온 지면에 유전하게 하라.

6장에서는 새와 가축과 기는 것들을 종류대로 암수 한 쌍씩 방주에 들이라고 하셨는데, 7장에서는 부정한 것은 그대로 암수 둘씩이지만 정결한 짐승은 암수 일곱씩 들이라는 겁니다. 우리는 이 차이 또는 모순을 어떻게 설명해야 할까요? 하나님께서 생각을 바꾸신 것일까요? 아니면 앞에서는 미처 생각을 정리하지 못하셨던 것일까요?

이유는 간단합니다. 서로 다른 두 가지 홍수 이야기가 하나로 합쳐지면서 최종 편집자가 두 전승을 손보지 않고 모두 담았기 때문입니다. 두 가지 이상의 서로 다른 전승 자료가 있고, 어느 게 맞는지 판단하기 어려울 때는 편집자가 기꺼이 두 가지 이상의 자료를 함께 담는 경우가 모세오경 전반에 걸쳐 꽤 많이 나타나고 있습니다. 모세오경의 최종 편집자가 성서 무오설에 사로잡히지 않았다는 증거입니다.

어쨌든 노아는 하나님의 말씀대로 순종했습니다. 방주의 문이 닫히고 40일 동안 밤낮으로 비가 쏟아졌습니다. 7장 11절에 보면, 큰 깊음의 샘들이 터지며 하늘의 창문들이 열렸다는 표현이 나옵니다. 고대인들은 땅 위에 둥근 천장이 있고 그 위에 물이 저장되어 있다고 생각했습니다.

19~20절에 보면, "천하의 높은 산이 다 잠겼더니 물이 불어서 십오 규빗이나 오르니 산들이 잠긴지라"라고 기록되어 있습니다. 40일 동안 밤낮없이 비가 쏟아졌고, 150일 동안 천하의 높은 산들이 다 잠겼기 때문에 살아 있는 생명체가 다 죽었다는 말입니다. 방주 안에 있는 노아의 가족과 동물들만 빼고요.

그런데 물이 불어서 15큐빗이나 올랐다고 본문은 말합니다. 15큐빗이면 7~8미터 정도가 됩니다. 그 7~8미터 높이의 물에 천하의 높은 산들이 다 잠겼다는 것입니다. 도무지 이치에 맞지 않는 말이지만, 이제 더 이상 이런 문제로 씨름할 필요는 없을 것 같습니다.

실제 사건이 아니라 설화니까요.

노아의 홍수 이야기는 다른 지방의 홍수 설화를 모방한 것입니다. 그 원형은 메소포타미아의 홍수 설화입니다.

메소포타미아는 티그리스강과 유프라테스강 사이의 평야 지대에 위치해 있습니다. 비가 자주 오는 지역은 아니지만 가끔 홍수로 강이 범람하면 당시 거주민들이 살아가면서 이루어놓은 모든 세계가 물에 잠겼다고 할 정도로 피해가 컸습니다. 천하의 높은 산들이 다 물에 잠겼다는 표현은 그들의 그런 경험에서부터 파생된 이야기일 것입니다.

메소포타미아의 설화 가운데「길가메시 서사시」라는 게 있는데, 이 설화가 바로 노아 홍수 설화의 원형입니다.「길가메시 서사시」는 서기전 2000년경에 만들어진 세계에서 가장 오래된 서사시입니다. 길가메시는 수메르, 바빌론 등 고대 근동의 여러 민족 사이에 알려진 전설적인 영웅이며 왕이었습니다. 학자들은 서기전 2600년경에 우루크라는 지방을 실제로 다스렸던 족장이었을 것이라고 추정합니다.

몇 년 전에 송중기 배우가 주인공으로 나왔던 〈태양의 후예〉라는 드라마가 있었지요. 그 드라마의 배경지가 우루크였던 것으로 기억합니다. 어쩌면 작가가「길가메시 서사시」에서 그 지명을 따온 건지도 모르겠습니다. 아주 중요한 부분이므로 이 서사시의 내용을 간추려서 소개드리겠습니다.

길가메시는 힘이 장사였습니다. 아무것도 두려울 것이 없었던 길가메시에게 엔키두라는 친구가 있었는데, 그 역시 힘이 장사였다고 합니다. 하지만 엔키두는 여자의 유혹에 빠져 힘을 잃어버리고 세상을 떠나고 맙니다. 친구의 죽음에 충격을 받은 길가메시는 죽지 않고 영원히 사는 방법을 알아내기 위해 여행을 떠납니다.

길가메시는 긴 여행 끝에 우트나피슈팀이라는 도인을 만나 홍수 이야기를 듣게 되었습니다. 신은 우트나피슈팀에게 곧 큰 홍수가 닥칠 테니 방주를 지으라고 명령합니다. 우트나피슈팀은 신의 명령대로 커다란 방주를 지었고, 그의 가족과 모든 짐승을 한 쌍씩 방주 안에 실어 그들의 생명을 구합니다. 대홍수가 끝난 뒤에 사람과 동물의 목숨을 구한 대가로 우트나피슈팀은 영원한 생명을 얻게 됩니다.

하지만 우트나피슈팀의 경험은 다시는 일어날 수 없는 단 한 번의 특별한 사건이었습니다. 그래서 길가메시는 영생을 얻을 수 없게 되었고, 자신의 꿈이 사라진 것을 한탄하며 발길을 돌릴 수밖에 없었습니다.

그렇다고 희망이 아주 사라진 것은 아니었습니다. 어느 날 길가메시는 땅 속 깊이 깨끗한 물속에서 자라는 영생의 풀을 얻게 됩니다. 이 풀은 노인을 다시 어린아이로 만들어주는 신비한 풀이었지요. 길가메시는 승리의 찬가를 불렀습니다. 이제 언제든지, 늙더라도 다시 어린아이로 되돌아가서 새로운 삶을 시작할 수 있게 된 것입니다.

신이 나서 돌아오는 길에 긴장이 풀린 길가메시는 영생의 풀을 둑에 놓아두고 연못에 들어가 목욕을 했습니다. 그 순간 뱀이 나타나 날쌔게 풀을 낚아채어 어디론가 사라져버렸습니다. 이렇게 「길가메시 서사시」는 사람은 죽음을 넘어설 수 없다는 것을 일깨워주고 끝을 맺습니다.

신학자들 대부분은 노아의 방주 이야기뿐 아니라 창세기 전체가 메소포타미아 신화의 영향을 받아서 기록되었을 거라고 생각합니다. 길가메시의 친구인 엔키두가 여자의 유혹을 받아 힘을 잃었다든지, 길가메시가 뱀에게 영생의 풀을 빼앗긴 이야기 등도 모두 창세기의 소재가 되었다는 것입니다.

이 이야기를 처음 듣는 기독교인은 당황하기도 하겠지만 놀랄 필요가 없습니다. 오히려 종교와 신화가 이처럼 지구마을의 문화를 서로 연결해준다는 것을 깨닫는 게 중요합니다. 또한 우리는 종교들 사이의 이런 연결과 교류의 흔적을 살펴보면서, '나 홀로 종교'는 존재하지 않는다는 사실을 겸허히 받아들이고 이웃 종교와 문화에 존경심을 가져야 합니다.

그런데 이쯤에서 한 가지 질문을 하고 싶은 분이 계실 것 같습니다. 하나님은 왜 인간이 저지른 죄악 때문에 모든 생명체를 함께 죽이셨는가, 라는 질문입니다.

이 문제는 설화니까 그렇다고 간단히 넘겨버리기가 좀 껄끄럽습니다. 설화이긴 하지만 하나님께서 일으키신 사건으로 성경에 기록된 이야기인데, 유감스럽게도 성경 본문은 이 부분에 대해서 전혀 문제의식을 느끼지 못하고 변명조차 하지 않고 있으니까요. 왜 그럴까요?

이유는 간단합니다. 이 본문을 기록하고 편집한 옛 이스라엘 사람들은 현대인 대부분이 갖고 있는 다른 생명체의 생명권에 대한 인식이 거의 없었기 때문입니다. 성경책 역시 시대의 산물이며, 그렇기에 그 시대의 한계 안에 있을 수밖에 없다는 점을 다시 한 번 상기해주시기 바랍니다.

그러면 창세기 1장부터 11장까지 이어지는 창조 설화의 후반부에 노아와 홍수 이야기를 도입한 최종 편집자의 의도는 무엇일까요?

우리는 지금까지 공부한 창세기 1장부터 5장까지의 내용에서, 하나님께서 창조하신 아름다운 세계가 인간들의 죄악으로 비참한 상태로 떨어졌다는 기록을 살펴보았습니다. 그대로 끝나버리면 하나님의 창조 사역은 실패작이 되고 맙니다. 전지전능하신 하나님으로 고백되는 분이 그런 세계를 그냥 놔두실 수는 없습니다. 그래서 하나님은 죄악에 빠진 인간을 벌하되, 의인인 노아와 그 가족을 통해 새로운 역사를 이끌어가신다는 겁니다.

이렇게 사람의 죄악, 특히 이스라엘의 죄악과 배반을 지적하고 슬퍼하시며 새로운 의인들을 통해 새로운 역사를 이어가시는 하나님의 구원 활동, 그것이 구약 성서의 큰 줄기를 형성합니다. 노아의 홍수 이야기 역시 그런 큰 줄기의 서막을 장식하는 거대한 서사시로 도입된 것입니다. 이성과 과학의 시대에 살고 있는 현대인의 시각으로 볼 때는 너무 유치하고 비합리적인 요소도 많지만 말입니다.

이제 8장으로 넘어가겠습니다. 거의 한 해 동안 이어진 홍수 재난이 끝나고 노아 가족과 방주 안의 동물들이 세상 밖으로 나옵니다. 노아가 하나님께 감사 제사를 드리고, 하나님은 어차피 사람은 악하니까 다시는 땅을 저주하지 않겠다고 결심하십니다.

9장으로 들어가면, 하나님께서 동물을 음식으로 먹어도 좋다고 허락하시는 내용이 나옵니다. 1~6절을 보겠습니다.

하나님이 노아와 그 아들들에게 복을 주시며 그들에게 이르시되, 생육하고 번성하여 땅에 충만하라. 땅의 모든 짐승과 공중의 모든 새와 땅에 기는 모든 것과 바다의 모든 물고기가 너희를 두려워하며 너희를 무서워하리니, 이것들은 너희의 손에 붙였음이니라. 모든 산 동물은 너희의 먹을 것이 될지라. 채소 같이 내가 이것을 다 너희에게 주노라.

그러나 고기를 그 생명 되는 피째 먹지 말 것이니라. 내가 반드시 너희의 피 곧 너희의 생명의 피를 찾으리니, 짐승이면 그 짐승에게서, 사람이나 사람의 형제면 그에게서 그의 생명을 찾으리라. 다른 사람의 피를 흘리면 그 사람의 피도 흘릴 것이니, 이는 하나님이 자기 형상대로 사람을 지으셨음이니라.

창세기 1장에서는 식물만 음식물로 허락하셨는데 이때부터 고기를 먹어도 좋다고 허락해주신 것으로 본문은 기록하고 있습니다. 다만 동물을 먹되 피와 함께 먹지는 말라는 말씀을 덧붙이십니다. 피는 곧 생명을 상징하기 때문에 생명의 소중함을 잊지 말라는 뜻이지요. 이 문제와 관련해서 제가 겪은 가슴 아픈 추억이 있습니다.

오래전 한 30년 전쯤입니다. 제 아내의 친구 중에 '여호와의 증인'이라는 이름을 가진 교단의 교회 신자와 결혼한 사람이 있었습니다. 정통이라는 교단들로부터 이단으로 규정된 교단입니다. 지금은 법적으로 좀 달라졌지만, 생명의 소중함을 이유로 살상 무기인 총을 들 수 없다며 입대 대신 감옥을 선택했던 젊은이들이 다니는 교회입니다. 그래서 저는 지금도 마음 한 편으로 이 교단 사람들을 존경합니다.

그런데 아내의 친구가 무슨 암에 걸렸습니다. 치료가 아주 어려운 병은 아니고 수술을 하면 살 수 있는 병인데, 남편이 수술을 거부하는 바람에 그만 저세상으로 떠나고 말았습니다. 그가 수술을 거부한 이유는 바로 '피를 함부로 흘리지 말라'는 성경 말씀과 관련이 있었습니다. 여호와의 증인들은 이 말씀을 근거로 수혈을 거부하기 때문입니다.

'피를 함부로 흘리지 말라'는 생명의 소중함을 일깨워주는 말씀입니다. 이 말씀대로 순종한다면 당연히 수혈을 해서 생명을 살려야 합니다. 성경을 의미로 해석하지 않고 문자대로 받아들인다는 게 이렇게 무서운 결과로 이어질 수 있습니다.

다시 본문으로 돌아가서, 이제 하나님은 다시는 홍수로 심판하지 않겠다는 증표로 비가 온 뒤에 무지개를 보내주겠다고 말씀하십니다. 설화를 만들어낸 옛사람들은 무지개를 그런 뜻으로 이해한 것이지요.

9장 뒷부분에는 노아와 세 아들 사이에 벌어지는 엉뚱한 이야기가 나옵니다. 우리가 볼 때는 엉뚱한 이야기지만, 그 옛날 이스라엘에는 중요한 이야기입니다.

노아가 술에 취해 벌거벗고 자는데, 함이 그 모습을 보고 형제들에게 알립니다. 셈과 야벳이 천을 들고 뒷걸음으로 가서 아비의 하체를 가려줍니다. 그런데 노아가 술에서 깨더니 다짜고짜 가나안에게 저주를 퍼붓습니다. 24~25절을 보겠습니다.

노아가 술이 깨어 그의 작은아들이 자기에게 행한 일을 알고 이에 이르되,
가나안은 저주를 받아 그의 형제의 종들의 종이 되기를 원하노라 하고

18절에 함은 가나안의 아버지라고 되어 있습니다. 술에 취해 벌거벗고 자는 아비를 보고 형제들에게 알린 것이 본문에 나타난 함의 잘못입니다. 그런데 그것 때문에 함의 후손인 가나안족이 함의 형제인 셈과 야벳의 후손들의 종들의 종이 되기를 바란다는 저주를 노아가 쏟아냅니다. 당대의 의인이라는 노아가 말입니다.

이런 본문을 놓고도 성경은 오류가 없는 하나님의 말씀이라고 고집하는 신학자나 목사들을 보면 좀 불쌍하다는 생각도 듭니다. 그러나 이 기록 또한 성서 무오설이라는 말도 안 되는 교리를 내려놓으면 쉽게 이해할 수 있습니다.

당시 이스라엘 사람들이 믿고 생각하는 하나님은 철저하게 이스라엘 편이어야 했습니다. 비좁은 가나안 땅을 놓고 생존 경쟁을 벌여야 하는 가나안족을 하나님이 더욱더 미워하셔야 했던 것입니다. 그래서 그런 자기들의 희망 사항을 노아의 홍수 설화에 담은 것입니다. 그러면 오늘날 성서를 읽는 현대인들은 이스라엘만 지독하게 편애하시는 이 하나님을 어떻게 이해해야 할까요? 정말로 하나님에게 문제가 있는 것일까요?

구약을 읽어나가면서 우리가 절대로 잊지 말아야 할 점이 있습니다. 구약 성서에서 만나는 하나님은 절대 객관의 하나님이 아니라 당시 이스라엘 사람들이 인식한 하나님이라는 점입니다. 6장 앞부분에 나왔던 후회하시고 한탄하시는 하나님은, 설화를 만든 사람과 입으로 전한 사람들과 기록한 사람과 편집한 사람이 당시의 시대적 한계 안에서 인식한 하나님이라는 점을 생각하면 쉽게 이해할 수 있는 문제입니다.

10장은 노아의 세 아들, 셈과 함과 야벳의 후손들이 어떻게 갈라지고 번성하게 되었는지 그 족보에 대한 이야기로 채워집니다. 오늘날 우리가 아는 지명도 있고 모르는 곳도 있습니다. 이런 복잡한 족보 이야기는 가볍게 훑어보고 지나가도 됩니다. 당시 이스라엘 민족에게는 의미가 있었겠지만 특별히 고대사 연구를 하는 사람이 아니라면 오늘날의 평범한 신앙인들은 관심을 가질 필요가 없습니다.

하지만 한 가지 참고할 부분은 있습니다. 이제는 노아의 가족이 새로운 인류의 조상으로 설정되었다는 점입니다. 성서의 세계에서 그 이전의 인류는 모두 죽었습니다. 그러니까 모든 현생 인류는 성서에 따르면 모두 노아의 후손입니다. 인도와 유럽인은 야벳의 후손이고, 이집트를 포함한 아프리카인은 함의 후손이고, 이스라엘 주변의 근동 지역 사람들은 셈의 후손이라고 구분하는 학자도 있습니다. 하지만 '그건 그렇다고 하더라'는, '카더라 통신' 정도로 생각하시면 될 것 같습니다.

이 족보가 모든 인류를 담아내기에 충분하지 않다는 증거는 우리나라를 비롯한 동아시아인들뿐 아니라, 인도를 넘어선 동남아시아와 아메리카 원주민들도 전혀 포함되지 않았다는 사실만 봐도 분명합니다. 당시 이스라엘 사람들뿐 아니라 유럽인을 포함한 그쪽 지방 사람들에게는 히말라야 산맥으로 가로막힌 인도 너머의 동양 지역과 아메리카에 대한 정보가 거의 없었으니까요.

11장에는 유명한 바벨탑 이야기가 나옵니다. 1~4절을 보겠습니다.

온 땅의 언어가 하나요 말이 하나였더라. 이에 그들이 동방으로 옮기다가 시날 평지를 만나 거기 거류하며 서로 말하되, 자, 벽돌을 만들어 견고히 굽자 하고, 이에 벽돌로 돌을 대신하며 역청으로 진흙을 대신하고 또 말하되, 자, 성읍과 탑을 건설하여 그 탑 꼭대기를 하늘에 닿게 하여 우리 이름을 내고 온 지면에 흩어짐을 면하자 하였더니

민족마다 언어가 갈라지기 전에, 사람들이 '우리 이름을 떨치고, 흩어짐을 면하자, 단결하자'라는 표어를 내걸고 하늘에 닿을 만큼 높은 성과 대를 쌓았노라고 본문은 말합니다. 그런데 이 모습을 보신 하나님이 마음에 안 들어 하시고 사람들을 온 지면에 흩어지게 하십니다. 바벨이라는 말은 '혼잡하게 한다'는 뜻을 갖고 있습니다.

이 바벨탑 이야기에는 어떤 메시지가 담겨 있을까요? 인간은 문화와 문명이 발달할수록 교만해지기 쉽고 하나님을 떠나고 싶어 하는데, 그것이 하나님의 마음을 불편하게 한다는 메시지입니다.

저는 이 메시지에 일부 동의합니다. 현대인들의 마음을 사로잡는 돈과 과학을 저 역시 경계합니다. 돈이 사람의 존엄성을 해치고 있으며, 과학이 인류의 행복을 위해 쓰이기도 하지만 그 못지않게 인류의 미래를 위협하는 현실을 수없이 만나기 때문입니다. 이 문제에 대해서는 하고 싶은 말이 많지만 앞으로 천천히 하도록 하겠습니다.

11장 뒷부분에는 셈 후예들의 족보가 나오는데 아브라함까지 이어집니다. 아브라함은 이스라엘 백성들이 혈통적으로나 정신적으로나 직계 조상으로 삼는 인물입니다.

여기서 11장의 족보와 5장의 족보를 잠시 비교해 보겠습니다.

5장에서는 아담의 아들 셋의 후예가 노아까지 이어집니다. 11장에서는 노아의 아들 셈의 후예가 아브라함까지 이어집니다.

그런데 11장의 인물들은 5장에 등장하는 인물들에 비해서 수명이 절반 이하로 줄어듭니다. 죄가 깊어질수록 죽음이 가까워진다는 메시지를 담았다고 볼 수 있겠습니다.

창세기 1장부터 11장까지는 인류 전체에 대한 이야기였습니다. 12장부터는 이스라엘 민족에 대한 이야기로 넘어갑니다. 이스라엘 민족이 자신들의 선조로 받드는 아브라함과 그의 아들 이삭, 이삭의 아들 야곱, 야곱의 아들 요셉으로 이어지는 4대에 걸친 이스라엘 민족 선조들의 이야기가 창세기의 나머지 장을 장식하고 있습니다.

12장은 하나님께서 아브라함에게 고향을 떠나 당신께서 친히 인도해주실 땅으로 가라고 말씀하시는 데에서부터 출발합니다. 1~3절을 보겠습니다.

여호와께서 아브람에게 이르시되, 너는 너의 고향과 친척과 아버지의 집을 떠나 내가 네게 보여 줄 땅으로 가라. 내가 너로 큰 민족을 이루고 네게 복을 주어 네 이름을 창대하게 하리니 너는 복이 될지라. 너를 축복하는 자에게는 내가 복을 내리고, 너를 저주하는 자에게는 내가 저주하리니, 땅의 모든 족속이 너로 말미암아 복을 얻을 것이라 하신지라.

아브라함이 원래 살았던 곳은 메소포타미아 지방의 우르였습니다. 우르는 유프라테스강 하류에 있었는데 지금의 이라크 남동부 그리고 쿠웨이트와 가까운 지역입니다. 우르는 서기전 3000년경부터 그 지역에서 번성한 도시였습니다. 그러나 서기전 2000년경에 도시의 수명이 다해서 결국 멸망하고 말았습니다.

그래서 아브라함 가족이 그때를 전후해서 하란으로 이주했을 것이라고 추정하는 학자가 많습니다. 하란은 지금의 터키 남동부와 시리아 북부 지역의 접경지대에 있었는데, 그곳에서 아브라함은 하나님의 지시를 받고 가나안 땅으로 이주하게 된 것입니다.

고향을 등지고 새로운 지역으로 이주하기는 지금도 쉬운 일이 아닙니다. 하물며 그 옛날 서기전 2000년경에 고향을 버리고 미지의 세계로 떠났다는 건 자신과 가족의 생존을 보장해주었던 보호막을 스스로 걷어내는 것과 마찬가지였습니다.

여기서 잠깐, 제가 기원전이라든가 주전이라는 말을 쓰지 않고 '서기전'이라는 표현을 쓰는 이유에 대해서 말씀을 드리고 넘어가는 게 좋을 것 같습니다. 우리말 표준어는 기원전, 기원후가 맞습니다. 그런데 서기 전후를 가리키는 서기 0년은 예수님의 탄생을 기준으로 합니다. 그래서 영어로 B.C.라고 하지요. Before Christ, 그리스도 탄생 이전이라는 뜻입니다.

예수님의 탄생을 기원으로 하는 것은 기독교에 뿌리를 둔 서양의 문화입니다. 그 서양의 문화를 전 세계의 기준으로 생각하는 것은 미국과 유럽인들에게는 자연스러울 수 있지만 동양 문화권에서 사는 우리가 그들의 문화적 시각을 그대로 따라갈 필요는 없다고 저는 생각합니다. 오히려 기원전이라는 표현보다 '서양인들이 기원으로 삼는 시대적 기준'이라는 뜻으로 서기전이라는 표현을 쓰는 것이 더 적절하다고 생각합니다. 그래서 앞으로도 계속 서기전이라는 표현을 쓰겠습니다.

하나님께서 아브라함을 부르시고 아브라함이 순종하여 고향 땅을 떠나는 이 시점을 신학자들, 특히 보수적인 신학을 가진 사람일수록 매우 중요하게 생각합니다. 이스라엘 민족의 기원일 뿐만 아니라 전 세계 인류를 향해 하나님께서 원대한 구원 섭리를 시작하신 때로 보기 때문입니다.

하나님께서 처음 창조하셨던 세계는 아담과 하와의 범죄로 이미 훼손되었습니다. 그리고 그 후손들 사이에 퍼져 나간 죄악으로 더 이상 참을 수 없는 지경에까지 이르렀습니다. 그래서 하나님은 사람 지으셨음을 한탄하시면서 그때까지 번성했던 인류를 홍수로 쓸어버리셨습니다.

하지만 다행히 한 사람의 의인이 있었지요. 바로 지난 강해의 주인공이었던 노아입니다. 노아와 그 가족 덕분에 새로운 인류가 다시 번성했습니다. 그러나 인류는 바벨탑을 쌓으면서 자기들의 이름을 내고 하나님으로부터 독립하려고 했습니다.

이제 하나님은 새로운 인물을 주목하고 선택하십니다. 그 역시 인격적으로 부족한 부분이 많은 사람입니다. 하지만 구약의 하나님께서 원하시는 사람은 도덕적으로 훌륭한 사람보다 하나님의 뜻에 순종하는 사람입니다.

　아브라함은 그런 하나님의 기준에 잘 맞는 사람이었습니다. 목적지가 어디라고 가르쳐주지도 않았는데, 무조건 떠나라고 하신 하나님의 말씀에 그대로 순종했습니다. 하나님께서는 순종의 대가로 그를 복된 존재로 만들어주겠다고 약속하셨습니다. 구체적으로 큰 민족의 조상이 될 것이고, 크게 이름을 떨칠 것이며, 궁극적으로는 전 세계 모든 민족이 아브라함 덕분에 함께 복을 누리게 될 것이라는 내용입니다.

　유일신 종교 삼형제인 유대교와 기독교, 이슬람교는 모두 이런 아브라함을 믿음과 순종의 표본으로 삼고 있습니다. 아브라함은 세 유일신 종교의 공통 조상이기도 합니다. 믿음의 조상일 뿐만 아니라 혈연적으로도 이스라엘 민족과 아랍 민족의 조상이라고 믿는 사람이 많습니다.

　보수적인 학자들은 여기서부터, 그러니까 하나님께서 아브라함을 부르시는 창세기 12장부터를 역사로 봅니다. 11장까지는 보수 신학자라 하더라도 신화로 보는 분들이 있지만 아브라함부터는 실제 역사라고 생각합니다.

　하지만 창세기의 나머지 부분도 역사는 아닙니다. 전설로 구분해야 맞습니다. 신화와 전설은 역사가 아니라 설화, 즉 전해오는 이야기입니다. 신화와 전설을 명확히 구분하기는 어렵지만 기원에 대한 이야기, 그러니까 세상 창조에 대한 이야기라든가 민족이나 나라의 기원에 대한 이야기는 보통 신화로 구분합니다. 그리고 오래 전부터 내려오는 영웅이나 위인들의 이야기는 전설로 구분하는 게 일반적입니다.

또 한 가지 시대적으로 생각해보아야 할 문제가 있습니다. 아브라함이 살았던 시기를 학자들은 서기전 2,000년경으로 봅니다. 그런데 모세오경을 최초로, 그리고 부분적으로 기록하기 시작한 것이 서기전 1,000년경입니다. 그전까지는 구전 시대였습니다. 그러니까 아브라함이 살았다는 시대와 그에 관한 이야기들을 기록하기까지 1,000년의 간격이 있습니다. 1,000년 전에 있었다는 일이 사람들의 기억과 입을 통해 1,000년 동안 전해진 후에 비로소 글로 기록하기 시작했다면 그게 바로 전설입니다.

저는 아브라함이 '살았던'이 아니라 '살았다는'이라고 말했습니다. 또한 1,000년 전에 '있었던'이 아니라 '있었다는'이라고 말했습니다. 아브라함과 이삭, 야곱과 요셉까지도 실제로 살았던 실존 인물이었는지 아니면 전설 속의 설정 인물인지는 알 수 없는 일이기 때문입니다. 그것은 마치 우리나라의 단군 신화에서 환인과 환웅이 등장하지만 그들은 실존 인물이 아니라 설정 인물인 것과 마찬가지입니다.

단군 신화 얘기를 잠시 해보겠습니다. 여기서 환인은 물론이고 환웅도 신적인 존재지만 우리 단군 신화에는 사람처럼 등장하니까 그냥 실존 인물, 설정 인물로 표현하기로 하지요.

옛날에는 우리나라 사람들도 단군 신화를 사실로 믿었을 것입니다. 환인, 환웅, 단군, 모두 실존 인물로 생각했을 것이고요. 요즘에는 그렇게 생각하는 사람이 거의 없습니다.

단군은 아마도 역사적으로 실존했을 것입니다. 하지만 단군이라는 말은 개인의 이름이 아니라 족장과 제사장의 역할을 겸비한 부족의 최고 책임자를 지칭하는 용어입니다. 그래서 요즘에는 역대 단군의 이름을 다 알고 있다며 무슨 단군 무슨 단군 하면서 단군 수십 명의 존함을 제시하는 사람들도 있습니다.

그렇다고 단군 신화가 이야기 자체로 역사적 사실일 수는 없습니다. 곰과 호랑이가 배고픔을 참고 기도를 한다거나 곰이 사람이 된다거나 그 곰과 사람이 결혼해서 자식을 낳는다는 건 도무지 이치에 맞지 않기 때문입니다.

그래도 사람들은 단군 신화를 단순한 거짓말이라고 생각하지 않았습니다. 뭔가 의미가 있으니까 오랜 세월 동안 사라지지 않고 전해졌을 테니까요. 결국 사람들은 알게 되었습니다. 단군 신화는 이야기 그대로 사실이 아니라 깊은 의미를 담은 신화이고 설화라는 것을요. 그러면 단군 신화에서 우리가 읽어야 할 의미는 무엇일까요?

요즘에는 학자들의 의견이 대체로 일치합니다. 서기전 시대, 그러니까 지금으로부터 2,000~3,000년 전에는 지구마을 사람 거의 모두가 부족신 신앙을 갖고 살았습니다. 부족신 신앙, 토테미즘이라고 하지요. 특정 동물이나 특정한 그 무엇을 부족의 수호신으로 모시는 것입니다.

단군 신화는 하늘을 토템으로 섬기는 부족과 호랑이를 토템으로 섬기는 부족, 그리고 곰을 토템으로 섬기는 부족들의 갈등과 화합의 이야기일 것이라고 해석하는 것이 일반적입니다. 세 부족이 서로 연합을 논의했을 것입니다. 호랑이를 토템으로 섬기는 부족은 뭔가 뜻이 맞지 않아 함께하지 못했을 것입니다. 하지만 하늘과 곰을 토템으로 섬기는 부족은 여러 갈등을 극복하고 하나로 합쳐서 더 크고 강한 부족을 이루었다는 것입니다. 그래서 사나운 주변 부족들의 침략과 노략, 그로 인한 고난을 헤쳐 나가며 오늘의 대한민국까지 오게 되었다는 것입니다.

이 해석이 100퍼센트 맞는다고 장담할 수는 없습니다. 당시에 그 일을 주도했던 사람들의 증언이나 그랬다는 자료가 남아 있는 것이 아니고, 학문적인 연구의 결과로 추정하는 것이니까요. 그러나 종교학자들이나 신화학자, 역사학자들이 그래도 보편적으로 수용하는 가장 합리적인 해석입니다.

우리가 신화나 전설에서 읽어야 할 것들은 바로 이런 것입니다. 이야기 자체를 사실로 받아들이는 것이 아니라, 그 이야기 껍질 속에 담긴 의미를 읽어야 한다는 것입니다.

환인이 거처했던 하늘왕국은 어떤 곳이냐, 우리도 장차 그곳에 갈 수 있느냐 없느냐, 환웅이 인간이 되어 내려왔다는데 그러면 우리도 장차 육신의 껍질을 벗고 환웅이나 환인처럼 신적인 존재가 될 수 있느냐 없느냐, 곰이 먹었다는 마늘은 어떤 종류의 마늘이냐, 지금 우리가 먹는 마늘과 같은 것이냐 다른 것이냐, 이런 질문들은 하는 게 아닙니다. 그런 것들은 의미를 담기 위해서 필요했던 소재일 뿐 본질이 아니니까요.

그런 질문에 매어 있으면 우리는 몸만 21세기에 살고 있을 뿐 정신세계가 수천 년 전 원시 시대에 머물 수밖에 없습니다. 다행히 단군 신화를 생명처럼 받들고 그런 질문을 계속하는 한국인은 거의 없는데, 기독교의 창조 신화나 탄생 설화를 문자 그대로 진리라고 생명처럼 붙들고 사는 한국인이 너무나 많습니다. 슬프고 처량한 일입니다.

얘기가 길었습니다. 다시 본문으로 돌아가면, 12장 후반부는 전반부와는 전혀 다른 분위기의 실망스런 이야기가 펼쳐집니다. 아브라함이 힘겹게 도착한 약속의 땅, 그 가나안 땅에 기근이 들어서 아브라함은 적지 않은 가족과 가축을 데리고 이집트로 이주합니다. 그런데 거기서 이집트 왕 파라오(바로)가 아브라함의 아내 사라의 미모에 반해 사라를 아내로 삼으려 했다는 이야기가 실려 있습니다.

본문에 따르면, 이때 아브라함의 나이는 75세 이전일 수 없습니다. 12장 4절에서, 아브라함이 하란을 떠날 때 나이가 75세였다고 말하고 있으니까요. 사라는 아브라함보다 열 살 정도 아래였으니, 그녀가 65세 이전일 수 없습니다. 그런데 이런 일이 벌어졌다는 겁니다. 14~15절을 보겠습니다.

> 아브라함이 애굽에 이르렀을 때에, 애굽 사람들이 그 여인이 심히 아리따움을 보았고, 바로의 고관들도 그를 보고 바로 앞에서 칭찬하므로, 그 여인을 바로의 궁으로 이끌어들인지라.

그 여인이 심히 아리따웠답니다. 환갑이 넘었는데 말입니다. 사실성과는 거리가 먼 전설 속 이야기라는 것을 느낄 수 있는 부분입니다. 그때는 사람들이 수백 년씩 살았던 시대라 그럴 수 있다고 생각하는 분들도 있습니다. 그런 분 만나면 할 말이 없습니다. 그냥 웃어야지요.

어쨌든 아브라함은 자신이 남편이라는 사실이 알려지면 파라오가 자기를 죽일 것이 염려돼 사라를 누이동생이라고 속입니다. 이리하여 이집트 왕이 사라를 아내로 삼으려 하는데, 하나님께서 파라오의 꿈에 나타나셔서 그를 꾸짖고 위기를 모면하게 하십니다.

앞에서 제가, 구약의 하나님께서 원하시는 사람은 도덕적으로 훌륭한 사람보다 하나님의 뜻에 순종하는 사람이라고 말씀드렸지요. 아브라함도 그렇고 이삭과 야곱도 그렇고 다윗왕을 비롯한 이스라엘의 위인이라는 사람들도 믿음은 출중한 것 같은데 인격은 그리 훌륭하지 않은 경우가 많습니다. 그리고 그런 특징은 오늘날의 기독교, 특히 한국 교회에도 그대로 녹아 있는 것 같습니다.

도덕성에 현격한 결함이 있는데도, 심지어 자기가 시무하는 교회의 여성 신도들을 희롱하고 성폭행한 자에게도 이상하리만큼 관대한 한국 교회의 현실을 어떻게 이해해야 할까요. 그런 범죄가 일어날 때마다 구약성서를 찾아보면, 같은 범죄를 저질렀던 신앙의 선조들을 얼마든지 찾아낼 수 있는 것이 성서입니다.

그런 성경 본문을 찾아 설교하면서 목사도 시험받을 수 있다, 믿음의 선조들도 그랬다, 그럼에도 하나님께서 그들을 쓰셨다, 정 문제가 있다면 하나님께서 친히 징계하실 것이다, 그러니 감히 하나님의 사람에게 교인들은 대들지 마라, 이런 말로 교인들을 겁주는 목사가 한국 교회에는 꽤 많습니다.

과연 이런 현실이 바람직한 것인지 깊이 성찰해보시기를 한국 교회와 교회 지도자들에게 정중히 요청드리고 싶습니다. 그리고 교우님들에게도 부탁드리고 싶습니다. 그런 파렴치한 자들이 강단에 계속 서지 못하도록 역할을 해주시기 바랍니다. 교회의 주인은 목사가 아니라, 장로가 아니라, 바로 교우님들입니다. 교우님들이 교회를 바르게 지켜주셔야 사이비 목사들이 판을 치고 한국 교회가 우리 사회의 조롱거리로 전락하는 것을 막을 수 있지 않겠습니까.

아내를 누이라고 속이는 이 전설은 앞으로도 두 번 더 나오게 됩니다. 아브라함이 또 한 번, 그의 아들 이삭이 한 번 겪게 되는데, 어찌된 영문인지 그때 가서 설명을 드리겠습니다.

13장에서는 이집트로 내려갔던 아브라함이 다시 가나안으로 돌아옵니다. 아브라함은 조카인 롯과 함께 목축업을 하고 있었는데요, 서로의 경계가 겹쳐 종족들 간에 다툼이 일어나자 땅을 나누어 갖기로 합니다.

아브라함은 요단강(요르단강)에서 가까운 비옥한 평지를 롯에게 양보하고, 자신은 척박한 산악 지역을 선택했습니다. 좋은 땅을 조카에게 양보한 아브라함의 관대함을 칭찬하는 사람이 많지만 반드시 그런 것은 아닙니다. 비옥한 평지에는 이미 가나안 원주민들이 터를 잡고 있었기 때문에 롯은 훗날 비옥한 땅을 선택한 대가를 톡톡히 치르게 됩니다.

어쨌든 이렇게 해서 가나안 땅에는 아브라함을 족장으로 하는 부족과 롯을 족장으로 하는 부족, 가나안 원주민 종족들이 뚜렷한 경계 없이 공존하는 상태가 됩니다. 그리고 하나님께서 장차 아브라함에게 넓은 땅과 많은 후손을 주겠노라는 약속을 재확인해주시면서 13장은 끝을 맺습니다.

14장에는 가나안 땅 안의 여러 도시국가들과 주변 국가들이 동원된 전쟁을 묘사합니다. 여러 왕들이 등장하는데요, 본문에는 왕이라고 되어 있지만 왕이라기보다 족장이라고 해야 맞을 것입니다. 아브라함도 족장으로서 이 전쟁에 말려듭니다. 조카인 롯이 먼저 전쟁에 휘말려 체포된 채로 끌려갔기 때문입니다. 아브라함은 사병

318명을 동원해서 이 전쟁에서 대승을 거두고 롯을 구해 왔노라고 본문은 말합니다.

그리고 이 부분에서 주목할 만한 인물이 등장합니다. 살렘 왕 멜기세덱이라는 인물인데요, 살렘은 훗날의 예루살렘이라고 보는 학자가 많습니다. 멜기세덱은 왕과 제사장을 겸한 인물로 나옵니다. 옛날에는 왕이나 부족장이 제사장을 같이 맡는 경우가 많았습니다. 정치와 종교가 통합된 제정일치 시대가 오랫동안 이어졌으니까요.

그런데 보수적인 성향의 교회일수록 이 본문을 매우 중요하게 생각합니다. 그 이유는 아브라함이 멜기세덱에게 전리품의 10분의 1을 주었다는 기록 때문입니다. 14장 17~20절을 보겠습니다.

아브람이 그돌라오멜과 그와 함께 한 왕들을 쳐 부수고 돌아올 때에, 소돔 왕이 사웨 골짜기 곧 왕의 골짜기로 나와 그를 영접하였고, 살렘 왕 멜기세덱이 떡과 포도주를 가지고 나왔으니, 그는 지극히 높으신 하나님의 제사장이었더라. 그가 아브람에게 축복하여 이르되, 천지의 주재이시요 지극히 높으신 하나님이여, 아브람에게 복을 주옵소서, 너희 대적을 네 손에 붙이신 지극히 높으신 하나님을 찬송할지로다 하매, 아브람이 그 얻은 것에서 십분의 일을 멜기세덱에게 주었더라.

아브라함이 전리품의 10퍼센트를 멜기세덱에게 주었다는 본문의 내용을 나중에 자리 잡게 되는 성전 제사 제도의 기원으로 보는 학자가 많습니다. 십일조는 제사장을 비롯해서 성전에서 일하는 사람들의 생활비와 공동체의 운영비로 사용되었습니다. 오늘날 국민에게서 거둔 세금을 국가 재정과 공무원의 인건비로 사용하는 것과 같은 제도입니다. 그러니까 구약 시대의 십일조는 제정일치 시대에 국가 공동체에 내는 세금이었습니다. 십일조의 '조'라는 말이 '세금 조'자입니다.

보수적인 교회들은 이 기록을 오늘날 교회에서 받는 십일조 헌금의 기원으로 해석하지만 합당한 해석이 아닙니다. 대한민국 국민은 누구나 다양한 형태로 이미 국가 공동체에 세금을 내고 있습니다. 특히 물건을 살 때마다 부가가치세라는 명목으로 물품 가격의 10분의 1을 꼬박꼬박 내고 있습니다. 그게 바로 십일조입니다.

오늘날 한국 교회에서 신앙의 척도로 간주하는 십일조의 의미에 대한 자세한 설명은 제가 따로 만들어서 올려놓은 영상에 있습니다. 유튜브나 인터넷 검색창에 제 이름과 십일조라는 단어를 함께 써서 찾으시면 쉽게 보실 수 있을 것입니다. 그 영상으로 자세한 설명을 대신하고 여기서는 더 이상 말씀드리지 않겠습니다.

15장으로 들어가면 하나님께서 환상을 통해 아브라함에게 나타나셔서 자식을 주겠다는 약속을 하십니다. 그리고 아브라함과 그 후손이 한동안 외지에서 이방인을 섬기며 고통스런 세월을 보내겠지만, 하나님께서 직접 그들을 징계하시고 다시 이 땅으로 돌아와 크고 부강한 나라를 이루게 해주겠다는 약속도 해주십니다.

이스라엘 민족이 이집트에서 노예 생활을 하는 것과 출애굽 하여 다시 가나안 땅으로 돌아오는 일을 예언하시는 형태로 되어 있지만, 성서는 이미 그 모든 일을 겪은 후대 사람들의 기록입니다.

16장에는 아브라함의 장자인 이스마엘이 태어나는 과정이 기록되어 있습니다. 아브라함이 86세가 되었을 때 장자인 이스마엘을 낳았다고 본문은 말합니다. 우리가 잘 아는 아브라함의 아들 이삭은 아직 태어나기 전입니다. 이삭은 본처인 사라의 아들이고, 이삭보다 먼저 태어난 이스마엘이 첩인 하갈의 소생이긴 하지만 아브라함의 장자입니다.

본문에 따르면 사라가 먼저 아브라함에게 하갈과 동침해서 아들을 낳아달라고 요청한 것으로 되어 있습니다. 동서양을 막론하고 옛날에는 여자에게 자식이 없다는 건 큰 수치였습니다. 그래서 여종인 하갈을 통해 아들을 낳았지만 결국 두 여인의 갈등으로 이어집니다. 게다가 이 갈등은 여인들의 시기와 갈등으로 끝나지 않고 오늘날까지 이어지는 긴 역사 속의 갈등으로 이어져왔습니다.

유대교와 기독교 전통은 장자인 이스마엘이 아니라 이삭이 아브라함의 대를 잇고 이스마엘을 버리는 것으로 해석합니다. 하지만 이슬람의 경전인 『꾸란』에 따르면 이스마엘은 버려지지 않았을 뿐더러 이삭보다 훨씬 더 큰 복과 영예를 받습니다. 이 부분은 다음 강해에서 좀 더 자세히 설명드리기로 하겠습니다.

17장을 보겠습니다. 어느덧 아브라함의 나이가 99세가 되었습니다. 하나님은 아브라함에게 '너로 심히 번성케 하겠다'는 약속을 재확인해주시고, 그러니 내 앞에서 흠 없는 모습으로 살라고 말씀하시면서 그의 이름을 바꾸어주십니다. 지금까지의 이름은 아브라함이 아니라 아브람이었습니다. 아브람이라는 말은 그냥 '아버지'라는 뜻입니다. 아브라함은 '많은 민족의 아버지'라는 뜻입니다. 아브라함에게 그런 어마어마한 복을 주시겠다는 것입니다.

그런데 하나님은 아브라함의 본처인 사라를 통해 또 아들을 주실 것이고, 아브라함과 맺은 언약은 그 아들을 통해서 이어가겠다고 말씀하십니다. 그렇게 되면 아브라함이 100세에 아들을 낳는 셈이 됩니다. 믿음의 사람 아브라함도 이것만은 믿지 못해서 웃었다고 본문은 말합니다. 그리고 이스마엘이나 잘 돌봐달라고 하나님께 부탁을 드립니다. 그러나 하나님은 명백하게 말씀하십니다. '이스마엘도 돌봐주겠고 그도 크게 번성하겠지만 내 약속은 이삭을 통해서 이루어진다'고 본문은 말하고 있습니다.

17장 말미에는 결국 아브라함이 하나님의 말씀을 믿고 그 말씀대로 믿음의 징표인 할례를 아브라함과 함께 살아가는 모든 남자에게 시행합니다. 그래서 아브라함은 99세에, 이스마엘은 13세에 할례를 받았다는 기록으로 17장은 끝을 맺습니다. 할례에 대한 설명은 나중에 율법에 대한 부분을 다룰 때 말씀드리겠습니다.

창세기 18~23장, 아브라함 이야기 [2]

18장은 하나님께서 친히 아브라함을 찾아오시는 이 야기로 시작합니다. 사람 셋이 아브라함에게 나타났다고 본문은 말 하는데요, 하나님이 두 명의 호위 천사를 거느리고 오신 것이라고 일반적으로 해석합니다. 그러나 아브라함은 하나님께서 친히 찾아 오셨다는 것을 눈치채지 못한 채 손님 세 분을 극진히 대접합니다. 이 자리에서 손님 일행이 아브라함에게 아들을 낳을 것이라고 예언 하는데, 사라는 그 말을 믿지 못해서 속으로 웃었다고 기록되어 있 습니다. 18장 9~12절을 보겠습니다.

그들이 아브라함에게 이르되, 네 아내 사라가 어디 있느냐. 대답하되 장 막에 있나이다. 그가 이르시되, 내년 이맘때 내가 반드시 네게로 돌아오 리니 네 아내 사라에게 아들이 있으리라 하시니, 사라가 그 뒤 장막 문에

서 들었더라. 아브라함과 사라는 나이가 많아 늙었고 사라에게는 여성의

생리가 끊어졌는지라. 사라가 속으로 웃고 이르되, 내가 노쇠하였고 내

주인도 늙었으니 내게 무슨 즐거움이 있으리요.

이 이야기는 앞 강해에서 다루었습니다. 17장 15~17절을 보겠습니다.

하나님이 또 아브라함에게 이르시되, 네 아내 사래는 이름을 사래라 하지

말고 사라라 하라. 내가 그에게 복을 주어 그가 네게 아들을 낳아 주게 하

며, 내가 그에게 복을 주어 그를 여러 민족의 어머니가 되게 하리니, 민족

의 여러 왕이 그에게서 나리라. 아브라함이 엎드려 웃으며 마음속으로 이

르되, 백 세 된 사람이 어찌 자식을 낳을까, 사라는 구십 세니 어찌 출산

하리요 하고

두 본문에서 어떤 차이를 느끼셨는지요? 하나님이 아브라함에게 아들을 주시겠다는 내용은 같은데 배경이 조금 다르고 무엇보다 17장에서는 아브라함이 그 말씀을 믿지 못하고 웃었다고 되어 있는데, 18장에서는 사라가 웃었다고 나옵니다.

17장과 18장을 별개의 사건으로 봐야 할까요? 아니면 두 개의 전승이 있었는데 조금씩 달리 전해졌고, 두 전승이 성서 본문에 함께 담긴 것일까요? 이 문제는 뒤에 다시 검토해보기로 하고 일단 계속 진행하겠습니다.

하나님 일행이 발길을 돌려 소돔으로 향하자 아브라함은 그제야 하나님이 죄악에 빠져 있는 소돔을 징계하려 하신다는 것을 알

고 중재를 시도합니다. 아무리 죄악에 빠진 도시라도 의인이 전혀 없지는 않을 텐데 그들을 죄인과 함께 멸하는 것은 하나님답지 않다고 당차게 따진 것입니다. 그러면서 만약 소돔에 의인 쉰 명이 있다면 어떻게 하시겠느냐고 묻습니다. 그리고 하나님으로부터 의인 쉰 명이 있으면 멸하지 않겠다는 약속을 받아냅니다.

아브라함은 여기서 멈추지 않습니다. 마흔다섯 명이라면, 마흔 명이라면, 서른 명, 스무 명, 열 명, 계속 하나님과 흥정을 한 아브라함은 결국 의인 10명만 있어도 그 도시를 멸하지 않겠다는 약속을 받아냅니다.

이 본문은 제가 아브라함 이야기를 통해서 가장 감동을 받은 부분입니다. 한 조직체의 어른이나 지도자라면 이런 자세를 가져야 하지 않을까요. 감히 하나님을 상대로 따지거나 흥정하는 것은 보는 시각에 따라 불경죄 또는 신성 모독죄로 간주될 수도 있을 것입니다. 하지만 본문 속의 아브라함은 하나님을 대화할 수 있는 분, 합리적인 요구는 들어주시는 분으로 생각했던 것 같습니다. 맹목적인 믿음과 순종보다 훨씬 더 바람직한 모습으로 제 눈에는 보입니다.

19장에서는 소돔에 대한 징벌이 묘사됩니다. 탐색하러 온 두 천사를 롯이 자기 집으로 모시고 극진히 대접한 후에 재워주기까지 합니다. 그런데 밤이 깊기 전에 마을 사람들이 찾아와 손님과 상관할 테니 내놓으라고 롯에게 협박합니다. 상관하겠다는 건 성행위를 하겠다는 뜻입니다. 동성애를 뜻한다고 해석하기도 합니다. 문맥으로 보아 그렇게 해석할 수 있습니다.

훗날 이스라엘 율법은 동성애를 매우 사악한 죄로 규정했습니다. 소돔이 극도로 타락했다는 것을 표현하기 위해 만들어진 이야기 같습니다. 저는 동성애에 좀 다른 생각을 갖고 있지만 여기서 설명하면 너무 길어질 것 같고, 앞으로도 이 문제를 만날 기회가 많으니 그때 설명을 드리도록 하겠습니다.

어쨌든 상황이 이렇게 되자 천사들은 롯의 가족을 밖으로 나오게 한 뒤 부근의 작은 성으로 뒤도 돌아보지 말고 도망가라고 말합니다. 그리고는 소돔과 고모라에 유황과 불을 비같이 내려 두 도시에 사는 백성들을 모두 몰살시켜 버립니다.

결국 아브라함이 하나님께 그렇게도 간절하게 매달렸던 의인 열 명이 없어서 두 도시는 폐허로 전락하고 맙니다. 그 와중에 롯의 아내는 미련을 버리지 못하고 뒤를 돌아보았기에 소금 기둥이 되었다고 본문은 말합니다.

이 전설에 담긴 의문점 두 가지, 그러니까 소돔과 고모라에 비같이 쏟아졌다는 유황과 불은 무엇일까 하는 점과 롯의 아내가 소금 기둥이 되었다는 문제에 대해 생각해보겠습니다.

성서에 하나님께서 행하신 것으로 나오는 이런 종류의 기적들을 진보적인 신학자들 대부분은 자연현상과 관계가 있는 것으로 해석합니다. 비같이 쏟아졌다는 유황과 불은 화산 폭발이나 지진과 관계가 있을 것입니다. 소금 기둥 얘기는 가나안 땅 남쪽에 있는 사해라는 호수와 관계가 있습니다.

사해는 요단강이 남쪽으로 흘러서 가장 낮은 곳에 고인 호수로, 물의 수면이 지중해보다 300미터 정도나 낮습니다. 유입되는 강물이 나가는 데가 없고 물의 상당수가 더위에 증발해 염분 농도가 매우 높습니다. 그래서 물고기나 생물이 살지 못하는 죽음의 호수가 되었고, 여기저기 소금 덩어리가 떠다니기도 합니다. 심지어 소금 뭉치가 호수 주변의 땅이나 벽에 붙어 있기도 하는데, 그중에는 기둥 형태로 된 것도 있습니다. 아마도 그 모습에서 소금 기둥에 대한 전설이 만들어졌을 것으로 학자들은 추측합니다.

물론 극단적으로 보수적인 일부 신학자들은 이렇게 성서가 묘사하는 기적을 자연현상으로 해석하는 걸 싫어합니다. 하나님을 온전히 믿지 못하는 인본주의자들의 잘못된 해석이라고 주장합니다.

19장 후반부에는 현대인들이 황당해하는 이야기가 또 실려 있습니다. 재앙을 피한 롯이 겁에 질려 아예 산속 굴로 숨어들었습니다. 그때 일어났다는 일을 31~33절에서 보겠습니다.

> 큰딸이 작은딸에게 이르되, 우리 아버지는 늙으셨고 온 세상의 도리를 따라 우리의 배필 될 사람이 이 땅에는 없으니, 우리가 우리 아버지에게 술을 마시게 하고 동침하여 우리 아버지로 말미암아 후손을 이어가자 하고, 그 밤에 그들이 아버지에게 술을 마시게 하고 큰딸이 들어가서 그 아버지와 동침하니라.

다음날에는 작은딸이 똑같이 했고 세월이 흘러 각자 아들을 낳는데, 그 아이들이 모압족과 암몬족의 조상이 되었노라고 본문은 말합니다. 이제는 이런 본문을 만나도 당황하지 않으시리라 생각은 됩니다만 그래도 설명은 드려야 할 것 같습니다.

모압과 암몬은 구약 시대 내내 이스라엘과 앙숙으로 지내는 대표적인 이웃 종족입니다. 특히 모세오경을 기록하고 편집한 서기전 10세기부터 서기전 5세기경까지는 많은 전쟁을 겪은 원수 사이라고 할 수 있습니다. 그러니까 이 얘기는 당연히 실제로 일어난 사건이 아니라 '저놈들은 저렇게 태어난 놈들이다'라는 저주 섞인 독설을 모세오경의 기록자와 편집자가 선택해 성서에 포함된 것입니다.

성서에 대한 지나친 모독이라고 생각하는 분이 계실 수 있겠습니다. 아니요, 오히려 뒤집어 생각해보면 성서는 이렇게 솔직하고 생생한 책입니다. 이스라엘의 삶과 고민과 신앙과 희망이 모두 담긴, 이렇게 얽히고 저렇게 설키면서 민초들이 겪은 애환과 분노와 그들이 쏟아낸 저주까지 생생하게 담아낸 생동하고 약동하는 책입니다. 인류의 오래된 옛 관습과 삶의 현장을 이렇게 솔직하고 생생하게 담아낸 고전이 인류 유산 가운데 성서 외에는 거의 없습니다.

이것이 성서가 가진 위대한 가치입니다. 일점일획도 오류가 없는 거룩한 책이라는 교리적 덮개만 벗겨버린다면 말입니다.

20장으로 들어가겠습니다. 앞에서 창세기 12장을 공부하면서, 아브라함이 이집트에서 자기 아내 사라를 파라오에게 빼앗길까 봐 누이라고 속인 사건이 있었지요. 똑같은 사건이 여기에 다시 나옵니다. 좀 길지만 1~18절을 보겠습니다.

> 아브라함이 거기서 네게브 땅으로 옮겨가 가데스와 술 사이 그랄에 거류하며 그의 아내 사라를 자기 누이라 하였으므로, 그랄 왕 아비멜렉이 사람을 보내어 사라를 데려갔더니, 그 밤에 하나님이 아비멜렉에게 현몽하시고 그에게 이르시되, 네가 데려간 이 여인으로 말미암아 네가 죽으리니 그는 남편이 있는 여자임이라.
> 아비멜렉이 그 여인을 가까이 하지 아니하였으므로 그가 대답하되, 주여

주께서 의로운 백성도 멸하시나이까, 그가 나에게 이는 내 누이라고 하지 아니하였나이까, 그 여인도 그는 내 오라비라 하였사오니 나는 온전한 마음과 깨끗한 손으로 이렇게 하였나이다.

하나님이 꿈에 또 그에게 이르시되, 네가 온전한 마음으로 이렇게 한 줄을 나도 알았으므로 너를 막아 내게 범죄하지 아니하게 하였나니 여인에게 가까이 하지 못하게 함이 이 때문이니라. 이제 그 사람의 아내를 돌려보내라. 그는 선지자라. 그가 너를 위하여 기도하리니 네가 살려니와, 네가 돌려보내지 아니하면 너와 네게 속한 자가 다 반드시 죽을 줄 알지니라.

아비멜렉이 그 날 아침에 일찍이 일어나 모든 종들을 불러 그 모든 일을 말하여 들려주니, 그들이 심히 두려워하였더라. 아비멜렉이 아브라함을 불러서 그에게 이르되, 네가 어찌하여 우리에게 이렇게 하느냐, 내가 무슨 죄를 네게 범하였기에 네가 나와 내 나라가 큰 죄에 빠질 뻔하게 하였느냐, 네가 합당하지 아니한 일을 내게 행하였도다 하고, 아비멜렉이 또 아브라함에게 이르되, 네가 무슨 뜻으로 이렇게 하였느냐.

아브라함이 이르되, 이 곳에서는 하나님을 두려워함이 없으니 내 아내로 말미암아 사람들이 나를 죽일까 생각하였음이요, 또 그는 정말로 나의 이복 누이로서 내 아내가 되었음이니라. 하나님이 나를 내 아버지의 집을 떠나 두루 다니게 하실 때에 내가 아내에게 말하기를, 이 후로 우리의 가는 곳마다 그대는 나를 그대의 오라비라 하라, 이것이 그대가 내게 베풀 은혜라 하였었노라.

아비멜렉이 양과 소와 종들을 이끌어 아브라함에게 주고, 그의 아내 사라도 그에게 돌려보내고 아브라함에게 이르되, 내 땅이 네 앞에 있으니 네가 보기에 좋은 대로 거주하라 하고, 사라에게 이르되, 내가 은 천 개를 네 오라비에게 주어서 그것으로 너와 함께 한 여러 사람 앞에서 네 수치를 가리게 하였노니, 네 일이 다 해결되었느니라.

아브라함이 하나님께 기도하매, 하나님이 아비멜렉과 그의 아내와 여종을 치료하사 출산하게 하셨으니, 여호와께서 이왕에 아브라함의 아내 사라의 일로 아비멜렉의 집의 모든 태를 닫으셨음이더라.

같은 내용이 무대만 바뀐 것을 알 수 있습니다. 이번에는 이집트가 아니라 가나안 땅 남쪽에 자리 잡은 그랄이라는 곳입니다. 내용은 똑같은데, 내용에 살이 붙었습니다.

아브라함이 두 번씩이나 이런 주책스러운 짓을 저질렀을까요? 소돔의 멸망을 막기 위해서 그렇게 간절히 하나님과 담판을 벌였던 그 아브라함이 말입니다. 이건 이런 내용의 구전설화가 세 편 있었는데, 어느 게 원형인지 모르는 모세오경의 최종 편집자가 그냥 셋 다 담는 게 좋겠다고 판단해서 모두 담은 것뿐입니다. 또 하나의 설화는 아브라함의 아들 이삭이 저지른 것으로 되어 있는데, 그때 가서 다시 한 번 언급하겠습니다.

이런 본문을 만나는 오늘날의 독자에게 꼭 필요한 것은 성서에 대한 실망이 아니라 성서가 어떤 책인지, 어떻게 우리 손에 들어오게 되었는지를 정확하게 이해하는 것입니다.

사실 성서는 아무 죄가 없습니다. 성서는 일점일획도 오류가 없는 완전한 진리의 경전이라는, 하나님의 말씀 자체라는, 그런 교리적 덮개를 씌운 교회 지도자들에게 문제가 있을 뿐입니다.

21장으로 들어가겠습니다. 아브라함이 100세가 되어 하나님께서 약속해주신 아들을 얻었습니다. 장자인 이스마엘이 있었지만 하같이 낳은 종의 아들이었고, 이번에는 본처인 사라가 낳은 아들입니다. 아이 이름은 이삭, 웃었다는 뜻입니다. 아들을 낳고 기뻐서 웃었다는 뜻도 되지만 하나님의 약속을 믿지 못하고 웃었다고 해서 그런 이름이 붙었습니다.

자, 그런데 문제가 생겼습니다. 9절에 보면 '사라가 본즉 아브라함의 아들, 애굽 여인 하갈의 아들이 이삭을 놀리는지라'라고 되어 있습니다. 철없는 아이들 문제로 엄마들 사이에 갈등이 생겼습니다. 화가 난 사라가 종과 종의 아들을 내쫓으라고 아브라함에게 따집니다. 근심하는 아브라함에게 하나님은 사라의 말에 따르라고 하십니다. 12~13절을 보겠습니다.

> 하나님이 아브라함에게 이르시되, 네 아이나 네 여종으로 말미암아 근심하지 말고, 사라가 네게 이른 말을 다 들으라. 이삭에게서 나는 자라야 네 씨라 부를 것임이니라. 그러나 여종의 아들도 네 씨니, 내가 그로 한 민족을 이루게 하리라 하신지라.

결국 쫓겨난 하갈과 이스마엘은 광야에서 방황하다 허기져 죽음 직전에 이르렀는데, 그때 하나님의 사자가 나타나 그들을 도와주고 큰 민족을 이루게 해주겠다는 약속을 다시 합니다. 이후 이스마엘은 가나안 땅 남쪽에 있는 바란 광야에 터를 잡고 살면서 이집트 여인을 만나 결혼하게 됩니다.

22장으로 들어가면 아브라함이 최대의 위기, 최대의 시험을 겪는 내용이 나옵니다. 하나님이 갑자기 아브라함에게 이삭을 제물로 바치라는 겁니다. 1~2절을 보겠습니다.

> 그 일 후에 하나님이 아브라함을 시험하시려고 그를 부르시되, 아브라함아 하시니, 그가 이르되 내가 여기 있나이다. 여호와께서 이르시되, 네 아들 네 사랑하는 독자 이삭을 데리고 모리아 땅으로 가서, 내가 네게 일러준 한 산 거기서 그를 번제로 드리라.

지금 생각해보면 웃음이 나지만 옛날 일이 생각나네요. 40여 년 전인데 제가 신앙생활을 막 시작한 20대 초반이었습니다. 누구의 지도도 안내도 없이 저 혼자 성서 통독을 시작하면서 이 본문을 만났습니다. 그때 하나님이 얼마나 무섭고 힘들었는지 모릅니다. '하나님께서 아브라함을 시험하시려고'라는 전제가 있기는 하지만 이렇게까지 하시는 하나님이 너무나 무섭고 싫었습니다. '나라면 아브라함처럼 순종할 수 있을까'라는 생각을 했던 것 같습니다.

그때는 사실의 언어와 고백의 언어의 차이도 몰랐고, 역사와 전설의 차이도 몰랐습니다. 아마 여러분 중에도 그런 과정을 겪은 분들이 많이 계실 것 같습니다.

그런데 아브라함은 하나님의 말씀을 듣고 그대로 순종합니다. 아마도 많은 번뇌가 있었겠지만 그런 내용은 본문에 나타나 있지 않습니다. 오로지 순종하는 내용만 나옵니다. 하나님께서 지정하신 모리아 산으로 간 아브라함은 이삭을 결박하고 번제를 드리기 위해 칼로 이삭을 죽이려고 합니다.

번제는 제물을 태워서 드리는 제사법입니다. 그러니까 이삭을 죽인 후에는 불로 태워야겠지요. 그런데 그때 하나님께서 아브라함을 부르십니다. 11~13절을 보겠습니다.

> 여호와의 사자가 하늘에서부터 그를 불러 이르시되, 아브라함아 아브라함아 하시는지라. 아브라함이 이르되 내가 여기 있나이다 하매, 사자가 이르시되, 그 아이에게 네 손을 대지 말라. 그에게 아무 일도 하지 말라. 네가 네 아들 네 독자까지도 내게 아끼지 아니하였으니 내가 이제야 네가 하나님을 경외하는 줄을 아노라. 아브라함이 눈을 들어 살펴본즉, 한 숫양이 뒤에 있는데 뿔이 수풀에 걸려 있는지라. 아브라함이 가서 그 숫양을 가져다가 아들을 대신하여 번제로 드렸더라.

그때부터 그 땅 이름이 '여호와 이레'라고 불리게 되었노라고 본문은 해설까지 덧붙입니다. 여호와 이레, '여호와께서 준비하셨다'라는 뜻입니다.

이렇게 해서 큰 시험을 통과한 아브라함에게 하나님은 여러 번 하신 약속을 다시 확인해주십니다. '너에게 큰 복을 내리고 큰 민족을 이루게 해주겠다, 네 후손으로 천하 만민이 복을 얻도록 해주겠다'는 약속입니다.

해피엔딩으로 끝나서 다행입니다만 이 이야기에는 이스라엘 공동체의 고뇌가 담겨 있습니다. 당시 주변 세계에는 인신 공양이 유행하고 있었습니다. 신에게 바치는 제사 중에 최고의 제물은 때 묻지 않은 어린아이라는 생각이 지배하고 있었던 시대였습니다. 이스라엘도 그런 관습에서 자유롭지 못했습니다. 본문의 내용에는 그런 깊은 고민이 담겨 있습니다. 하지만 결국 이스라엘 공동체는 그 잔혹한 관습을 극복해냈습니다. 그 고민의 흔적이 이 전설 안에 담겨 있는 것입니다.

22장 후반부에는 아브라함과 관련된 또 하나의 족보 이야기가 나오고, 23장에는 사라가 죽고 아브라함이 가족 묘지를 샀다는 내용이 나옵니다. 이런 부분은 기록 당시 이스라엘 민족에게는 중요한 의미가 있었겠지요. 하지만 오늘의 우리에게는 별로 중요한 내용이 아니므로 자세히 설명하지 않겠습니다.

이제 매우 중요한 문제 한 가지를 붙들고 씨름을 좀 해야 할 것 같습니다. 이삭과 이스마엘 문제입니다. 성서에는 이삭이 아브라함의 후계자로 채택되고, 이스마엘은 큰 복을 받기는 하지만 결국 버려지는 것으로 되어 있습니다.

그런데 『꾸란』에는 이 부분이 좀 다르게 기록되어 있습니다. 『꾸란』에 따르면, 이스마엘은 버려지지 않았습니다. 이스마엘은 이삭과 똑같이 이슬람의 예언자로 인정받고 있습니다. 조금 전에 나누었던 자식을 제물로 바치는 부분, 거기서 제물로 바쳐지는 아이도 이삭이 아니라 이스마엘이었다고 『꾸란』은 말하고 있습니다.

어느 게 옳고 어느 게 틀린 걸까요? 당연히 유대교인과 기독교인은 성경의 기록이 옳다고 믿겠지요. 무슬림도 당연히 『꾸란』의 기록이 옳다고 믿을 것입니다.

하지만 이건 옳고 틀리고의 문제가 아닙니다. 실제로 있었던 일이 아니고 전설이니까요. 이스라엘 민족이 민족적 자부심을 갖고 살기 위해서는 이삭이 주인공인 전설이 필요했습니다. 무슬림 역시 자부심을 갖고 살기 위해 이스마엘을 주인공으로 하는 전설이 필요했고요. 그것뿐입니다.

아브라함이 이스마엘을 낳을 때가 86세고, 이삭을 낳을 때가

100세라고 성경은 말합니다. 『꾸란』도 똑같이 그렇게 말합니다. 이게 사실일 수 있습니까? 우리는 아직 역사 시대가 아니라 전설의 시대를 공부하고 있습니다. 굳이 옳고 틀리고를 따진다면, 전설을 전설로 받아들이는 것이 옳은 것입니다. 전설을 실제 역사라고 고집하는 사람들이 틀린 것이고요.

다시 말씀드립니다만 신화는 신화로, 전설은 전설로, 역사는 역사로 받아들여야 합니다. 신화와 전설을 실제로 일어난 역사라고 생각하면, 그리고 그걸 기록한 우리 종교의 경전은 절대로 오류가 없다고 생각하면 지구촌은 멸망할 때까지 싸우는 수밖에 없습니다.

이 문제와 관련해서 이슬람을 악마의 종교라고 생각하는 분들에게 변호를 좀 하고 싶습니다. 저는 2005년에 한국에 와 있는 무슬림 선교사 부부와 서너 시간 정도 종교를 주제로 대화를 나눈 적이 있었습니다. 남편은 이집트인이었고, 부인은 한국인이었던 것으로 기억합니다. 그들을 만나기 며칠 전에 『한겨레』 기자의 요청으로 인터뷰를 하면서 이슬람에 대한 질문을 받고 이슬람을 변호한 적이 있었는데, 그분들이 그 기사를 보고 만남을 요청했던 겁니다.

그때 그분들은 예수님을 위대한 선지자로 존경했고 기독교인을 형제로 생각하며 존중해주었습니다. 또한 그분들은 자기 종교에 대한 자부심과 확신을 갖고 있지만 결코 다른 사람에게 자기들의 신념을 강요하지 않는다고 말했습니다. 그 이유는 『꾸란』이 '선교는 강요에 의해 이루어져서는 안 된다'고 가르치고 있기 때문이라고 했습니다.

그리고 그들이 기독교인들에게 바라는 점이 있다고 말했습니다. 무슬림이 기독교인을 형제로 생각하고 존중하는 것처럼 기독교인들도 무슬림을 존중해주면 좋겠지만, 그렇게까지 하지는 않아도 좋으니 이슬람을 '사탄의 종교'라고 욕하거나 기독교로 개종해야 한다고 강요하지는 말아달라는 것이었습니다.

그분들이 저를 만나고자 한 이유도 무슬림을 이해하는 진정한 기독교인에게 감사의 마음을 전하고 싶었기 때문이라고 했습니다. 그분들이 했던 말 중에 기억에 남는 말이 있습니다.

"무차별 테러를 일으키는 사람들을 이슬람 원리주의자라고 말하지만, 진정한 이슬람 원리주의자라면 『꾸란』의 가르침을 따르며 결코 무차별 테러를 일으킬 수 없습니다. 그런 테러를 저지르는 사람은 그냥 잔인한 테러리스트일 뿐입니다."

이슬람은 유대교와 기독교가 먼저 하나님의 선택을 받았다는 사실을 인정합니다. 그리고 기독교가 이슬람을 철저히 배격하는 것과 달리 『꾸란』에는 유대교와 기독교를 부분적으로 인정하는 내용이 꽤 많이 나옵니다.

『꾸란』은 아담과 노아, 아브라함과 이삭, 야곱과 요셉도 모두 하나님의 예언자로 인정합니다. 뿐만 아니라 모세와 엘리야, 엘리사, 다윗, 솔로몬까지 모두 하나님의 예언자로 인정합니다. 예수님도 위대한 예언자로 인정하고 존경합니다. 심지어 예수님의 동정녀 탄생과 기적까지 인정합니다.

『꾸란』은 최후의 가장 위대한 예언자인 무함마드는 기적을 행하지 못했지만 예수님은 기적을 행하셨다고 말합니다. 단, 십자가와 부활은 인정하지 않습니다. 그리고 아무리 동정녀 탄생을 하고 기적을 행하셨어도 신의 아들은 될 수 없다고 봅니다. 그들에게 신은 오직 하나님, 즉 알라 한 분뿐이니까요. 기독교가 중요하게 생각하는 삼위일체설은 그들에게는 거짓되고 사악한 이론일 뿐입니다.

제가 이런 말씀을 드리는 이유는, 적어도 이웃 종교 또는 형제 종교에 대한 포용성에서는 이슬람이 기독교보다 너그럽다는 점을 알리고 싶기 때문입니다. 기독교인이 이슬람을 악마의 종교로 보면, 무슬림도 기독교를 악마의 종교로 볼 수밖에 없을 것입니다. 그리고 두 종교의 끝없는 갈등과 그로 인한 지구마을의 고통은 영원히 계속될 수밖에 없을 것입니다.

그런데 제가 이슬람을 변호하는 것을 이해하지 못하겠다는 분도 많습니다. 자신들이 실제로 겪는 이슬람과 제가 말하는 이슬람이 너무 다르다는 것입니다. 하지만 그런 분들은 냉정히 생각해볼 필요가 있습니다. 한국인들이 한국에서 겪는 이슬람은 극히 일부분일 수밖에 없습니다. 이슬람의 좋은 점은 거의 보도되지 않고 극단주의자들이 저지르는 사고만 보도되니까요. 탈레반이나 IS 같은 이슬람 극단주의자들을 통해 이슬람을 보고 있는 것입니다. 하지만 그들은 이슬람의 극히 일부에 불과합니다.

오늘날 무슬림은 성향에 따라 네 부류로 나눌 수 있습니다. 첫째로, 원리주의 또는 급진주의 무슬림이 있습니다. 이슬람 율법을 극단적으로 해석하고, 그에 따라 살고자 하는 사람들입니다. 이슬람의 세속화와 서구 세계의 문화적 침략에 대항하는 지하드를 적극적으로 지지하거나 여기에 참여하는 사람들이고요. 이들은 이슬람의 가치를 훼손하는 서구 그리스도교 세력을 사탄으로 여깁니다. 이교도와의 평화를 주장하는 무슬림도 배교자로 간주해 테러를 저지르기도 합니다. 하지만 이런 사람들은 전 세계 무슬림의 2퍼센트 이내에 불과합니다.

두 번째로, 헌신적인 무슬림으로 분류되는 사람들이 있습니다. 이들은 이슬람의 교리를 잘 알고 있고 실천하는 사람들입니다. 하루 다섯 번의 기도와 라마단 금식을 철저히 지킵니다. 어려운 이웃을 돕기 위한 헌금인 자카트를 내고『꾸란』과 무함마드의 언행을 기록한『하디스』를 공부하지만, 테러 등의 극단적인 행동에는 거부감을 갖습니다. 전 세계 무슬림의 약 20퍼센트가 여기에 해당합니다.

세 번째로, 일반적 또는 중도적 무슬림으로 분류되는 사람들이 있습니다. 이들은 이슬람에 대한 신념이 아니라 문화적 환경 때문에 무슬림이 된 사람들입니다. 이슬람 교리에 대해 잘 모르고 과격한 테러를 경멸합니다. 무슬림 대부분은 여기에 속합니다. 전 세계 무슬림의 약 70퍼센트 이상을 차지합니다.

마지막으로, 진보적 무슬림이 있습니다. 이슬람교를 믿지만 교리에 매이지 않는 사람들입니다. 이들은 이슬람이 현대화되기를 바라고 이스라엘과도 평화롭게 지내기를 바랍니다. 무슬림이라면 하루에 다섯 번씩 하는 기도도 하지 않는 사람이 있고요. 무슬림의 가장 기본적인 의무인 라마단도 지키지 않는 사람도 있습니다. 복장도 자유롭지요. 이들은 이슬람권에 속하는 국가들보다 서방 세계에 사는 무슬림 가운데 많은데요, 전체 무슬림 가운데 약 5퍼센트가 여기에 해당합니다.

그리고 중요한 통계 자료가 있습니다. 오늘날 민간인을 상대로 저지르는 테러를 지하드로 인정하는 무슬림은 거의 없습니다. 테러리스트들은 무슬림으로 인정받지도 못합니다. 세계 이슬람협력기구OIC는 알카에다와 IS를 반이슬람 테러 단체로 규정하고 있습니다. 이슬람 언론이 한 여론조사에서도 IS와 알카에다에 반대하는 의견이 거의 99퍼센트에 달했습니다.

앞에서 제가 『꾸란』이 성경에 비해 상대적으로 너그럽다고 말씀을 드렸는데요, 하지만 그 너그러움과 포용성도 어쩔 수 없는 한계는 있습니다. 유대교와 기독교는 결국 하나님을 배반하고 타락했으며, 유대교 경전인 『히브리성서』, 즉 『구약성서』와 기독교인들의 경전인 『신약성서』도 자신들의 입맛에 맞게 훼손했다고 『꾸란』은 말합니다.

그래서 하나님께서 이스마엘의 후손인 아랍 민족을 통해 세상을 구원하시고자 마지막 예언자인 무함마드에게 새로운 계시를 주셔서 이슬람이 탄생하게 되었다고 무슬림은 믿고 있습니다. 물론 『꾸란』에 그렇게 기록되어 있기 때문이지요.

혹자는 『꾸란』의 내용이나 그 안에 등장하는 예언자 대부분이 성서의 내용, 성서의 영웅들과 겹친다는 점을 들어서, 결국 이슬람은 유대교와 기독교를 표절한 종교에 불과하다고 말하기도 합니다. 틀리다고만 말할 수는 없습니다. 하지만 그렇게 따지면 기독교 역시 유대교를 표절한 종교에 불과합니다. 유대교는 조로아스터교를 표절한 종교가 되고요.

앞에서 제가 '나 홀로 종교'는 없고 모든 종교는 서로 이웃 종교와 문화의 영향을 받으며 성장하고 발전한다는 말씀을 드렸는데 기억하시는지요? 하지만 그 사실을 인정하지 않고 이웃 종교의 존재와 가치를 부정하고 자기 종교만 옳다고 주장하면 그때부터 세계는 비극의 나락으로 떨어지게 됩니다.

중세 십자군 전쟁이 그래서 일어났습니다. 십자군 전쟁은 기독교와 이슬람 양쪽에 엄청난 희생자를 냈으며, 아직도 많은 후유증을 낳고 있습니다. 오늘날 유일신 종교 사이에 벌어지는 갈등도 그 사실을 증명합니다. 2001년에 일어난 9·11 테러도 이와 무관하지 않고, 그 사건으로 시작된 미국과 아프간의 전쟁, 그리고 오늘날 아프간이 겪고 있는 비극도 모두 다 이 문제와 무관하지 않습니다.

그러므로 나만 옳다, 내 종교만 옳다는 독선과 배타는 결코 예수 님으로부터 온 것이 아니며, 지구마을 사람들이 반드시 함께 노력해서 극복하지 않으면 안 될 중요한 숙제라고 할 수 있습니다. 기독교인도 무슬림도 명심해야 할 문제입니다.

제6강

창세기 24~27장, 이삭 이야기

이 부분은 주로 아브라함의 아들 이삭에 대한 이야기로 채워져 있습니다. 아브라함과 맺은 하나님의 약속이 어떻게 그 후손으로 이어지고 성취되는지를 담은 이야기라고 이해하시면 되겠습니다.

24장에는 이삭이 리브가를 아내로 맞이하기까지의 과정이 묘사되어 있습니다. 아브라함이 자기 재산을 관리하는 종을 불러 이삭의 아내가 될 사람을 알아보고 오라고 명합니다. 죽기 전에 아들이 장가가는 모습은 보고 죽겠다는 것이지요. 2~4절을 보겠습니다.

아브라함이 자기 집 모든 소유를 맡은 늙은 종에게 이르되, 청하건대 내 허벅지 밑에 네 손을 넣으라. 내가 너에게 하늘의 하나님 땅의 하나님이신 여호와를 가리켜 맹세하게 하노니, 너는 내가 거주하는 이 지방 가나

안 족속의 딸 중에서 내 아들을 위하여 아내를 택하지 말고, 내 고향 내

족속에게로 가서 내 아들 이삭을 위하여 아내를 택하라.

아브라함으로서는 자기 아들이 가나안 원주민 여인과 결혼하면 그들과 피가 섞여서 결국 대를 잇지 못하고 가문이 사라져버릴까 봐 우려한 것입니다. 그래서 자기 고향인 하란으로 가서 이삭의 신붓감을 알아보라고 종에게 말하면서 자신의 허벅지 밑에 손을 넣고 맹세하게 합니다.

개역개정본에는 '허벅지'라고 되어 있는 이 말이 개역한글본에는 '환도뼈'라고 되어 있습니다. 표준새번역에는 '다리 사이'라고 되어 있고, 공동번역에는 '사타구니'라고 되어 있습니다. 조금씩 표현이 다른데요, 정확히 말하면 생식기를 말하는 것입니다. 생식기에 손을 대고 약속하는 건 후손들에게까지 약속을 지키겠다는 뜻입니다. 그만큼 아브라함으로서는 중요한 문제였던 것이지요. 이스라엘이 하나님의 약속대로 번성할 수 있느냐, 가나안 원주민 종족에 섞여 사라지느냐 하는 중요한 분기점이라고 할 수 있으니까요.

여기서 잠시 개역개정본과 개역한글본의 차이를 설명하고 넘어가는 게 좋을 것 같습니다. 먼저 개역한글본은 1961년부터 사용한 『성경전서』입니다. 그때까지 사용했던 '개역성경'을 당시 어법에 맞게 수정한 책입니다. 개역개정본은 현재 대부분의 한국 교회에서 사용하는 『성경전서』인데, 1998년에 그때까지 사용하던 개역한글본을 당시 어법에 맞게 수정해서 발간한 책입니다.

두 성서본을 구별하는 가장 쉽고 간단한 방법이 있습니다. 하나님과 예수님이 말씀하실 때, 개역한글본은 '가라사데'라는 표현을

쓰고, 개역개정본은 '이르시되'라는 표현을 씁니다. 창세기 1장 3절의 경우, 개역한글본에는 이렇게 되어 있습니다.

하나님이 가라사대, 빛이 있으라 하시매 빛이 있었고

이 말씀을 개역개정본은 이렇게 수정했습니다.

하나님이 이르시되, 빛이 있으라 하시니 빛이 있었고

'가라사대'가 '이르시되'로, '하시매'는 '하시니'로 바뀌었고, 어법도 현대어와 가깝게 그리고 좀 더 부드럽게 바뀐 것을 확인할 수 있습니다. 마가복음 1장 17절 말씀을 한 번 더 보겠습니다. 개역한글본에는 이렇게 되어 있습니다.

예수께서 가라사대, 나를 따라 오너라. 내가 너희로 사람을 낚는 어부가 되게 하리라.

같은 본문이 개역개정본에서는 이렇게 수정되었습니다.

예수께서 이르시되, 나를 따라오라. 내가 너희로 사람을 낚는 어부가 되게 하리라.

'가라사대'가 '이르시되'로, '따라 오너라'는 '따라오라'로 바뀌었습니다. 역시 어법도 현대어와 가깝게 그리고 좀 더 부드럽게 바뀐 것을 확인할 수 있습니다.

성경 전체 본문에서도 하나님과 예수님이 말씀하실 때는 개역한글본은 '가라사대'로 되어 있는데, 개역개정본은 모두 '이르시되'로 수정했습니다. 예수님과 하나님 이외의 다른 사람이 말할 때는 모두 개역한글본은 '가로되'로, 개역개정본은 '이르되'로 되어 있습니다. 썩 중요한 문제는 아니니 골치 아프시면 그냥 잊으셔도 됩니다.

어쨌든 우리는 창세기 24장에 나타나 있는 전설 속 아브라함의 이 이야기를 통해서 이스라엘 민족 지도자들이 자신들의 정체성을 지키고 이어가는 일을 얼마나 소중하게 생각했는지 알 수 있습니다. 이런 민족의식 그리고 하나님의 선택을 받은 백성이라는 선민의식이, 당시의 주변 소수 종족들이 모두 역사 속으로 사라져버린 가운데서도 이스라엘이 오늘날까지 생존하는 이유라 하겠습니다.

본문의 이야기를 이어가겠습니다. 종은 아브라함의 동생 나홀이 사는 하란으로 가서 리브가라는 소녀를 만나게 됩니다. 소녀를 만나기 직전에 종이 우물가에서 하나님께 기도하는 내용이 나오는데, 요약하면 이렇습니다.

물을 길으러 여자들이 오면 항아리에 담긴 물을 좀 달라고 하겠습니다. 그때 저뿐만 아니라 낙타들에게도 물을 주는 아가씨가 있으면 그 아가씨가 바로 하나님께서 정해주신 이삭의 아내감으로 알겠습니다.

기도는 곧바로 이루어졌습니다. 15절에 보면 말을 마치기도 전에 리브가가 물동이를 어깨에 메고 나왔다고 되어 있습니다. 이어

93

지는 16절을 읽어보겠습니다.

> 그 소녀는 보기에 심히 아리땁고 지금까지 남자가 가까이 하지 아니한 처녀더라. 그가 우물로 내려가서 물을 그 물동이에 채워가지고 올라오는 지라.

여자는 아름답고 순결해야 한다는 건 동서양을 막론하고 이어져 내려온 편견이지요. 성서도 이 편견으로부터 자유롭지 못합니다. 어쨌든 종이 만난 소녀는 물을 좀 달라는 종의 부탁을 받고 낙타들한테까지 골고루 물을 나누어주는 따뜻한 마음씨를 가진 아가씨였습니다. 뉘 딸이냐고 묻는 종에게 리브가가 대답합니다. "저는 밀가가 나홀에게서 낳은 아들 브두엘의 딸입니다."

나홀은 아브라함의 동생입니다. 그러니까 나홀의 아들의 딸이면 아브라함의 사촌 손녀가 되겠습니다. 이보다 더 좋은 신붓감이 어디 있겠습니까.

물론 현대의 문화적 시각으로 보면 이의를 제기할 수 있겠습니다. 아브라함의 아들이 사촌형제의 딸인 5촌 조카와 결혼한 셈이니까요. 하지만 본문의 무대는 3,000년 전입니다. 동서고금을 막론하고 이런 식의 근친혼이 전혀 문제가 되지 않았을 뿐 아니라 오히려 장려되기도 했던 시절이었습니다.

그래서 종은 소녀에게 값진 패물을 주고 리브가의 집으로 가서 소녀의 오라버니인 라반을 만나 그동안에 있었던 일을 자세히 알립니다. 그 내용이 24장 본문 후반부에 장황하게 묘사되는데, 앞에 있었던 내용을 거의 그대로 반복하고 있어서 지루하게 느껴지기까지

합니다.

하지만 본문의 저자에게는 이 반복이 매우 중요합니다. 하나님의 인도하심과 약속이 얼마나 세밀하게 성취되었는지를 드러내는 것, 그것이 본문을 기록한 중요한 의도이기 때문입니다.

그래서 아브라함이 종을 불러 맹세하게 한 것, 성읍에 도착한 후 우물가에서 기도한 것, 그리고 리브가를 만난 것, 종이 물을 달라고 했을 때 리브가가 종뿐 아니라 낙타들에게도 물을 골고루 나누어준 것, 그 모든 과정이 하나님의 응답이었다고 종의 입을 빌어 본문의 기록자는 힘주어 말하고 있는 것이지요.

이 부분은 오늘날의 설교자들에게도 좋은 소재가 됩니다. 본문의 하나님은 첫째, 신실한 자에게 좋은 길을 예비하시고 친히 인도하시는 분이다. 둘째, 그러므로 성도들도 기쁠 때나 슬플 때나 어떤 어려움이 있어도 결국에는 좋은 길, 복된 길로 인도하시는 하나님을 늘 의지하고 동행하며 신실하게 살아야 한다, 이런 식의 설교로 이어집니다.

이 이야기가 실제로 일어났던 일이 아니라 전설로 이어져 내려온 이야기였다는 걸 안다면 그렇게 용감하게 설교할 수는 없을 것입니다. 그래도 여기까지는 좋습니다. 그런데 이런 식으로 연결하는 분도 많습니다.

하나님은 우리와 구체적으로 대화하시고 친히 예비하시며 인도하시는 분이다. 그러므로 영적으로 깨어 있는 사람은, 아브라함의 종이 그랬던 것처럼 꿈이나 환상 같은 신비 체험으로 하나님과 구체적으로 의논하고 대화하며 교제할 수 있다. 그러니 인간적인 방법에 의지하지 말고 모든 일을 하나님께 전적으로 의지하고 맡겨라.

정말 그럴까요? 이런 식의 연결은 매우 위험합니다. 고대인들이 인식한 신은 인간처럼 활동하는 신이었습니다. 사랑도 하고 미워도 하며, 자기를 따르고 섬기면 복을 주고 따르지 않으면 화도 내고 그렇게 인간사에 일일이 간섭하는 신이었지요.

이스라엘의 신 인식도 별로 다르지 않았습니다. 그래서 성경에 나오는 하나님 역시 화도 잘 내고 복도 잘 주시고 심지어 질투까지 하십니다. 아예 '나는 질투하는 여호와'라고 하나님이 친히 말씀하시는 부분이 구약성서에는 많이 나옵니다.

그런데 이런 고대인의 신 인식을 오늘날에도 그대로 갖고 사는 사람이 많습니다. 왜냐하면 성경에 그렇게 기록되어 있으니까요. 전설의 기록을 사실의 기록이라고 믿는 사람이 아직도 많으니까요.

더 위험한 것은 다신교 사회의 원시적인 신 인식이 유일신 사상과 결합했다는 점입니다. 그래서 하나님께 전적으로 의지하고 맡겨야 한다는 신앙으로 간 것까지는 좋은데, 과학의 발전과 학문의 성과와 합리적인 판단까지 인간적인 것으로 간주하고 무시하는 이상한 신앙 형태가 오늘날 한국 사회에서 여전히 발견된다는 점입니다.

이야기 하나 하지요. 어떤 사람이 홍수를 만나 집과 함께 떠내려가게 되었답니다. 떠내려가는 지붕 위에서 이렇게 기도했답니다.

"하나님은 택한 자를 위하여 좋은 길을 예비하시는 신실한 분이십니다. 반드시 저를 구해주실 것을 믿습니다."

잠시 후에 뗏목이 떠내려왔답니다. 옮겨 타고 싶었지만 인간적인 방법을 쓰지 말고 하나님께 온전히 맡겨야 한다는 목사님 말씀이 생각났답니다. 그래서 계속 떠내려가는 지붕 위에서 기도했답니다.

"저는 인간적인 방법을 쓰지 않겠습니다. 온전히 하나님만 바라

보고 하나님만 의지하겠습니다.”

잠시 후에 헬리콥터가 다가와서 밧줄을 내려주었답니다. 그는 손을 저어서 타지 않겠다는 신호를 보냈답니다. 하나님께서 반드시 기적적인 방법으로 구해주실 것이라는 강한 확신이 들었기 때문이랍니다.

잠시 후 떠내려가던 지붕이 무언가에 걸렸답니다. 자세히 보니 황천문이라고 쓰여 있었답니다. 누군가 어서 오라며, 살아생전에 하나님을 열심히 믿었으니 천국으로 가자고 말했답니다. 내가 죽은 것이냐고 물었답니다. 그렇다고 대답하자 그가 천국 안내인에게 따졌답니다.

“하나님은 믿음으로 기도하면 반드시 들어주신다고 했는데, 왜 저의 기도를 들어주시지 않았을까요?”

안내인이 말했답니다.

“그게 무슨 소리요? 당신의 기도를 들어주셨기에 하나님께서 뗏목을 보내주셨는데 당신이 거절하지 않았소. 그래도 하나님은 당신을 구하시려고 헬리콥터까지 보내주셨는데 당신은 그것마저 거절하지 않았소.”

하나님을 어떻게 인식할 것인가 하는 문제는 현대 신학의 주요 쟁점입니다. 그리 만만한 문제가 아니기에 제가 여기서 간단히 단정 지어 말씀드리기는 어렵습니다. 하지만 한 가지 분명한 건 세상에 존재하는 모든 것이 하나님으로부터 왔다는 기독교의 전통적인 고백에 따르면, 하나님을 어떻게 인식하든 현대 과학도, 의학도 하나님께서 허락해주신 것입니다. 다른 생명체에게는 없고 오직 인간만이 가진 이성, 그 소중한 이성도 하나님께서 주신 것입니다.

그러므로 하나님께서 주신 과학과 의학, 그리고 이성을 소중히 여기고 사용하시기 바랍니다. 하나님께서 주신 그 소중한 선물들을 무시하고 그저 하나님만 의지하고 매달리면 만사가 해결된다고 믿는 사람들 때문에 이웃들까지 함께 고통을 받는 경우가 꽤 많습니다.

2020년 초부터 전 세계를 휩쓴 코로나 재난에 많은 교회가 계속 문제를 일으키는 것도 이 문제와 관련이 있습니다. 한국 교회가 맹목적인 믿음보다 합리적인 이성을 더 귀하게 여기지 않는 한, 이런 식의 문제는 앞으로도 계속될 수밖에 없을 것입니다.

다시 본문으로 돌아가겠습니다. 24장 이야기의 결말은 이렇게 됩니다. 종의 이야기를 다 들은 라반은 리브가를 불러 이삭의 아내가 될 의향이 있는지 물어봅니다. 리브가는 기꺼이 그렇게 하겠노라고 대답하고 종과 함께 가나안을 향해 떠납니다. 이리하여 이삭과 리브가가 부부의 연을 맺고 행복하게 살게 되었다는 이야기로 창세기 24장은 끝을 맺습니다.

25장 앞부분에는 아브라함이 후처를 얻어 자식을 여럿 낳았는데, 그들이 이스라엘 주변의 여러 종족이 되었다는 이야기가 수록되어 있습니다. 그러니까 아브라함은 86세에 종 하갈을 통해 이스마엘을 낳았고, 100세에 본처 사라를 통해 이삭을 낳은 후에, 100세가 지난 다음 사라가 죽자 또 후처를 얻고 자식을 낳아 여러 종족을 이루게 했다는 얘기가 되겠습니다.

12~18절에는 이스마엘의 후손에 대한 족보 이야기가 기록되어 있습니다. 아브라함의 후손이 하늘의 별같이 바닷가의 모래알같이 많을 것이라는 하나님의 약속이 그렇게 이루어졌다고 모세오경

의 기록자와 편집자는 받아들였습니다.

그렇게 해서 아브라함은 175세까지 살다 죽었고, 이스마엘도 137세까지 살다 죽었노라고 본문은 말합니다. 이렇게 해서 아브라함은 역사가 아닌 전설의 무대에서 퇴장하고 이삭의 시대가 열립니다.

하지만 이삭은 창세기의 족장들 중에서는 그리 큰 비중을 차지하지 못합니다. 이삭의 아들인 야곱이 훨씬 더 큰 비중을 차지합니다. 이삭이 리브가를 만나 결혼했을 때가 40세였고, 아들 쌍둥이를 낳았을 때는 60세였다고 본문은 말합니다. 오래 살고 늦게까지 자식을 낳는 것을 인생의 큰 축복으로 여긴 고대인들의 희망 사항이 본문 속에 담겼다는 것을 느낄 수 있는 부분입니다.

그런데 문제는 두 쌍둥이 아이가 엄마 뱃속에서부터 서로 경쟁 관계에 있었다는 점입니다. 먼저 태어난 아이가 에서, 나중에 태어난 아이가 야곱이라는 건 잘 아실 것 같습니다. 에서는 사냥을 좋아해서 밖으로 돌아다니고, 야곱은 집안일 돕는 걸 취미로 삼는 조용한 아이로 묘사합니다.

에서가 사냥해서 잡은 짐승으로 만든 요리를 좋아했던 이삭은 에서를 좋아하고, 리브가는 집안일을 도와주는 야곱을 좋아했습니다. 자식들에 대한 부모의 이런 편애가 나중에 큰 문제를 야기하는데, 그 얘기는 잠시 후에 하겠습니다.

어느 날 사냥을 나갔다가 쫄쫄 굶은 에서가 돌아왔는데, 마침 야곱이 팥죽을 쑤고 있습니다. 얼마나 반가웠겠습니까.

"아우야, 그 팥죽 좀 한 그릇 다오. 내가 배고파 죽을 지경이다."

에서의 요청에 야곱이 기막힌 대답을 합니다.

"알았어. 팥죽 줄 테니까 대신 형이 갖고 있는 장자의 명분, 그걸 나한테 넘겨."

에서는 당장 죽게 생겼는데 그까짓 장자의 명분이 무슨 소용이냐며 아무런 망설임 없이 야곱에게 장자의 명분을 넘긴 것으로 본문은 묘사하고 있습니다.

역시 성서는, 특히 구약성서는, 특히 모세오경은, 인간관계나 의리, 도덕성보다 하나님과의 관계와 믿음, 약속의 성취를 중요하게 생각합니다. 물론 하늘을 우러러 부끄러움 없이 살고 믿음과 희망을 안고 살아가는 것을 탓할 수는 없습니다. 인간에게 특히 신앙인에게 그것은 대단히 중요합니다. 하지만 그것이 인간관계를 파괴하는 일까지 정당화해서는 안 됩니다.

그래도 다행이라고 생각하는 건, 옛날에는 에서의 경솔함과 영적인 안목이 없음만 탓하고 야곱의 간사함에 대해서는 침묵하고 넘어가는 설교자가 많았는데, 요즘에는 야곱의 간사함에 대해서도 짚어내고 비판하는 설교자가 많아졌다는 점입니다.

26장은 이삭이 자기 아버지 아브라함이 저질렀던 실수와 거의 같은 실수를 저지르는 장면으로 시작합니다. 6~11절을 보겠습니다.

이삭이 그랄에 거주하였더니, 그곳 사람들이 그의 아내에 대하여 물으매 그가 말하기를 그는 내 누이라 하였으니, 리브가는 보기에 아리따우므로 그 곳 백성이 리브가로 말미암아 자기를 죽일까 하여 그는 내 아내라 하기를 두려워함이었더라.

이삭이 거기 오래 거주하였더니, 이삭이 그 아내 리브가를 껴안은 것을 블레셋 왕 아비멜렉이 창으로 내다본지라. 이에 아비멜렉이 이삭을 불러 이르되, 그가 분명히 네 아내거늘 어찌 네 누이라 하였느냐. 이삭이 그에게 대답하되, 내 생각에 그로 말미암아 내가 죽게 될까 두려워하였음이로라. 아비멜렉이 이르되, 네가 어찌 우리에게 이렇게 행하였느냐, 백성 중 하나가 네 아내와 동침할 뻔하였도다. 네가 죄를 우리에게 입혔으리라. 아비멜렉이 이에 모든 백성에게 명하여 이르되, 이 사람이나 그의 아내를 범하는 자는 죽이리라 하였더라.

이삭의 아내인 리브가가 너무 아름다웠던 것이 문제였습니다. 그랄 땅에 터를 잡은 블레셋 사람들이 자기를 죽이고 아내를 빼앗아갈까 봐 이삭이 아내를 누이라고 속입니다. 하지만 이삭이 아내를 안고 있는 모습을 본 블레셋 왕 아비멜렉이 이삭을 불러 따지고, 이삭의 아내에게 손을 대지 말라는 금령을 백성에게 반포합니다.

앞에서 아브라함의 실수 부분을 다루면서, 이 내용이 창세기에 모두 세 번 나온다는 말씀을 드렸습니다. 실제로 아브라함이 두 번이나 같은 실수를 하고 그 아들 이삭도 같은 실수를 한 것이 아니라, 세 개의 단편이 오랫동안 전승되었고, 오경의 최종 편집자는 같은 내용이지만 조금씩 다른 전승들 가운데 어느 것을 실어야 좋을지 판단하기 어려워 세 가지 전승을 모두 오경에 실었다는 말씀을 드렸습니다.

그리고 중요한 얘기를 함께 드렸는데 기억하실지 모르겠습니다. 모세오경의 편집자는 성서 무오설이라는 교리에 사로잡히지 않았다는 얘기 말입니다. 너무나 당연한 사실입니다. 거의 1,000년 후에 만들어진 성서 무오설이라는 기독교의 교리를 오경의 편집자가 알고 있을 턱이 없습니다. 뿐만 아니라 자신의 작업이 이스라엘 민족 공동체를 넘어 세계 종교의 경전이 되리라고는 꿈에도 생각하지 못했을 테니까요.

게다가 본문에 등장하는 블레셋족은 원래부터 가나안 땅에 살고 있던 원주민이 아니라 서기전 13세기에 팔레스타인 땅에 들어온 이민족입니다. 아브라함이 서기전 2000년경 사람이니까 아브라함이 100세에 낳은 아들 이삭이 활동하던 시대는 서기전 1800년대였을 겁니다. 그때와 블레셋이 가나안 땅에 처음 등장한 서기전 13세기와는 500년이 넘는 시간적인 간격이 있습니다. 하지만 모세오경을 단편적으로 기록하기 시작한 서기전 1000년경에는 블레셋이 이스라엘을 크게 위협하는 강력한 민족으로 가나안 땅 서쪽을 차지하고 있었습니다. 블레셋이 이삭의 이야기에 등장하게 된 이유입니다.

26장 후반부에는 이삭과 블레셋의 갈등에 대한 이야기가 기록되어 있습니다. 이삭은 하나님의 보호와 은총으로 어디서나 번창합니다. 하지만 살고 있는 땅은 블레셋 소유입니다. 그래서 가는 곳마다 땅에 대한 분쟁이 일어나고, 결국 블레셋과 계약을 맺습니다. 불가침조약이지요. 서로 해치거나 적대하지 않고 사이좋게 지내기로 한 것입니다.

앞에서 설명한 것처럼, 이 본문은 역사적 사실일 수 없습니다. 서기전 18~19세기에 활동한 이삭과 서기전 1300년대 이후에야 지중해를 건너 가나안 땅에 들어와 살게 된 블레셋이 같은 시대 같은 지역에서 활동할 수는 없으니까요. 이 본문은 블레셋과는 어떻게든 타협하고 공존할 수밖에 없다고 생각한 서기전 5세기 모세오경의 최종 편집자가 수백 년 전 먼 과거의 일을 정확히 알 수 없었기에 일어난 역사적 오류의 기록입니다.

어쨌든 본문이 말하는 이런 식의 조약은 역사가 증명하듯이 영구적일 수 없습니다. 블레셋은 이스라엘과 숱하게 싸우고 원수로 지내다가 아시리아와 바벨론, 페르시아, 그리스, 로마가 차례로 팔레스타인을 지배하는 동안 서서히 그리고 완전하게 소멸하여 지구상에서 사라졌습니다. 그러나 이름은 남았습니다. 서기 2세기 초에 이스라엘의 끈질긴 저항에 질린 로마 황제 하드리아누스가 예루살렘을 무력으로 점령하고 이스라엘 사람들을 쫓아냈기 때문입니다.

당시 하드리아누스 황제가 내린 직접적인 명령은, '예루살렘에서 모든 유대인을 추방하고, 앞으로는 유대교도가 예루살렘에 거주하는 것을 완전히 금지한다'는 것이었습니다. 유대인에게는 예루살렘이 없는 가나안 땅은 아무 의미가 없는 황무지나 다름없었습니다. 그래서 당시의 유대인은 거의 모두 고향을 등지고 주변 세계 이곳저곳으로 흩어졌습니다.

그때부터 이스라엘은 나라와 땅이 없이 지냈지만 2,000년이 지나서도 사라지지 않고 떠돌이 민족으로 생존해왔습니다. 그러다 1948년에 다시 옛 가나안 땅으로 돌아와 이스라엘이라는 나라 이름을 되찾고 정착했습니다. 세계 역사상 유례가 없는 일입니다.

로마 황제 하드리아누스는 예루살렘에서 유대인을 몰아낸 뒤 가나안 지역의 이름을 팔레스타인, 즉 '블레셋 족속의 땅'이라고 바꿔버렸습니다. 거의 소멸된 팔레스타인족의 땅이라고 이름 지음으로써 이스라엘의 흔적을 완전히 지워버리려고 했던 것이지요.

그러면 지금의 팔레스타인 사람들은 어떻게 된 것이냐고 묻고 싶은 분이 계실 것 같습니다. 가나안 땅은 그 이후로도 계속 '팔레스타인'이라는 이름으로 불렸고, 이스라엘 사람들이 사방으로 흩어진 후에는 주변의 다른 종족들이 들어와 살았습니다. 그러니까 지금의 팔레스타인 사람들은 그 옛날의 팔레스타인, 우리말성서의 블레셋 민족과는 아무 관련이 없습니다.

서기 2세기까지 가나안 땅의 주인이었던 이스라엘과 그 이후 거의 2,000년 가까이 그 땅에서 살아온 지금의 팔레스타인, 어느 쪽이 그 땅의 주인이어야 할까요? 사이좋게 나누어 갖는 것 외에는 방법이 없습니다.

27장은 이삭이 나이 들어 죽을 때가 되어서 쌍둥이지만 장자인 에서에게 상속권을 넘겨주려고 하는 이야기로 시작합니다. 그래서 에서를 불러 말합니다.

"네가 사냥해서 잡은 고기로 맛있게 요리를 하여 내오너라. 내가 그 음식을 먹고 너에게 마음껏 축복해주마."

그런데 리브가가 이 말을 엿들었습니다. 이삭은 에서를, 리브가는 야곱을 편애했다고 말씀드렸지요. 리브가는 이삭의 축복을 에서가 아니라 야곱이 받기를 원했습니다. 그런데 거기서 그치지 않고 야곱을 불러 함께 계략을 짭니다. 교회에 다니는 분이라면 다들 잘 아시는 내용이지만, 간단히 줄여서 설명드리겠습니다.

리브가는 야곱을 에서처럼 변장시키고 염소를 잡아 요리한 고기를 야곱의 손에 들려 이삭에게 보냅니다. 그리고는 아브라함부터 이삭으로 이어져 내려온 상속권, 즉 이스라엘의 장자로서 누리게 될 온갖 복과 은혜를 야곱이 가로채게 합니다. 뒤늦게 에서가 사냥을 하고 돌아왔지만 이미 상황은 끝난 후였습니다.

자기에게도 복을 내려달라고 울부짖는 에서에게 이삭은 아비로서 줄 수 있는 남아 있는 축복을 모두 해줍니다. 하지만 야곱에게 준 것에 비하면 보잘것없는 생존의 필수 조건만 남았을 뿐입니다.

이렇게 해서 장자의 권리를 빼앗긴 에서는 야곱을 죽이려고 눈에 불을 켜고 돌아다니고, 리브가는 야곱을 자기 오라비 라반이 사는 하란으로 피신시킵니다.

훗날 야곱의 후손은 직계 이스라엘 민족이 되었고, 에서의 후손은 에돔 족속이 되었다고 이스라엘 사람들은 생각했습니다. 그래서 에서가 이삭으로부터 받은 축복에는 서기전 10세기에서 5세기에 살았던 에돔 족속의 모습이 그대로 담겨 있습니다. 모세오경이 기록되고 편집되었던 시기입니다.

창세기 28~36장, 야곱 이야기

성서에서 장을 만들 때 잘못 나눈 부분이 있다고 말씀드렸습니다. 창세기 1장과 2장이 그렇고, 27장과 28장도 잘못 나눈 경우입니다. 이해를 위해 27장 41~45절과 46절, 그리고 28장 1~5절을 나누어서 보겠습니다.

> 그의 아버지가 야곱에게 축복한 그 축복으로 말미암아 에서가 야곱을 미워하여 심중에 이르기를, 아버지를 곡할 때가 가까웠은즉 내가 내 아우 야곱을 죽이리라 하였더니, 맏아들 에서의 이 말이 리브가에게 들리매 이에 사람을 보내어 작은 아들 야곱을 불러 그에게 이르되, 네 형 에서가 너를 죽여 그 한을 풀려 하니 내 아들아 내 말을 따라 일어나 하란으로 가서 내 오라버니 라반에게로 피신하여 네 형의 노가 풀리기까지 몇 날 동안 그와 함께 거주하라, 네 형의 분노가 풀려 네가 자기에게 행한 것을 잊

어버리거든 내가 곧 사람을 보내어 너를 거기서 불러오리라, 어찌 하루에 너희 둘을 잃으랴.

27장 41~45절이었고, 다음은 46절을 보겠습니다.

리브가가 이삭에게 이르되, 내가 헷 사람의 딸들로 말미암아 내 삶이 싫어졌거늘, 야곱이 만일 이 땅의 딸들 곧 그들과 같은 헷 사람의 딸들 중에서 아내를 맞이하면 내 삶이 내게 무슨 재미가 있으리이까

다음은 28장 1~5절입니다.

이삭이 야곱을 불러 그에게 축복하고 또 당부하여 이르되, 너는 가나안 사람의 딸들 중에서 아내를 맞이하지 말고, 일어나 밧단아람으로 가서 네 외조부 브두엘의 집에 이르러 거기서 네 외삼촌 라반의 딸 중에서 아내를 맞이하라. 전능하신 하나님이 네게 복을 주시어 네가 생육하고 번성하게 하여 네가 여러 족속을 이루게 하시고 아브라함에게 허락하신 복을 네게 주시되, 너와, 너와 함께 네 자손에게도 주사, 하나님이 아브라함에게 주신 땅 곧 네가 거류하는 땅을 네가 차지하게 하시기를 원하노라. 이에 이삭이 야곱을 보내매, 그가 밧단아람으로 가서 라반에게 이르렀으니, 라반은 아람 사람 브두엘의 아들이요 야곱과 에서의 어머니 리브가의 오라비더라.

27장에서 46절을 빼면 에서의 장자권을 가로챈 야곱이 형을 피해 외삼촌 라반이 사는 하란으로 급히 도망가는 장면에서 자연스럽

게 끝을 맺습니다. 그리고 28장을 시작하는 글로 46절이 들어가야 훨씬 더 자연스럽습니다. 그러니까 글의 흐름으로 보면, 27장 46절 이 28장 1절이 되도록 장을 나누었어야 하는데 잘못 나누었다는 것 입니다.

그러나 장을 이렇게 나누어도 문장이 아주 매끄럽게 흘러가지는 않습니다. 27장은 리브가가 야곱을 하란으로 급히 도피시키는 내용 으로 끝이 났는데, 28장으로 들어가면 마치 그런 일은 전혀 없었다 는 듯이 아주 평온한 분위기에서 야곱의 결혼 문제 때문에 이삭이 야곱을 외삼촌 라반에게 보내는 것으로 되어 있기 때문입니다.

어떻게 된 것일까요? 27장의 전승과 28장의 전승이 최종적으 로 합해진 건 서기전 5세기경입니다. 그리고 27장과 28장이 장으 로 다시 나뉜 건 서기 13세기입니다. 거의 2,000년의 간격이 있습 니다. 장을 나눈 13세기 학자 스테판 랑튼은 모세오경이 어떻게 편 찬되었는지에 대해 오늘날과 같은 전문 지식이 없이 그저 모세가 일관되게 기록한 하나의 문서 덩어리로 알고 있었고, 읽기 편하게 하려고 장을 나누었을 뿐인데 잠시 착각하여 잘못 나누었습니다.

서기전 5세기 모세오경의 최종 편집자는 단편적으로 내려오던 여러 전승을 연결하는 작업을 했기에 적절한 연결 문장을 넣었으면 좋았을 텐데, 거기까지는 손을 대지 못했습니다. 만약 제가 그때 모 세오경의 최종 편집자였다면 27장 마지막 절, 그러니까 28장 1절 로 들어가야 할 문장 앞에 이런 얘기를 끼워 넣었을 겁니다. "리브 가는 지혜로운 여인이었다. 급히 도망가려는 야곱을 다독여 며칠간 숨어 지내게 한 다음, 이삭에게 다가가 슬피 울며 이렇게 말했다." 그러면 전체 문장은 이렇게 됩니다.

리브가는 지혜로운 여인이었다. 급히 도망가려는 야곱을 다독여 며칠간 숨어 지내게 한 다음, 이삭에게 다가가 슬피 울며 이렇게 말했다. 내가 헷 사람의 딸들로 말미암아 내 삶이 싫어졌거늘, 야곱이 만일 이 땅의 딸들 곧 그들과 같은 헷 사람의 딸들 중에서 아내를 맞이하면 내 삶이 내게 무 슨 재미가 있으리이까.

이렇게 되면 27장과 28장이 어색하지 않게 이어졌을 것입니다. 하지만 이 이야기가 이스라엘 공동체에서 처음 만들어지고 사람들 의 입을 통해 전해진 게 3,000여 년 전이었습니다. 그러다가 단편 적인 글로 기록되기 시작했을 때가 서기전 1000년경이었고요. 그 리고 그 단편들이 모세오경으로 집대성된 때는 서기전 500년경이 었지요. 지금으로부터 2,000~3,000년 전이니 지금의 눈으로 보면 유치하기도 하고 여러 가지로 부족한 부분이 보이는 게 당연합니다.

어쨌든 이렇게 해서 야곱은 외삼촌 라반이 사는 하란으로 긴 여 행을 떠나게 됩니다. 날이 저물어 벧엘(베델)이라는 곳에서 돌베개 를 하고 누웠는데 꿈에 하나님이 나타나셨습니다. 하늘과 땅을 잇 는 사닥다리에서 천사들이 오르락내리락하는 가운데 하나님께서 나타나셔서 말씀하십니다. 10~15절을 보겠습니다.

야곱이 브엘세바에서 떠나 하란으로 향하여 가더니, 한 곳에 이르러는 해 가 진지라. 거기서 유숙하려고 그 곳의 한 돌을 가져다가 베개로 삼고 거 기 누워 자더니, 꿈에 본즉 사닥다리가 땅 위에 서 있는데 그 꼭대기가 하 늘에 닿았고 또 본즉 하나님의 사자들이 그 위에서 오르락내리락 하고, 또 본즉 여호와께서 그 위에 서서 이르시되, 나는 여호와니 너의 조부 아브라함의 하나님이요 이삭의 하나님이라, 네가 누워 있는 땅을 내가 너와 네 자손에게 주리니, 네 자손이 땅의 티끌 같이 되어 네가 서쪽과 동쪽과 북쪽과 남쪽으로 퍼져나갈지며, 땅의 모든 족속이 너와 네 자손으로 말미암아 복을 받으리라. 내가 너와 함께 있어 네가 어디로 가든지 너를 지키며, 너를 이끌어 이 땅으로 돌아오게 할지라. 내가 네게 허락한 것을 다 이루기까지 너를 떠나지 아니하리라 하신지라.

그래서 야곱이 그 땅 이름을 '벧엘'이라고 지었다고 본문은 말합니다. 벧엘이라는 말은 '하나님의 집'이라는 뜻입니다. '벧'이 집이고 '엘'은 하나님이라는 말입니다. 그러니까 야곱이 그곳을 벧엘이라고 이름 지은 건 하나님이 그곳에 사신다고 생각한 겁니다. 16~19절을 보겠습니다.

야곱이 잠이 깨어 이르되, 여호와께서 과연 여기 계시거늘 내가 알지 못하였도다. 이에 두려워하여 이르되, 두렵도다 이곳이여, 이것은 다름 아닌 하나님의 집이요 이는 하늘의 문이로다 하고, 야곱이 아침에 일찍이 일어나 베개로 삼았던 돌을 가져다가 기둥으로 세우고, 그 위에 기름을 붓고, 그 곳 이름을 벧엘이라 하였더라. 이 성의 옛 이름은 루스더라.

오늘날의 기독교인은 하나님을 무소부재하신 분으로, 즉 계시지 않는 곳이 없는 분으로 고백하지만 당시 야곱의 신 인식은 그 정도에 머물러 있었습니다. 하나님을 특별한 장소에 살고 계신 분으로 생각한 것이지요.

지금은 어떨까요? 하나님이 특정 장소에 계신다고 생각하는 기독교인은 오늘날에는 거의 없을 것 같습니다. 그런데 재미있는 건, 지금도 하나님을 어떤 특별한 장소에 가야 더 잘 만날 수 있다고 생각하는 분들이 있다는 것입니다. 그리고 그 특별한 장소는 바로 자기 교회라고 생각하는 분이 의외로 많습니다. 그래서 기도도 자기 교회에 가서 해야 더 효과가 있고, 예배 특히 주일예배는 반드시 자기 교회에서 해야 한다고 생각하는 사람이 많습니다.

옛날이야기가 아닙니다. 어느 순박한 시골 교회 이야기가 아닙니다. 오늘날 대한민국 곳곳에서 아직도 일어나는 일입니다. 코로나19로 대면 예배를 자제해달라고 정부에서 그렇게 간곡히 호소했는데도 기어코 대면 예배를 고집하는 사람들 때문에 우리 사회가 얼마나 고통을 받았습니까.

29장으로 들어가면, 야곱이 외삼촌 라반의 집에 정착하는 과정이 묘사됩니다. 야곱은 하란에 거의 다 가서 라반의 딸 라헬을 만났고, 마침내 라헬의 안내로 외삼촌 라반을 만나게 됩니다.

성경에는 아브라함의 고향을 하란이라고 할 때도 있고 밧단아람이라고 할 때도 있습니다. 밧단아람은 하란을 포함한 메소포타미아 상류의 보다 더 넓은 지역을 말합니다. 제가 일산에 살고 있는데, 일산이 경기도에 있듯이 하란은 밧단아람에 있는 것이지요.

야곱은 하란에서 20년 동안 살게 됩니다. 거기서 나중에 이스라엘 12지파의 조상이 되는 아들 열둘과 딸 하나를 얻는데, 정확히 말씀드리면 막내인 베냐민만 나중에 가나안에서 낳고 열한 명의 아들과 딸은 하란에서 태어납니다.

야곱이 처음부터 끝까지 사랑한 아내는 라헬이었습니다. 그런데 이리저리 얽히고설켜서 라반의 큰딸 레아와 작은딸 라헬, 그리고 레아의 종 실바와 라헬의 종 빌하, 이렇게 네 명의 아내를 얻습니다.

이렇게 된 사연은 야곱의 노동력을 이용하여 돈을 벌려는 라반의 계략이 작용한 결과라고 할 수 있습니다. 야곱은 라헬을 아내로 얻는 대가로 7년 동안 일하고 나서 결혼식을 올렸습니다. 그런데 첫날밤을 치르고 나니 라헬이 아니라 레아가 옆에 누워 있는 겁니다. 당시의 결혼 풍습에 따르면 신부는 얼굴을 가리는 천을 쓰고 결혼식을 치렀습니다. 그래서 야곱이 감쪽같이 속아 넘어가게 된 것입니다. 어찌된 일이냐고 따지는 야곱에게 라반은 이렇게 말합니다.

"미안하게 됐구나. 우리 고장에서는 언니보다 동생을 먼저 시집보내는 건 허용되지 않는단다. 대신 라헬도 아내로 줄 테니 7년을 더 일해다오."

이렇게 해서 야곱은 자신의 사촌동생인 친자매 둘을 모두 아내로 맞이하게 됩니다. 나중에 이스라엘 공동체가 가나안 땅에 정착하고 율법이 제정되었을 때는 친자매를 함께 아내로 얻는 건 금지되었지만 이 얘기는 그보다 훨씬 이전 시대의 이야기입니다.

자식은 언니인 레아가 먼저 낳았습니다. 그것도 아들 네 명을 내리 낳았습니다. 장남인 르우벤을 비롯해서 시므온, 레위, 유다까지 레아가 차례로 낳은 겁니다. 본문은 이것이 하나님의 은총이라고 말합니다. 남편의 사랑을 동생에게 빼앗긴 가엾은 레아를 하나님께서 긍휼히 여기신 결과였다는 것이지요.

30장은 라헬이 질투하는 장면으로 시작합니다. 그때는 여자가 아이를 낳지 못하는 것을 평생의 수치로 여겼습니다. 그래서 라헬은 야곱에게 나한테도 자식을 낳게 해달라고, 그러지 않으면 죽어버리겠다고 떼를 씁니다. 그러자 야곱은 자식 낳는 거야 하나님이 하시는 일인데 내가 하나님을 대신하겠느냐고 대답합니다. 라헬은 그러면 자기 종을 통해서라도 아들을 낳아달라며 시녀인 빌하를 야곱의 침실로 들여보냅니다. 이렇게 해서 라헬의 시녀 빌하가 단과 납달리 두 아들을 낳습니다.

그러자 이번에는 레아가 시기하여 자기 시녀 실바를 야곱의 침실로 들여보냅니다. 요즘 젊은이들이 하는 말 중에 '웃프다'라는 말이 있던데요, 웃기기는 하는데 내용을 다 듣고 나면 슬퍼진다는 말이랍니다. 이것이야말로 웃픈 이야기가 아닌가 싶습니다. 결국 레아의 시녀 실바도 아들 둘을 낳습니다. 갓과 아셀입니다. 이렇게 여덟 명의 아들을 낳은 후에 레아가 다시 아들 둘과 딸 하나를 낳습니다. 아들 둘은 잇사갈과 스블론이고 딸의 이름은 디나입니다.

이렇게 되니 라헬이 너무 불쌍하지요. 22절에 보면 '하나님이 라헬을 생각하신지라'라는 말씀이 나옵니다. 매우 자상하신 하나님이네요. 2,000~3,000년 전의 눈으로 볼 때 말입니다. 드디어 라헬도 아들을 낳습니다. 창세기 뒷부분의 주인공이 되는 열한 번째 아들 요셉입니다.

야곱이 14년 동안 외삼촌 집에서 일하는 동안 라반은 큰 부자가 되었습니다. 야곱도 아내 네 명과 아들 열둘, 딸 하나를 얻은 가장이 되었습니다. 하지만 자기 재산이라고 할 수 있는 건 한 푼도 없었습니다. 야곱은 이제 독립해서 고향으로 돌아가고 싶다고 말합니다. 하지만 라반은 야곱을 보낼 생각이 없습니다. 그래서 새로이 계약을 맺습니다. 지금까지 일한 건 딸 둘을 준 대가였고 이제부터 진짜 돈을 벌기 위해 일을 하라는 겁니다.

야곱은 이 제안을 받아들이는 대신 새로운 제안을 내놓습니다. 일은 계속하겠지만 검은 새끼 양과 얼룩지고 점이 있는 염소를 자기에게 달라는 것입니다. 라반은 쾌히 승낙합니다. 원래 양은 흽니다. 그런데 야곱은 검은 양을 갖겠답니다. 염소는 원래 검지요. 그런데 야곱은 얼룩지고 점 있는 염소를 갖겠다는 겁니다. 글쎄요, 검은 양과 얼룩지고 점 있는 염소라는 게 정말 있는지 그냥 이 설화 속에만 존재하는 건지는 잘 모르겠습니다만 아무튼 계약은 성립되었습니다.

이제 두 사람은 각자 꾀를 냅니다. 라반은 검은 양과 얼룩지고 점 있는 염소를 가려내서 자기 아들들에게 맡기고 생산을 제한합니다. 야곱은 나뭇가지를 꺾어 흰 줄무늬가 나게 껍질을 벗기고 양과 염소들이 교미할 때마다 그걸 보여주었습니다. 그것도 튼튼한 양과 염소에게만 보여주고 약한 놈들에게는 보여주지 않았습니다. 그래서 야곱은 검고 튼튼한 양과 얼룩지고 점 있는 염소를 많이 얻게 되고 아주 큰 부자가 되었다는 이야기입니다. 흰 줄무늬가 나게 나뭇가지 껍질을 벗기고 양과 염소가 교미할 때마다 보여주었더니 검은 양과 줄무늬나 점박이 염소가 태어났다는 얘기입니다. 37~39절을 보겠습니다.

야곱이 버드나무와 살구나무와 신풍나무의 푸른 가지를 가져다가 그것들의 껍질을 벗겨 흰 무늬를 내고, 그 껍질 벗긴 가지를 양 떼가 와서 먹는 개천의 물 구유에 세워 양 떼를 향하게 하매, 그 떼가 물을 먹으러 올 때에 새끼를 배니, 가지 앞에서 새끼를 배므로 얼룩얼룩한 것과 점이 있유전학적으로 말도 안 되는 얘기지만 옛 사람들은 그렇게 하면 주술적인 효과가 생긴다고 믿었기에 이 이야기가 만들어진 것이지요. '열려라 참깨' 하고 말하면 문이 열릴 수 있다고 믿었던 옛 시대의 전설이라는 점을 참고하시면 되겠습니다.

그런데 본문의 내용을 여전히 사실이라고 믿고 설교하는 목사들 가운데에도, 그리고 그 설교를 듣는 교인들 가운데에도 이의를 제기하는 사람이 거의 없습니다. 목사들 중에는 목구멍이 포도청이라 진실을 알면서도 말하지 못하는 사람도 많지만 하나님의 말씀이 과학과 이성을 넘어선다고 진실로 믿는 순진한 목사들도 의외로 적지 않습니다.

어쨌든 목사들은 각자의 사정이 있어서 그렇다 치고, 교인들도 성서를 제대로 읽으면 이런 본문을 숱하게 만나는데 의문을 제기하지 않는 이유가 무엇일까요? 성경을 읽어도 제대로 읽지 않았거나 내용을 이해할 수 있는 능력을 아예 잃어버렸다고밖에 달리 생각할 수 없는 문제입니다.

안티 기독교인들이 기독교인을 '무뇌아'라고 놀립니다. 뇌가 없는 사람이라는 뜻입니다. 교리라는 게 그렇습니다. 멀쩡한 사람도 쉽게 무뇌아로 만들지요. 성서 무오설이라는 교리가 하루 빨리 사라져야 하는 이유이고, 제가 이 성서 강해를 하는 이유입니다.

31장에는 야곱이 라반의 집을 떠나 고향 땅으로 이주하는 장면이 묘사되어 있습니다. 야곱이 부자가 되었다는 말이 돌고 외삼촌 라반과 사촌형제들이 대하는 태도가 달라지자 야곱은 고향으로 돌아가기로 결심합니다. 아내들을 불러 지난 20년 동안 있었던 일을 회고하면서 동의를 구합니다. 아내들은 모두 기꺼이 야곱을 따라가겠노라고 동의하고, 야곱은 자기의 모든 소유를 챙겨서 라반이 모르게 야반도주를 합니다. 그러나 3일 만에 라반에게 발각되고, 라반은 7일을 추격해서 야곱을 따라잡습니다. 그리고 이런 말로 야곱을 책망합니다.

"네가 가겠다고 말했으면 내가 잔치를 베풀어주었을 것이다. 이렇게 무례하게 떠난 이유가 뭐냐? 게다가 너는 내 수호신까지 도둑질해 갔다."

이때 당시에는 작은 신상을 집안의 수호신으로 모시고 보관하는 일이 관습이었습니다. 라반의 집에도 드라빔이라는 작은 신상이 있었는데, 그걸 라헬이 몰래 가지고 나왔던 것입니다. 라반은 야곱이 신상을 가져갔다고 생각하고 따진 것이고요. 족장 시대 하나님의 사람들이 아직 유일신 신앙은커녕 원시 신앙 형태에서 벗어나지 못했다는 걸 본문이 스스로 증언하고 있습니다. 아무튼 우여곡절 끝에 라반은 야곱과 평화조약을 맺고 돌아갑니다.

32장에는 야곱이 고향으로 돌아가는 과정이 기록되어 있습니다. 고향으로 가면 형 에서를 만나야 합니다. 하지만 20년 전에 한 짓이 있기에 형에게 화를 당할지도 모릅니다.

야곱이 첩자를 보내 알아보니 에서는 400인을 거느리고 야곱을 만나러 오고 있었습니다. 야곱은 뇌물을 쓰기로 합니다. 가축을 여러 떼로 나누어 차례로 보내면서 에서를 만나면 이렇게 말하라고 합니다. "이건 당신의 종 야곱이 형님에게 드리는 선물입니다." 야곱이란 사람, 정말 꾀가 많지요.

32장 후반부에는 그날 밤에 하나님의 사자가 나타나 야곱과 씨름을 했다는 얘기가 나옵니다. 천사가 야곱을 이기지 못하자 야곱에게 이스라엘이라는 이름을 붙여줍니다. 이때부터 야곱은 이스라엘이라는 또 하나의 이름을 갖게 되었고, 그의 후손들도 이스라엘이라는 자랑스러운 이름을 갖게 됩니다. 이스라엘은 '하나님과 겨루어 이겼다'는 뜻입니다.

이 설화에는 이스라엘 민족의 간절하고 절박한 삶의 처지가 반영되어 있습니다. 자기들의 조상 야곱이 절체절명의 위기에서 이렇게 하나님께 매달리며 그 고난을 결국 이겨냈듯이, 자신들도 어떤 어려움과 처절한 삶의 현장을 만나도 하나님을 끝까지 붙들고 절대로 놓지 말아야 한다는 신앙의 교훈을 후손들에게 물려주기 위해 만들어진 설화일 것입니다.

33장에는 야곱이 에서와 화해하는 장면이 묘사되어 있습니다. 앞서 야곱이 먼저 사람을 보내 잔뜩 안겨준 선물로 에서의 마음은 이미 눈 녹듯 녹아 있었습니다. 두 형제는 만나자마자 서로 끌어안고 웁니다. 그리고 야곱은 형에게 이렇게 말합니다. "제가 형님 얼굴을 뵈니 하나님 얼굴을 뵌 것 같습니다." 이렇게 해서 지난 갈등을 모두 해결한 야곱은 고향인 가나안 땅으로 돌아와 세겜이라는 마을에 정착합니다.

34장은 야곱의 딸 디나가 세겜 족장에게 겁탈을 당하는 사건으로 시작됩니다. 일이 터지고 나서 세겜의 아버지 하몰이라는 사람이 분노에 치를 떠는 야곱의 아들들을 찾아와 두 사람을 결혼시키고 두 종족도 함께 어울려 사는 게 어떻겠냐고 제안합니다. 야곱은 한 가지 조건을 걸고 이렇게 말하며 하몰의 제안을 수락합니다.

"우리는 반드시 할례를 받아야 하는 풍습이 있어서 할례 받지 않은 종족과는 연합할 수 없습니다. 하지만 세겜족 남자들이 모두 할례를 받는다면 그 조건을 받아들일 수 있습니다."

세겜은 이 조건을 받아들입니다. 그래서 세겜족 남자들이 모두 할례를 받습니다. 그런데 활동력이 현저히 떨어지는 셋째 날이 되자 야곱 가족의 장정들이 세겜족을 쳐서 남자들은 다 죽이고 가축과 재산은 모두 빼앗습니다. 24~29절을 보겠습니다.

성문으로 출입하는 모든 자가 하몰과 그의 아들 세겜의 말을 듣고, 성문으로 출입하는 그 모든 남자가 할례를 받으니라. 제삼일에 아직 그들이 아파할 때에 야곱의 두 아들 디나의 오라버니 시므온과 레위가 각기 칼을 가지고 가서 몰래 그 성읍을 기습하여 그 모든 남자를 죽이고, 칼로 하몰과 그의 아들 세겜을 죽이고, 디나를 세겜의 집에서 데려오고, 야곱의 여러 아들이 그 시체 있는 성읍으로 가서 노략하였으니, 이는 그들이 그들의 누이를 더럽힌 까닭이라. 그들이 양과 소와 나귀와 그 성읍에 있는 것과 들에 있는 것과 그들의 모든 재물을 빼앗으며, 그들의 자녀와 그들의 아내들을 사로잡고, 집 속의 물건을 다 노략한지라.

교회는 열심히 다녔지만 구약성서를 스스로 자세히 읽어본 적이 없는 분들은 이런 구절이 있다는 걸 알고 놀라는 경우가 많습니다. 하지만 이보다 더한 장면도 구약성서에는 많이 등장합니다. 모세오경과 여호수아서에 수없이 등장하니까 그때 자세히 말하기로 하지요.

그런데 34장의 이 이야기, 별로 자랑스럽지도 않고 의미가 깊은 것 같지도 않은 이 이야기가 왜 갑자기 야곱의 이야기 중간에 끼어 들었을까요? 이 이야기 속에는 가나안 원주민과는 절대로 손을 잡아서는 안 된다는 이스라엘 민족의 경계 의식이 반영되어 있습니다. 그렇게 하지 않으면 소수 종족으로서 가나안 땅에서 터를 잡기도 전에 가나안족에 흡수되어 소멸될 수 있었기 때문입니다.

35장에는 야곱 가족이 세겜을 떠나 이동하는 장면이 묘사됩니다. 세겜에서 치른 전쟁으로 야곱 가족이 그곳에 계속 머물기는 어려워졌습니다. 세겜족과 친분을 맺고 살아가는 이웃 종족들이 야곱 가족을 그냥 내버려둘 리 없을 테니까요. 그래서 야곱은 세겜을 떠나 벧엘로 이동합니다. 에서를 피해 하란으로 도망갈 때 꿈에서 하나님을 처음 뵈었던 곳입니다.

야곱은 거기에서 제단을 쌓고 가족과 종들이 갖고 있던 우상들을 전부 폐기 처분합니다. 이때까지는 우상에 대한 별다른 거부감이 없었습니다. 하나님이 아브라함, 이삭과 계약을 맺을 때도 그들 개인과 맺은 약속이었지, 그들 족장 수하에 있는 자식들과 종들 전부에게까지 우상을 버리고 자기만 섬기라고 요구하지는 않았습니다. 그런데 여기서는 야곱뿐 아니라 야곱의 수하에 있는 모든 사람에게 하나님 이외의 다른 신을 배척할 것을 요구합니다. 이스라엘 공동체가 다신교 신앙에서 일신교 신앙으로 들어가는 단계를 묘사한 것이라 할 수 있습니다.

여기서 다신교와 일신교 그리고 유일신교의 차이를 설명해야 할 것 같습니다.

다신교는 여러 신을 동시에 섬기는 것입니다. 그리스 로마의 신들이 대표적입니다. 최고신은 제우스지만 제우스만 섬기지 않습니다. 여러 신을 함께 섬깁니다. 전쟁에 나갈 때는 전쟁의 신 마르스를 경배합니다. 바다를 항해할 때는 바다의 신 포세이돈을 경배합니다. 사냥을 할 때는 사냥의 여신 디아나에게 기도합니다. 아름다워지고 싶은 여인은 미의 여신 비너스에게 기도하지요. 그런 게 다신교 신앙입니다.

일신교는 세상에는 여러 신이 있다고 생각하고 받아들인다는 점에서는 다신교와 공통점이 있습니다. 하지만 일신교는 그 많은 신 가운데 오직 한 신만 섬기는 신앙 형태입니다. 다른 종족 다른 사람이 어떤 신을 믿건 상관없이 우리는 오직 한 신만 섬기겠다는 것입니다.

유일신교는 다른 신이란 없고 신은 오직 한 분뿐이라고 믿는 것입니다. 다른 민족 다른 사람들이 믿는 신은 모두 가짜고, 이스라엘이 믿는 야훼 하나님만이 유일하고 참된 신이라는 것입니다.

이스라엘의 직계 조상인 야곱이 우상을 전부 제거했다는 건 이스라엘 민족이 어느 시점에서 다신교를 거부하고 일신교 신앙을 채택했다는 것을 의미합니다.

35장 후반부에는 라헬이 막내아들 베냐민을 낳고 죽었다는 기록이 나오고, 맏아들 르우벤이 서모인 빌하와 통간했다는 얘기도 나옵니다. 2,000~3,000년 전의 이스라엘 민족은 자신들의 조상이 저지른 이런 부끄러운 이야기들을 왜 성서에 실었을까요?

이 전설은 장남인 르우벤이 서열을 잇지 못한 이유를 설명할 필요가 있어서 만들어졌을 것입니다. 아브라함의 장자인 이스마엘과 이삭의 장자인 에서도 장자이지만 상속권을 잇지 못했습니다. 그리고 그 연유가 무엇인지도 창세기 본문에 나타나 있습니다. 야곱의 장자인 르우벤 역시 상속권을 잇지 못한 이유를 설명할 필요가 있었을 겁니다. 동서양을 막론하고 상속권, 특히 최고 지도자의 통치권은 적장자에게 이어지는 것이 원칙이었으니까요.

이삭이 180세가 되어서 죽었다는 기록으로 창세기 35장은 끝을 맺습니다.

36장에는 에서의 후손들 계보가 기록되어 있습니다. 이런 족보들은 당시 이스라엘에는 중요한 자료였겠지만, 오늘날의 우리와는 별 관계가 없는 이야기이므로 그냥 가볍게 넘어가도 된다고 말씀드렸습니다. 학자들 가운데는 이 계보가 다윗이 주변 종족들을 정복하고 많은 이민족을 통치하던 시절에 처음 만들어졌을 거라고 보는 분이 많습니다. 이민족을 다스리려면 자세한 정보가 필요했을 테니까요.

창세기 37~50장, 요셉 이야기

요셉 이야기는 족장들, 즉 이스라엘의 선조들 이야기에서 이스라엘 민족 전체의 이야기로 넘어가는 다리 역할을 한다는 점에서 중요한 의미가 있습니다. 앞에서 공부했던 야곱 이야기는 여러 개의 단편 설화가 모아져서 하나의 긴 설화로 만들어졌습니다. 하지만 요셉 이야기는 전체가 비교적 하나의 스토리로 짜임새 있게 이어집니다.

37장으로 들어가면 요셉이 꾼 꿈 이야기가 서막처럼 펼쳐집니다. 6~9절을 보겠습니다.

요셉이 그들에게 이르되, 청하건대 내가 꾼 꿈을 들으시오. 우리가 밭에서 곡식 단을 묶더니, 내 단은 일어서고 당신들의 단은 내 단을 둘러서서 절하더이다. 그의 형들이 그에게 이르되, 네가 참으로 우리의 왕이 되겠느냐 참으로 우리를 다스리게 되겠느냐 하고, 그의 꿈과 그의 말로 말미

첫 번째 꿈은 형들이 자기한테 절하게 될 것이라는 것이고, 두 번째 꿈은 형들은 물론이고 부모도 그렇게 된다는 것이지요. 형들이 요셉을 미워하게 된 결정적인 계기입니다만, 형들이 요셉을 시기한 건 이 사건 이전부터 이미 시작되고 있었습니다.

야곱은 다른 아들들보다 요셉을 편애했습니다. 네 명의 아내 중에서 야곱이 가장 사랑하는 라헬의 아들이었기 때문입니다. 게다가 요셉은 어리고 경솔한 처신으로 스스로 화를 부릅니다. 어느 날 요셉이 아버지 야곱의 심부름으로 양을 치기 위해 멀리 떠나 있는 형들을 찾아갑니다. 하지만 형들은 먼 길을 찾아온 요셉을 전혀 반가워하지 않습니다. 오히려 요셉을 구덩이에 가둬두었다가 근처를 지나가는 상인들에게 팔아버립니다. 그리고 그 상인들은 요셉을 다시 이집트에 노예로 팔아넘깁니다.

그런데 여기서 앞뒤가 맞지 않는 부분이 있습니다. 28절을 보겠습니다.

요셉을 산 상인들이 앞 문장에는 미디안 상인들, 뒷 문장에는 이스마엘 상인들이라고 되어 있는 것입니다. 미디안과 이스마엘은 같은 종족을 달리는 부르는 말이 아닙니다. 완전히 다른 종족입니다. 어떻게 된 일일까요? 성서 무오설을 믿는 교리주의자가 이 본문을 읽는다면 이렇게 읽을 수 있겠습니다.

'미디안 상인들이 지나갈 때 형들이 요셉을 노예로 팔아넘기려고 구덩이에서 끌어올렸는데 흥정이 잘 안 맞아서 그냥 보내고, 다음에 이스마엘 상인들을 만나서 더 좋은 가격에 팔았을 것이다.'

이 말만 들으면 개연성이 있을 것 같기도 합니다. 하지만 실제 사실과는 거리가 멉니다. 앞에서도 언급된 문제라 충분히 짐작하시리라 생각됩니다만 신학자들이 연구한 결과 밝혀진 사실은 이렇습니다. 요셉을 사간 상인들이 미디안족이라고 기록한 전승과 이스마엘족이라고 기록한 전승, 이 두 가지 전승 자료가 하나로 합쳐지면서 발생한 현상입니다.

38장에는 요셉 이야기의 흐름을 끊는 단편적인 이야기가 펼쳐집니다. 현대인의 시각으로 볼 때는 잘 이해가 되지 않는 좀 이상한 스토리라고 할 수 있는데요, 야곱의 넷째 아들 유다가 이방 여인을 아내로 맞아 아들 셋을 낳았다는 이야기부터 시작합니다. 그리고 유다가 장남을 위해 다말이라는 며느리를 얻어주었는데, 장남이 그만 일찍 죽는 바람에 다말을 둘째에게 줍니다. 옛날에는 동서양을 막론하고 형이 죽으면 동생이 형수를 아내로 받아들여 형의 대를 잇게 하는 풍습이 폭넓게 받아들여졌습니다.

그런데 둘째 아들도 일찍 죽고 맙니다. 이 둘째 아들 이름이 오난인데, 그와 다말과의 사이에서 아이가 생기면 그 아이는 자기 아들이 아니라 형의 아들이 됩니다. 오난은 그게 싫어서 다말과 합방할 때 질외사정을 했습니다. 그런데 오난의 행위가 악하다며 하나님이 직접 오난을 죽였다고 본문은 기록하고 있습니다.

오난이즘이라는 말이 있습니다. 자위행위를 뜻하는 말인데요, 바로 본문에 나오는 오난이라는 단어에서 파생되었습니다. 오난이 질외사정을 했다는 데서 유래합니다. 극단적으로 보수적인 교회에서는 자위행위를 죄로 간주하기도 하는데, 그 근거를 이 본문에서 찾고 있습니다. 물론 이런 해석은 잘못된 해석입니다.

자위행위는 죄가 아니라 지극히 자연적인 현상입니다. 여기에 이의를 제기하는 사람은 오늘날 거의 없습니다. 진보적인 교회뿐 아니라 보수적인 교회에서도 자위행위를 죄라고 가르치는 교회가 오늘날에는 거의 없습니다. 하지만 매우 드물게 일부 극단적인 교회에서 그런 엉뚱한 편견을 갖고 있어서 교인들을 힘들게 하는 경우가 있습니다.

본문도 질외사정을 했다는 것 자체를 문제 삼지는 않습니다. 오난의 죄는 형의 대를 잇게 해야 하는 동생으로서의 의무를 저버렸기 때문이라고 본문은 말하고 있습니다. 9~10절을 보겠습니다.

> 오난이 그 씨가 자기 것이 되지 않을 줄 알므로, 형수에게 들어갔을 때에 그의 형에게 씨를 주지 아니 하려고 땅에 설정하매, 그 일이 여호와가 보시기에 악하므로 여호와께서 그도 죽이시니

어쨌든 유다는 둘째 아들까지 잃자 셋째도 잃을까 두려워서 셋째 아들이 성장한 후에도 다말을 아내로 주지 않았습니다. 이렇게

125

되면 다말은 친정으로 쫓겨나고, 여자로서는 큰 치욕이 됩니다. 그래서 다말은 창녀로 위장하고 유다를 유혹해서 관계를 맺고 임신을 합니다. 나중에 임신 사실이 밝혀지자 유다는 다말이 음행을 저질렀다는 이유로 불태워 죽이라고 말합니다. 하지만 다말이 관계의 대가로 받았던 물품을 증거물로 들이대자 유다는 자신의 과오를 인정합니다.

38장의 이 이상한 본문이 왜 요셉 이야기 중간에 갑자기 끼어들었을까요? 보수적인 신학자들 중에는 다윗왕과 예수님의 직계 조상인 베레스의 탄생을 기록할 의도라고 말하기도 합니다. 유다가 며느리 다말을 통해서 낳은 쌍둥이 아들 중 한 명인 베레스가 다윗왕의 조상으로 룻기에 기록되고, 마태복음의 저자도 예수님을 베레스의 후손으로 기록했기 때문입니다. 하지만 이런 해석은 설화와 역사를 구분하지 못하거나 구분하지 않는 교리주의자들의 억지 해석입니다.

보수주의 신학자들의 주장이 사실이 되려면 적어도 베레스의 출생 전후에 그가 나중에 이스라엘을 다스릴 위대한 지도자의 조상이 된다는 예언이나 암시가 반드시 동반되어야 합니다. 구약성서에는 미래에 대한 예언이나 암시의 성격을 가진 글들이 숱하게 등장합니다. 뿐만 아니라 잠시 후에 설명할 야곱이 열두 아들에게 축복하는 내용도 모두 미래에 대한 예언의 성격을 가진 것들입니다. 하지만 본문에는 그런 암시나 예언이 전혀 없습니다.

진보 신학자들 중에는 왜 요셉의 이야기에 38장이 끼어들었는지 자신 있게 말하는 이가 별로 없습니다. 단지 성서를 기록할 당시에 어떤 시대적 필요에 따라 38장이 기록되었고, 모세오경의 최종 편집자가 이를 채택했을 것이라고 추측할 뿐입니다.

유다가 이방 여인을 아내로 맞은 것이 이런 비극을 낳은 원인이 되었다는 것, 그러니까 이 본문은 이방인과 가까이해서는 안 된다는 것을 알리기 위해 쓰인 것이 아닐까 하는 추측을 할 수 있겠습니다.

하지만 그렇게 해석하기에는 근거가 부족합니다. 본문에 따르면 유다가 이방 여인과 결혼했다는 말은 나오지만, 그것이 하나님의 마음에 들지 않았다거나 이스라엘 공동체에 부정적인 영향을 끼쳤다거나 하는 암시나 평가는 등장하지 않습니다.

성서에는 이런 부분이 많습니다. 기록할 당시에는 이스라엘 공동체에 필요해서 채택된 것이 분명한데, 그 이유가 무엇인지 단서가 될 만한 내용을 성서 본문에서 찾을 수 없는 경우입니다. 성서 이외의 다른 문헌에 기록되어 있거나 고고학적 자료가 있다면 밝혀낼 수도 있겠지만, 2,000~3,000년 전에 이스라엘에서 있었던 일에 대한 문헌이나 자료들은 성서 본문 이외에는 거의 남아 있지 않습니다.

그런데 이런 내용이 사이비 종교 집단의 좋은 먹잇감이 됩니다. 이런 내용을 제멋대로 자기 종교 조직에 유리하게 해석하고는, 신의 특별한 계시로 이 난해한 부분을 해석했노라고 순진한 교인들을 유혹합니다. 이런 사람과 조직을 조심해야 합니다.

어쨌든 우리가 38장의 본문을 며느리가 시아버지를 유혹하고 다윗왕과 예수님의 조상으로 성서에 기록된 유다가 창녀에게 들락거리는 이상한 이야기로만 보지 않고, 다말이라는 여성이 당대의 풍습에 맞서 남편과 자신의 권리를 찾아가는 것으로 본다면 이 이야기는 오히려 현대인들에게 의미 있게 다가올 것입니다.

39장은 37장에서 이어지는 본문입니다. 이집트로 팔려간 요셉은 파라오의 시위대장인 보디발에게 넘겨지는데요, 하는 일마다 뛰어난 능력과 성실성을 보여 보디발의 인정을 받고 그의 집을 관리하는 매니저가 됩니다.

그런데 요셉이 갑자기 누명을 쓰고 감옥에 갇히는 일이 벌어집니다. 보디발의 아내가 요셉을 유혹했는데, 요셉이 거절하자 오히려 자기가 성추행을 당했다며 요셉을 고소한 것입니다.

하지만 감옥에서도 요셉은 성실성과 능력을 인정받아 감옥 안의 사무를 맡습니다. 본문의 기자는 그 모든 일이 여호와께서 함께하신 결과라고 말합니다.

40장으로 들어가면 요셉의 꿈 이야기가 다시 시작됩니다. 요셉이 갇힌 감옥에 고위 관리 두 사람이 들어옵니다. 그들이 동시에 꿈을 꾸어 요셉이 해석을 해주는데, 한 사람은 복권될 꿈이고 다른 한 사람은 사형당할 꿈입니다. 요셉은 꿈의 내용을 두 사람에게 자세히 풀이해줍니다. 그리고 석방될 사람에게 자신의 억울함을 파라오에게 고해달라고 부탁합니다. 요셉의 해몽은 그대로 실현됩니다. 하지만 석방된 사람은 요셉의 부탁을 잊어버립니다.

41장에는 파라오의 꿈을 요셉이 해몽해주는 장면이 묘사되고 있습니다. 1절에서 7절까지 파라오가 꾼 꿈의 내용을 표준새번역으로 읽어보겠습니다.

그로부터 만 이 년이 지나서, 바로가 꿈을 꾸었다. 나일 강 가에 서 있는

데, 잘생기고 살이 찐 암소 일곱 마리가 강에서 올라와서, 갈밭에서 풀을 뜯는다. 그 뒤를 이어서, 흉측하고 야윈 다른 암소 일곱 마리가 강에서 올라와서, 먼저 올라온 소들과 함께 강가에 선다. 그 흉측하고 야윈 암소들이, 잘생기고 살이 찐 암소들을 잡아먹는다. 바로는 잠에서 깨어났다.

그가 다시 잠들어서, 또 꿈을 꾸었다. 이삭 일곱 개가 보인다. 토실토실하고 잘 여문 이삭 일곱 개가 나오는데, 그것들은 모두 한 줄기에서 나와서 자란 것들이다. 그 뒤를 이어서, 또 다른 이삭 일곱 개가 피어 나오는데, 열풍이 불어서, 야위고 마른 것들이다. 그 야윈 이삭이, 토실토실하게 잘 여문 이삭 일곱 개를 삼킨다. 바로가 깨어나 보니, 꿈이다.

요셉이 감옥에 갇히고 2년의 세월이 흐른 뒤였습니다. 파라오가 이집트에 있는 꿈 해몽가들을 모두 불러 물어봐도 해몽하는 사람이 없습니다. 그제야 요셉의 말대로 석방되었던 관리가 요셉을 기억하고 파라오에게 추천합니다. 파라오 앞에 불려온 요셉이 해몽해주는 내용을 이번에는 공동번역으로 보겠습니다. 25~32절입니다.

"폐하의 꿈은 결국 같은 내용입니다" 하고 요셉이 파라오에게 말하였다. "앞으로 될 일을 하느님께서 폐하께 미리 알려주신 것입니다. 잘생긴 암소 일곱 마리는 일곱 해를 말합니다. 잘 여문 이삭 일곱도 일곱 해를 말합니다. 그러므로 그 꿈은 결국 같은 내용입니다. 뒤따라 나타난 마르고 볼품없는 일곱 암소나 샛바람에 말라비틀어진 일곱 이삭도 일곱 해를 말합니다. 이것은 흉년이 일곱 해 계속될 것을 보여주는 것입니다. 폐하께 이미 말씀드린 것같이 폐하께서 하실 일을 하느님께서 미리 보여주신 것입니다. 앞으로 올 일곱 해 동안 이집트 온 땅에는 대풍이 들겠습니다. 그러나 곧 뒤이어 흉년이 일곱 해 계속될 것입니다. 이집트 땅에서 언제 배불리 먹은 일이 있었더냐는 듯이 옛일을 까마득히 잊어버리게 될 것입니다. 이런 흉년으로 나라는 끝장이 납니다. 이렇듯이 뒤따라오는 흉년은 하도 심해서 배부르다는 것이 어떤 것인지조차 아는 사람이 없게 될 것입니다. 폐하께서 같은 꿈을 두 번씩이나 꾸신 것은 하느님께서 이런 일을 어김없이 하시기로 정하셨고 또 지체 없이 그대로 하시리라는 것을 말해주는 것입니다.

요셉은 이렇게 파라오의 꿈을 해몽해준 다음에 문제를 해결할 처방까지 제시합니다. 그 내용도 이어서 보겠습니다. 33~36절입니다.

그러니 폐하께서는 슬기롭고 지혜로운 사람을 뽑아 세워 이집트 온 땅을 다스리게 하시는 것이 좋겠습니다. 이 나라 일을 감독할 자들을 세우시어 풍작이 계속되는 일곱 해 동안 이집트 땅에서 나는 것을 그 오분의 일씩 받아들이도록 조처하십시오. 앞으로 올 좋은 세월 동안 온갖 식량을 거두어들이셔야 합니다. 폐하의 권한으로 밀을 거두어들여 도시들에 식량을 저장하도록 하십시오. 그 식량은 이집트 땅에 일곱 해 계속될 흉작에 대비하는 것입니다. 이렇게 하면 온 나라가 기근으로 망하는 일을 면할 것입니다."

요셉의 해몽과 처방까지 들은 파라오는 그 모든 해결책을 요셉에게 맡기고 권한까지 위임합니다. 요셉을 이집트의 총리로 임명한 것이지요.

요셉의 해몽은 그대로 현실 세계에 이루어집니다. 7년의 풍년기가 끝나고 이어서 7년의 흉작기가 이어져 온 세상이 기근으로 고통받게 됩니다. 하지만 풍년기에 곡식을 저장한 이집트는 여유가 있습니다. 그래서 이웃 나라에서까지 이집트로 곡물을 사러 오게 되었다는 말로 41장은 끝을 맺습니다.

42장부터 46장까지는 요셉이 형들과 상봉하고 야곱 가족이 이집트로 이주하는 이야기가 길게 펼쳐집니다. 재미있다고 보면 재미있고 지루하다고 보면 지루한 이야기입니다. 장별로 간추려서 설명드리겠습니다.

42장으로 들어가면 드디어 요셉이 형들과 상봉하는 장면이 그려지는데요, 가나안 땅에도 기근이 든 건 마찬가지여서 요셉의 형열 명이 모두 곡식을 사러 이집트로 와서 요셉을 만나게 됩니다. 요셉은 형들을 단번에 알아보았지만, 형들은 요셉을 알아보지 못합니다. 그런데 요셉이 갑자기 그들을 염탐하러 온 사람들이라고 몰아붙입니다. 그리고는 시므온을 인질로 잡고 막내 베냐민을 데려오라고 요구합니다.

요셉의 형들은 돌아가는 길에 곡식 자루에 돈이 그대로 들어 있는 걸 보고 깜짝 놀랍니다. 요셉이 호의로 돈을 돌려준 것인지 계략으로 그런 것인지는 본문에 명확히 드러나 있지 않습니다. 형들이 돌아와 아버지 야곱에게 보고하고 베냐민을 데려가려 하지만 야곱은 베냐민까지 없어질 것을 두려워하여 허락하지 않습니다.

43장으로 들어가면 곡식이 떨어지자 야곱은 할 수 없이 아들들을 다시 이집트로 보냅니다. 두려워하는 형들에게 요셉은 지난날의 사건, 그러니까 자루에 돈이 그대로 들어 있었던 일은 하나님이 하신 일이라고 안심을 시키고 잔치를 베풀어 형들을 환대합니다.

하지만 44장으로 들어가면 상황이 다시 반전됩니다. 요셉은 형들의 곡식 자루에 곡식 값으로 가져온 돈을 다시 넣고 베냐민의 곡식 자루에는 자신이 즐겨 사용하던 은잔을 집어넣습니다. 그리고 형들이 떠난 후에 종들에게 추격 명령을 내려 형제들을 잡아오고 자기의 은잔을 훔쳐갔다고 또 다시 누명을 씌웁니다.

45장에서는 요셉이 형들에게 자신의 정체를 밝히고 그동안 있었던 모든 일이 하나님의 계획과 섭리에 따라 진행된 것이니 더 이상 아무것도 두려워하지 말고 아버지를 모셔오라고 말하는 내용이 이어집니다.

46장에서는 야곱 가족이 모두 이집트로 떠나게 되는데, 열두 아들의 후손들을 지파별로 자세히 기록한 내용이 이어집니다. 그리고 이집트에 도착한 야곱의 후손이 모두 70명이었다고 본문은 말합니다.

70이라는 숫자에는 특별한 의미가 담겨 있습니다. 7이라는 숫자는 완전함을 의미합니다. 그 열 배인 70은 가득함과 전체를 의미하는 상징적인 수입니다. 그러니까 실제로 이집트로 이주한 야곱 가족이 70명이었다는 사실의 기록이 아니라 야곱 가족이 빠짐없이 온전히 이집트에 정착하게 되었다는 의미의 기록으로 읽어야 합니다.

이렇게 해서 이집트에 도착한 야곱 가족은 고센이라는 고지대를 자신들의 삶의 터전으로 선택해서 종족의 고유성을 유지하며 살아갑니다. 본문에서 요셉은 고지대인 고센을 선택한 이유로 이집트인들이 목축업을 경멸했기 때문이라고 설명합니다. 하지만 이 부분도 이민족과의 연합을 꺼리는 이스라엘 민족의 특성이 반영된 설화라고 보아야 할 것입니다.

47장에는 야곱이 파라오를 알현하고 고센 땅에 기거하는 것을 허락받는 내용이 앞부분에 나오고, 중반부에는 기근이 더욱 심해지자 곡식이 남아 있는 파라오의 국고는 더욱 부유해지지만 백성들은 돈이 다 떨어지게 되었다는 이야기가 이어집니다.

이집트에 있는 돈이 모두 파라오의 국고로 들어가게 되자 총리인 요셉은 곡식을 가축과 직접 바꾸어주는 정책을 실시합니다. 하지만 얼마 못 가서 이집트의 가축도 모두 파라오의 소유가 되고 백성들은 몸과 땅만 남게 됩니다. 그래서 제사장들을 제외한 이집트의 모든 땅이 국유화되고 백성들은 파라오의 소작농으로 전락합니다.

요셉은 새로운 토지법을 만듭니다. 생산된 곡물의 80퍼센트는 농민이 갖고 20퍼센트만 파라오에게 상납하도록 하는 법입니다. 당시에 소작농이 생산량의 20퍼센트만 상납하고 80퍼센트를 갖는다는 건 엄청난 특혜임에 틀림없습니다.

하지만 오늘날 같으면 요셉이 시행한 국가적 매점매석 행위는 크게 비난받을 짓입니다. 아마도 탄핵 사유에 해당할 것입니다. 진정으로 백성을 생각하는 관리이고 지도자라면 국가 차원에서만 곡식을 저장할 것이 아니라 백성들에게도 정보를 주어서 그들이 파산하지 않게 했어야 합니다. 그것이 행정가의 마땅한 의무이기 때문입니다. 결국 그가 시행한 제도로 자유민이었던 이집트 백성 대부분이 소작농으로 전락하고 말았습니다.

이 점에 대해 요셉은 문제의식을 전혀 갖지 않았습니다. 또한 모세오경의 기록자 역시 이런 방식이 문제가 있다는 생각을 전혀 하지 못합니다. 그저 사리사욕을 추구하지 않고 파라오의 충실한 관리자로서의 역할을 다하는 요셉의 충실함과 너그러움만을 은근히 부각시키고 있습니다.

여기서도 우리는 성서가 갖는 어쩔 수 없는 시대적인 한계를 발견합니다. 성서가 언제 어디서나 문자 그대로 통용될 수는 없다는 점, 시대의 한계 안에 있다는 점을 인정해야 하는 이유가 되겠습니다.

다행히 진보와 보수를 가리지 않고 오늘날의 모든 기독교회는 구약성서의 시대적인 한계성을 인정합니다. 문제는 신약성서도 그런 태도를 갖고 보아야 하는데 그렇지 못하다는 점입니다. 신약성서 역시 시대의 한계 안에 있다는 점을 인정하지 않기에 오늘날 한국 교회가 우리 사회의 문제 덩어리로 남게 된 것이지요.

물론 모든 교회가 다 그런 건 아닙니다. 예수님의 가르침을 따라 하나님의 나라를 이 땅에 이루기 위해 애쓰는 교회들, 평화롭고 정의로운 세상을 이루기 위해 애쓰는 교회들도 분명히 있습니다. 그 교회들에 하나님의 가호가 있기를 바랍니다.

47장 마지막 부분부터 49장까지는 죽을 때가 가까워진 것을 느낀 야곱이 열두 아들을 불러 축복하는 내용이 이어집니다.

이스라엘의 12지파는 야곱의 열두 아들이 선조가 됩니다. 하지만 요셉은 따로 지파가 없고 요셉의 아들인 에브라임과 므낫세가 두 지파를 차지합니다. 이렇게 되면 13지파가 되지만 레위의 후손은 제사장 지파가 되기 때문에 별도의 땅을 갖지 않고 12지파 안으로 들어가서 제사와 관련된 특별한 일을 맡습니다. 그러니까 결국 땅을 갖는 지파는 그대로 12지파가 됩니다.

여기서 특별히 주목받는 지파는 유다 지파와 요셉의 둘째 아들인 에브라임 지파입니다. 에브라임 지파는 솔로몬 이후 이스라엘이 남과 북으로 갈라진 후에 북왕국 이스라엘의 주축이 되었고, 유다 지파는 남왕국 유다의 주축이 되었습니다.

그러니까 여기에서 야곱이 각 지파별로 축복하는 내용은 미래의 일을 예견하며 야곱이 실제로 해준 축복이 아니라, 북왕국 이스라엘이 아시리아에 멸망하고 남왕국 유다는 바벨론에 멸망한 이후, 포로기에 통일왕국 시대와 남북 왕조 시대의 지파별 상황을 정리한 것이라고 보아야 합니다.

제가 38장 유다와 다말의 이야기에서, 구약성서에는 미래에 대한 예언이나 암시의 성격을 가진 글이 숱하게 등장한다는 말씀을 드렸습니다. 하지만 그 예언들은 실제 미래의 일을 미리 알고 점치는 것이 아닙니다. 몇백 년이 지난 후대에 과거를 돌아보면서 이스라엘 공동체에 교훈을 주기 위해 예언적인 성격으로 기록한 글이 많다는 말씀입니다. 야곱이 12지파에 내린 축복도 그런 성격의 글입니다.

예언이라는 말을 히브리어로 '나비'라고 하는데요, 이 말은 미래의 일을 미리 알려준다는 뜻이 아니라 '하나님의 말씀을 맡아서 대신 전한다'는 뜻입니다. 그러니까 예언이라는 말의 '예'는 우리가 은행에 돈을 맡길 때의 그 '예금'이라는 말의 예와 같은 뜻입니다. 맡긴다는 뜻이지요. 하나님께서 자신이 하시고자 하는 말씀을 예언자에게 맡겨서 대신 말하게 한다는 것입니다.

그 예언의 말씀은 과거의 것일 수도 있고, 현재의 것일 수도 있고, 미래의 것일 수도 있습니다. 하지만 미래의 일을 말한다고 해도 결정된 미래가 아니라, 이스라엘 민족이 하나님 앞에서 잘못된 선택을 할 경우 어떤 미래가 닥쳐올 것인지 합리적으로 분석하고 경고하는 것입니다.

이사야나 예레미야 같은 대선지자의 예언도 대부분 그런 합리적인 예견이었지 미래의 운명을 알려주는 것이 아니었습니다. 만일 예언자가 미래의 운명을 미리 알고 알려주었다고 생각한다면 기독교와 성서는 운명론에 빠지고 맙니다. 예언에 대한 자세한 내용들은 예언서를 공부할 때 다시 하겠습니다.

49장 끝부분에는 야곱의 죽음에 대한 기록이 나옵니다. 야곱은 죽기 전에 자신을 이집트 땅에 묻지 말고 선조들이 있는 막벨라 동굴에 묻어달라고 유언하고 숨을 거둡니다.

50장 앞부분에는 야곱의 장례가 묘사됩니다. 야곱은 유언대로 가나안 땅의 막벨라 동굴에 묻혔는데, 요즘 같으면 국민장이라고 할 정도로 이집트의 고위 관리들까지 참석해서 장례를 치르고 백성들도 70일 동안 추모 기간을 가졌노라고 본문은 말합니다.

50장 뒷부분에는 요셉의 형들이 야곱이 죽은 후에 요셉의 태도가 달라질까 봐 두려워하는 장면이 나옵니다. 하지만 요셉은 그 모든 일을 하나님께서 하신 것이니 두려워 말라며 형들을 위로합니다. 그리고 요셉이 110세를 살고 죽었다는 기록으로 창세기는 대단원의 막을 내립니다.

창세기 12장부터 50장까지는 족장들의 이야기였습니다. 족장들의 이야기 전체에서 일관되게 흐르는 뚜렷한 주제가 있습니다. 하나님께서 아브라함을 택하시고 그와 그의 후손들에게 복을 주어 온 천하가 함께 복을 누리게 하셨는데, 그 약속은 이스라엘 민족의 직계 조상인 야곱과 그의 열두 아들인 이스라엘의 12지파로 이어 진다는 것입니다.

II
출애굽기 강해

출애굽기라는 말은 '이집트 탈출에 관한 기록'이라는 뜻입니다. 영어 성경에는 그냥 '탈출'이라는 뜻으로 엑소더스Exodus, 라틴어 성경에는 엑소두스Exodus라고 되어 있습니다.

출애굽기라는 단어에서, '애굽'은 이집트를 뜻하는 말입니다. 개역한글본과 개역개정본에는 애굽이라고 표기되어 있고, 표준새번역과 공동번역에는 이집트라고 되어 있습니다.

시대적인 배경은 람세스 2세가 이집트를 통치했던 서기전 1250년 전후로 보아야 합니다. 이 시대에 이집트에서 대규모 토목공사가 이루어졌다는 것이 고고학적 발굴로 증명되었기 때문입니다. 그렇다고 출애굽기의 기록이 역사적 사실이라는 뜻은 아닙니다. 단지 출애굽기의 시대적 배경이 그때라는 말입니다. 특정 시대를 배경으로 하는 사극이라고 해서 모두 역사적 사실만을 다루는 것은 아니니까요.

출애굽기를 역사적 사실로 보느냐, 설화로 보느냐 하는 문제는 신학적 관점에 따라 달라집니다. 대체로 보수적인 신학자는 역사적 사실로 보고, 진보적인 신학자는 설화로 보는 경향이 강합니다.

저는 당연히 진보적인 관점을 수용합니다. 그 이유는 우선 성서 본문이 말하는 대로 60만 인구가 시나이 광야를 통과했다면 반드시 고고학적인 흔적을 여기저기 남길 수밖에 없는데, 시나이 반도에는 그런 흔적이 전혀 없다는 사실 때문입니다.

상식적으로 생각해보아도 60만 명의 인원이 동시에 움직이려면 식량 문제나 물 문제가 따르기 마련입니다. 그러나 시나이 반도는 척박한 사막 지역이라서 그때나 지금이나 60만 명이 먹을 식량을 배출할 수 있는 지역이 아닙니다. 그래서 진보적인 학자들 중에는 출애굽 자체를 부정하기도 하고, 이스라엘 민족 전체가 아니라 소수의 사람들이 이집트 탈출에 성공해서 가나안 땅에 정착했을 것이라고 주장하기도 합니다.

출애굽기가 역사적 사건에 대한 기록이건 역사와 무관한 설화이건, 아니면 역사적 사건과 설화가 어우러진 기록이건 간에 출애굽기의 메시지는 분명합니다. 하나님께서 이집트에서 고통받는 당신의 백성을 해방하셨고, 시나이 광야로 인도하셔서 자기 백성과 언약을 맺으셨다는 것입니다.

1장으로 들어가면 이집트에서 고통받는 이스라엘 백성들의 처지가 묘사되어 있습니다.

창세기 46장에는 이집트에 정착한 야곱 가족이 모두 70명이었다고 기록되어 있습니다. 하지만 그 숫자는 사실의 언어가 아니라 의미의 언어로 읽어야 한다는 말씀을 드렸습니다. 그러니까 정확히 70명이 아니라 70이라는 숫자가 의미하듯이 야곱의 가족이 빠짐없이, 완전히, 모두 이집트로 이주했음을 의미하는 표현으로 읽어야 합니다.

어쨌든 세월이 흘러 그 시대 사람들은 모두 죽고 야곱의 후손은 큰 민족을 이루었다고 본문은 말합니다. 6~7절을 보겠습니다.

> 요셉과 그의 모든 형제와 그 시대의 사람은 다 죽었고, 이스라엘 자손은 생육하고 불어나 번성하고 매우 강하여 온 땅에 가득하게 되었더라.

성서가 말하는 아브라함은 서기전 2000년경 사람입니다. 아브라함이 이삭을 낳을 때가 100세였고, 이삭이 야곱을 낳을 때가 60세였다고 창세기 본문은 말합니다. 야곱이 이집트로 이주하여 파라오를 알현했을 때 자신이 살아온 햇수가 130년이라고 말했습니다. 성서의 기록을 문자 그대로 받아들인다 해도 아브라함으로부터 300년 이상 지나지 않은 시점입니다. 그러니까 야곱 가족이 이집트에 정착했을 때는 서기전 1700년 이후일 수는 없습니다.

조금 전에 출애굽기의 시대적 배경이 람세스 2세가 이집트를 통치했을 때라고 말씀드렸는데요, 람세스 2세는 서기전 1250년을 전후해서 50~60년 동안 이집트를 다스렸습니다. 그러니까 야곱 가족이 이집트로 이주한 이후로 400년이 넘는 세월이 흐른 셈입니다. 물론 지금까지 말씀드린 것은 역사적 사실이 아닙니다. 출애굽 설화에 대한 시대적 배경이 그렇다는 것입니다.

야곱 시대의 이스라엘 민족은 총리의 집안이었습니다. 그러나 이제는 그저 이집트에 부담이 되는 이방인일 뿐입니다. 이집트 관리들은 큰 민족을 이룬 이 이방인들이 반란을 일으키지나 않을까 늘 걱정이었습니다. 그래서 람세스는 나일강 삼각주에 새로운 왕궁을 지으면서 이 골치 아픈 이방인을 강제 노역에 동원했습니다. 효과적인 통제 수단이기도 했고 노동력도 얻었으니 일석이조였지요.

고통스러운 세월을 보내면서도 이스라엘의 인구는 계속 늘어났습니다. 이 시기, 그러니까 민족을 이룬 초기 이스라엘 사람들은 히브리인이라고 불렸습니다. 왜 그런 이름이 붙었는지에 대해서는 여러 설이 있습니다. 어쨌든 나라 없이 떠돌아다니는 초기 이스라엘 사람들을 지칭하는 말이었는데, 한 번 생겨난 말은 쉽게 없어지지 않아서 이스라엘이 나라를 세우고 크게 번성한 후에도 이 말은 계속 쓰였습니다.

파라오는 이스라엘의 인구가 더 이상 늘어나는 것을 막기 위해 계략을 짜냅니다. 히브리 산파들을 불러 여자아이가 태어나면 살려두고 남자아이가 태어나면 죽이라고 명령한 것이지요. 하지만 산파들은 하나님을 두려워하여 아이를 죽이지 못하고 파라오에게 거짓 보고를 합니다. 그 보고 내용을 본문에서 보겠습니다. 19~20절입니다.

산파가 바로에게 대답하되, 히브리 여인은 애굽 여인과 같지 아니하고 건장하여 산파가 그들에게 이르기 전에 해산하였더이다 하매, 하나님이 그 산파들에게 은혜를 베푸시니 그 백성은 번성하고 매우 강해지니라.

은밀히 시행하려던 히브리족 소멸 정책이 실패로 돌아가자 파라오는 이제 대놓고 포고문을 발표합니다. 22절을 보겠습니다.

> 그러므로 바로가 그의 모든 백성에게 명령하여 이르되, 아들이 태어나거든 너희는 그를 나일 강에 던지고 딸이거든 살려두라 하였더라.

2장으로 들어가면 모세의 탄생 설화가 시작됩니다. 레위 지파 사람이 아들을 낳았습니다. 파라오의 포고문에 따르면 사내아이는 강에 던져야 하지만, 아이의 부모는 석 달 동안 숨겨 키웠습니다. 아이의 울음소리가 커지고 더 이상 숨길 수 없게 되자 아이를 갈대 상자에 담아 나일강에 띄웠습니다. 그리고 아이가 어떻게 되는지 아이의 친누이가 숨어서 관찰합니다.

마침 그때 파라오의 누이동생이 목욕을 하러 강가로 나왔다가 아이를 발견하고 데려다 기르기로 합니다. 상황을 관찰하던 아이의 누이는 재치를 발휘하여 자기 어머니를 아이의 유모로 소개해줍니다. 이렇게 해서 아이는 이집트의 왕족으로 자라게 됩니다.

미국에서 1950년대에 만든 〈십계〉라는 제목의 영화가 있습니다. 모세를 주인공으로 출애굽기를 거의 문자 그대로 담아낸 영화입니다. 근본주의적인 시각의 영화지만 어쨌든 출애굽기의 내용을 파악하는 데는 도움이 됩니다. 영화적으로도 잘 만들어서 당시 비슷한 시기에 만들어진 〈벤허〉, 〈쿼바디스〉와 함께 3대 기독교 명화로 꼽히는 영화입니다. 기회가 되시면 한번 보시는 것도 좋을 것 같습니다.

이집트 공주는 아이에게 모세라는 이름을 붙여줍니다. 이집트

말로 '아들'이라는 뜻이지만 건져낸다는 뜻을 가진 히브리말과도 비슷해서 본문은 '건져냄'이라는 뜻으로 풀이하고 있습니다.

여기까지가 학자들이 모세 탄생 설화라고 부르는 부분인데요, 예수 탄생 설화의 일부와 비교해보겠습니다. 마태복음 2장 13~16절을 표준새번역으로 보겠습니다.

> 박사들이 돌아간 뒤에, 주의 천사가 꿈에 요셉에게 나타나서 말하였다. "헤롯이 아기를 찾아서 죽이려고 하니, 일어나서, 아기와 어머니를 데리고, 이집트로 피신하고, 내가 네게 일러줄 때까지 그 곳에 있어라."
> 요셉이 일어나서, 밤 사이에 아기와 그 어머니를 데리고 이집트로 피신하여, 헤롯이 죽을 때까지 거기에 있었다. 이것은 주께서 예언자를 시켜서 말씀하신 바 "내가 이집트에서 내 아들을 불러냈다" 하신 말씀을 이루려고 하신 것이었다.
> 헤롯은 박사들에게 속은 것을 알고, 몹시 노하였다. 그는 사람을 보내어, 그 박사들에게 알아본 때를 기준으로, 베들레헴과 그 가까운 온 지역에 사는, 두 살짜리로부터 그 아래의 사내아이를 모조리 죽였다.

한국 교회의 교인 대부분은 예수님의 탄생에 대한 이 기록을 사실이라고 생각할 것입니다. 하지만 매우 보수적인 신학자들을 제외한 현대 신학자 대부분은 이 기록을 역사적 사실이 아니라 모세 탄생 설화를 모델로 해서 만든 예수 탄생 설화라고 말합니다. 모세 탄생 설화의 핵심인 이집트라는 무대와 사내아이들의 죽음을 소재로 만들어졌고, 마태복음의 저자가 채택해서 신약성서에 들어오게 되었다는 것입니다.

마태복음의 저자가 이 설화를 채택한 이유는, 예수님이 모세 못지않게 위대한 분이라는 메시지를 전하기 위해서였다는 것이 현대 신학자들의 해석입니다. 지금이야 모세를 감히 예수님과 비교하는 것이 신성모독일 수 있지만, 당시는 그 누군가를 감히 모세에게 비교하는 것이 모세를 모독하는 것이라고 생각하던 시대였습니다.

이런 생각을 할 수 있겠습니다. 그렇게 모든 걸 부정하고 부수면 결국 무엇이 남을까? 네, 진실이 남습니다. 진실이 아닌 허위는 아무리 거창하더라도 무너져야 합니다. 그리고 거창하거나 화려하지 않더라도, 진실 위에서 새로운 의미를 찾아야 합니다.

2,000~3,000년 전의 원시 유대인이 인식한 하나님은 절대 객관의 하나님이 아닙니다. 예수님이 하나님의 유일한 독생자로 정자와 난자의 만남이 없이 성령으로 잉태되었다는 신약성서의 기록은 2,000년 전 원시 기독교인들의 신앙고백이지 객관적인 사실이 될 수 없습니다.

여기서 제가 원시라고 말하는 것은 '시간적으로 앞섰다'는 뜻이지 비하하는 말이 아닙니다. 저는 우리보다 시간적으로 앞서 살았던 믿음의 선조들의 신앙고백을 존중합니다. 하지만 지구가 평평하다고 믿고 풀과 채소와 나무가 지구에 모습을 드러낸 후에야 해와 별과 달이 만들어졌다고 믿었던 우리 믿음의 선조들의 신앙고백을 존중한다고 해서 과학이 밝혀낸 사실을 부정할 수는 없습니다.

예수님의 탄생 설화는 '우리 주님은 이렇게 훌륭한 분이시다'라는 제자들의 신앙고백이지 객관적인 사실일 수 없습니다. 그 믿음의 선조들의 진실한 고백은 존중하되 사실은 정확히 알아야 합니다. 그렇지 않으면 기독교는 더 이상 현대 사회와 조화를 이루지 못하고 역사의 박물관으로 들어가 사라질 수도 있습니다.

2장 후반부에는 장년기의 모세 이야기가 그려집니다. 이집트 공주의 아들로 왕궁에서 살며 친어머니의 손에서 자란 모세는 동족의 처지에 연민을 느꼈습니다. 어느 날 히브리인이 학대받는 모습을 본 모세가 이집트 관리를 쳐서 죽였습니다. 그런데 그 일이 탄로가 나서 쫓기는 신세가 됩니다. 미디안 광야로 도피한 모세는 미디안 족장의 딸과 결혼하여 아들을 낳고 정착합니다.

세월이 흘러 파라오가 죽었지만 히브리 민족은 더욱 고된 노역에 시달렸다고 본문은 말합니다. 그리고 마침내 고통 속에서 신음하는 히브리인들의 울부짖음을 들으신 하나님께서 새로운 역사를 시작하십니다. 24~25절을 보겠습니다.

> 하나님이 그들의 고통 소리를 들으시고, 하나님이 아브라함과 이삭과 야곱에게 세운 그의 언약을 기억하사 하나님이 이스라엘 자손을 돌보셨고, 하나님이 그들을 기억하셨더라.

3장으로 들어가면 미디안족의 일원이 되어 양을 치던 모세가 하나님의 부르심을 받는 장면이 그려집니다. 2절을 보겠습니다.

> 여호와의 사자가 떨기나무 가운데로부터 나오는 불꽃 안에서 그에게 나타나시니라. 그가 보니 떨기나무에 불이 붙었으나 그 떨기나무가 사라지지 아니하는지라.

나무에 불이 붙었는데 타지는 않았다는 겁니다. 불신자들이 나중에 지옥에 가면 끓는 불 속에 던져지는데, 불꽃 속에서 고통을 받으면서도 소멸되지는 않는다는 말이 생각납니다. 이런 얘기는 이제 그냥 웃고 넘어가기로 하지요.

하나님의 사자는 모세에게 이곳은 거룩한 곳이니 신발을 벗으라고 말합니다. 구약성서에는 이렇게 하나님의 사자가 하나님을 대신해서 나타나기도 하고, 하나님이 직접 나타나시기도 합니다. 이런 경우건 저런 경우건 모두 하나님께서 나타나신 것으로 구약성서는 받아들입니다. 하나님의 사자는 하나님의 대리자이기 때문입니다.

진보적인 신학자들은 이 설화를 애니미즘의 흔적으로 봅니다. 애니미즘은 모든 사물에 '애니마(아니마)'가 있다고 믿는 것입니다. 애니마는 영혼이라고 번역할 수 있습니다. 산에는 산신령이 살고 거대한 나무에도 신이 깃들어 있다고 믿는 것입니다.

이제 하나님은 모세에게 스스로를 소개하십니다. 자신을 아브라함의 하나님, 이삭의 하나님, 야곱의 하나님이라고 밝히시면서 고통받는 이스라엘 백성을 인도해서 젖과 꿀이 흐르는 가나안 땅에서 살게 해주겠다고 약속하십니다. 그리고 그 일을 너를 통해서 하겠노라고 모세에게 말씀하십니다.

'아브라함의 하나님, 이삭의 하나님, 야곱의 하나님'이라는 표현은 구약성서에서 자주 반복합니다. 하나님은 이스라엘 민족의 조상들과 맺은 신실한 약속을 반드시 지키신다는 믿음이 반영된 표현입니다.

모세는 자기를 낮추며 이스라엘 백성들에게 이 상황을 어떻게 설명해야 할지 하나님께 묻습니다. 하나님은 자신을 '스스로 있는 자'라고 소개하십니다. 14절을 보겠습니다.

> 하나님이 모세에게 이르시되, 나는 스스로 있는 자이니라. 또 이르시되,
> 너는 이스라엘 자손에게 이같이 이르기를, 스스로 있는 자가 나를 너희에
> 게 보내셨다 하라.

'나는 스스로 있는 자'라는 말이 영어 성경에는 거의 'I am that I am' 또는 'I am who I am'으로 번역되어 있습니다. am이라는 be동사가 두 번 나오는데 앞의 am은 그냥 '이다'라는 동등함을 나타내는 말이니까 문제될 게 없고, 뒤의 am을 어떻게 이해할 것이냐가 매우 중요합니다.

뒤의 am에 해당하는 말의 히브리 원어는 '하야'인데, '있다, 존재한다'는 뜻을 가진 동사입니다. 이 하야라는 말에서 야훼라는 하나님의 이름이 생겨났습니다. 그러니까 이 말을 원어에 가깝게 직역하면 '나는 있는 자다, 나는 존재하는 자다'라는 뜻이 되겠지요.

이 말을 교리적으로는 '하나님은 존재의 근원이다. 모든 존재물은 의존적인 존재지만 하나님은 존재의 근원으로서 자존적인 존재다'라고 설명합니다. 하지만 이 본문에서는 하나님께서 "너희는 혼자가 아니다. 내가 너희와 함께 있다. 그러니 걱정하지 말아라" 이렇게 말씀하시는 것으로 해석할 수 있겠습니다.

참고로 영어 성경 중에 CEV라고 있습니다. Contemporary English Version, 현대영역본이라고 하면 되겠습니다. 우리말 성경의 공동번역성서처럼 현대인이 쉽게 이해할 수 있도록 과감하게 풀이해서 번역한 최근의 영어번역본인데, 이 CEV는 '나는 스스로

있는 자다'라는 말을 'I am the eternal God, 나는 영원한 하나님이다'라고 번역했습니다. 상당히 이해하기 쉽게 번역해놓았지요.

우리말 성서의 표현법도 비교해보겠습니다. 개역개정본은 '나는 스스로 있는 자이니라', 표준새번역은 '나는 스스로 있는 나다', 공동번역은 '나는 곧 나다'라고 번역했습니다.

4장으로 들어가면, 그래도 신중하게 처신하는 모세가 반복해서 하나님과 그 뜻을 확인하는 장면이 묘사됩니다. 백성들이 믿지 않으면 어떻게 하느냐고 묻는 모세에게 하나님은 모세가 갖고 있던 지팡이를 던지라고 말씀하십니다. 지팡이를 던졌더니 뱀이 되었습니다. 뱀을 집어 들었더니 다시 지팡이가 됩니다. 한 번의 기적으로는 부족해서 확인까지 해주십니다. 손을 품에 넣으라고 하셔서 넣었더니 문둥병이 들었습니다. 다시 넣었다 뺐더니 깨끗이 나았습니다.

이런 것까지 문자 그대로 믿어야 한다고 말하는 목사들이 아직도 있습니다. 호랑이 담배 먹던 시절이라고 하니까, 옛날에는 호랑이가 정말로 담배를 먹었다고 믿어야 한다는 것과 같은 말이지요. 슬프고 안타까운 현실입니다.

하나님께서 이적까지 보여주셨지만 모세는 망설입니다. 자신은 말주변도 없고 그릇이 안 된다며 보낼 만한 자를 보내시라고 거듭 요청합니다. 14절을 보면 하나님이 모세에게 노를 발하셨다고 기록되어 있습니다. 화도 잘 내시는 하나님, 보는 시각에 따라 정겹게 느낄 수도 있겠습니다.

서양 속담에 '말이 하나님을 믿었다면 하나님은 말처럼 생기셨을 것이다'라는 표현이 있습니다. 고대 이스라엘 사람들이 인식한 하나님은 사람처럼 생각하고, 사람처럼 말하고, 사람처럼 화도 내시는 것이 당연합니다.

하나님은 거듭 사양하고 자신 없어 하는 모세에게 대변인을 붙여주시겠다고 약속하십니다. 모세의 형 아론입니다. 이제는 빼도 박도 못하게 되었습니다.

드디어 모세는 가족을 데리고 이집트로 떠납니다. 그리고 하나님은 길 떠나는 모세에게 파라오와의 대결을 예고하십니다. 파라오와의 대결은 결코 만만치 않을 것이며, 끝까지 말을 듣지 않는 파라오에게 그의 아들을 죽이겠다는 경고까지 하게 될 것이라고 말씀하십니다.

그런데 길 가는 도중 숙소에서 쉬고 있을 때 갑자기 하나님께서 나타나셔서 모세를 죽이려고 하셨다는 기록이 본문에 나옵니다. 24~26절을 보겠습니다.

> 모세가 길을 가다가 숙소에 있을 때에, 여호와께서 그를 만나사 그를 죽이려 하신지라. 십보라가 돌칼을 가져다가 그의 아들의 포피를 베어 그의 발에 갖다 대며 이르되, 당신은 참으로 내게 피 남편이로다 하니, 여호와께서 그를 놓아 주시니라. 그 때에 십보라가 피 남편이라 함은 할례 때문이었더라.

성서의 모든 기록을 사실의 언어로 읽는 사람은 이런 본문을 만날 때마다 마음이 편치 못할 것입니다. 고난받는 이스라엘 백성을 구하겠다고 기껏 모세를 불러놓고는 갑자기 모세를 죽이려고 하시는 이 하나님을 어떻게 이해해야 할지 곤혹스러울 것입니다. 게다가 본문은 하나님이 모세를 왜 죽이려고 하는 건지, 모세가 사전에 어떤 잘못을 했다는 건지 충분히 설명하지도 않습니다. 다만 모세의 아내인 십보라가 급히 아들의 할례를 시행해서 위기를 모면했다는 기록으로 암시를 준 것이 전부입니다.

아무리 구약 시대라고 해도 이런 분을 사랑의 하나님으로 고백해도 되는가라는 생각이 들 수 있을 것입니다. 하지만 이런 불편한 마음을 솔직히 드러내고 목사님에게 상담을 요청하는 교인은 별로 없는 것 같습니다. 자칫 잘못하면 믿음 없는 사람, 의심 많은 도마 같은 사람이 될 수도 있으니까요.

하지만 이 본문은 사실의 언어가 아니라 고백의 언어로 기록한 것입니다. 할례가 이렇게 중요하다, 목숨처럼 중요한 것이다, 라는 메시지를 이스라엘 공동체에 강조하기 위해서 모세 설화 속에 담은 고백의 기록일 뿐입니다. 그러므로 이런 본문을 만날 때마다 혼란과 갈등을 느끼는 분이 혹 계시다면 조금도 걱정하지 마시기 바랍니다. 여러 번 말씀드렸습니다만 구약성서에서 만나는 이런 하나님은 당시 이스라엘 백성들이 인식한 하나님이지 참 하나님이 아니니까요.

출애굽기 5~10장, 모세와 파라오의 대결

5장에서 모세는 아론과 함께 파라오를 만나 하나님의 말씀을 전합니다. 5장 1~4절을 보겠습니다.

그 후에 모세와 아론이 바로에게 가서 이르되, 이스라엘의 하나님 여호와께서 이렇게 말씀하시기를, 내 백성을 보내라 그러면 그들이 광야에서 내 앞에 절기를 지킬 것이니라 하셨나이다.

바로가 이르되, 여호와가 누구이기에 내가 그의 목소리를 듣고 이스라엘을 보내겠느냐. 나는 여호와를 알지 못하니 이스라엘을 보내지 아니하리라.

그들이 이르되, 히브리인의 하나님이 우리에게 나타나셨은즉, 우리가 광야로 사흘길쯤 가서 우리 하나님 여호와께 제사를 드리려 하오니, 가도록 허락하소서. 여호와께서 전염병이나 칼로 우리를 치실까 두려워하나이다.

애굽 왕이 그들에게 이르되, 모세와 아론아, 너희가 어찌하여 백성의 노
역을 쉬게 하려느냐. 가서 너희의 노역이나 하라.

모세가 하나님의 말씀을 전하는 1절에서는 '내 백성을 보내라
고 하셨다'고 당차게 말했는데, 파라오에게 내용을 설명하는 3절에
서는 말투가 조금 누그러진 느낌을 줍니다. 이집트에서 완전히 떠
나는 것이 목적이지만, 파라오 앞에서는 사실대로 말하지 못하고
광야에 가서 제사만 드리고 다시 돌아오겠다는 투로 말한 것입니
다. 보는 시각에 따라 지혜로운 처신이라고 할 수도 있겠지만 모세
와 아론의 유약한 심성이 드러난 부분이라고 볼 수도 있습니다.

어쨌든 파라오는 그 당돌한 요구를 받아들일 마음이 전혀 없습
니다. 오히려 감독관을 불러 지금까지 주던 벽돌 재료를 주지 말고
스스로 짚을 구해서 벽돌을 만들게 하라고 말합니다. 게다가 하루
생산 목표량을 조금도 감해주지 말고 그대로 유지하게 하라고 명령
합니다. 고생을 덜해서 저런 불평들을 하는 것이니 노동량을 늘려
불평할 여유조차 없애겠다는 것이지요.

나일강에는 파피루스라는 갈대 종류의 수생식물이 많이 자랍니
다. 그 잎으로 종이를 만들기도 했습니다. 지금까지 발견된 신약성
서 사본들도 거의 파피루스로 만들어졌습니다. 이 파피루스를 잘게
썰어서 진흙과 섞어 햇빛에 말리면 단단한 벽돌이 만들어집니다.

전에는 그 파피루스를 공급해주었습니다. 그런데 이제는 직접
조달해서 벽돌을 만들게 하라는 겁니다. 이스라엘 백성들은 전보다
더 고생하게 되었습니다. 그리고 그 원망은 파라오가 아니라 모세

와 아론이 들어야 했습니다. 모세는 쏟아지는 백성들의 원망을 하나님께 돌리며 어찌하여 나를 보내셨느냐고 한탄합니다. 요즘 말로 '멘탈'이 그리 강한 사람은 아니었던 것 같습니다.

6장에는 모세와 하나님의 대화가 기록되어 있습니다. 하나님은 이스라엘의 선조들에게 약속했던 대로 반드시 자기 백성을 인도하여 약속의 땅으로 데려가겠노라고 말씀하십니다.

모세는 하나님의 말씀을 백성들에게 그대로 전했습니다. 하지만 백성은 여전히 모세를 신뢰하지 않습니다. 모세는 자신이 말주변이 없기 때문에 지도자가 되기에는 여러모로 부족한 사람이라며, 지금이라도 자신을 이스라엘의 지도자로 선택한 하나님의 결정을 재고해달라고 요청합니다.

그런데 6장 중간에 이야기의 흐름을 깨는 족보 이야기가 또 등장합니다. 모세와 아론을 중심으로 하는 레위 지파의 족보 이야기입니다. 현대의 우리에게는 불필요하게 느껴지는 내용이지만 제정일치 시대, 그러니까 종교와 정치가 하나였던 기록 당시의 이스라엘에는 중요한 의미가 있는 기록입니다. 역대 고위 공무원에 대한 기록과 같은 것이기 때문입니다.

7장으로 들어가면 본격적으로 모세와 파라오의 대결이 펼쳐집니다. 대결이 시작되기 전에 하나님은 파라오가 처음에는 말을 듣지 않을 것이라고 예고합니다. 여러 차례 큰 재앙을 당한 다음에야 마음을 돌이킬 텐데, 그 이유는 하나님께서 파라오의 마음을 완악하게 하셨기 때문이라고 말씀하십니다. 완악하다는 말은 성질이 억

세게 고집스럽고 사납다는 뜻입니다. 3~4절을 보겠습니다.

> 내가 바로의 마음을 완악하게 하고, 내 표징과 내 이적을 애굽 땅에서 많이 행할 것이나, 바로가 너희의 말을 듣지 아니할 터인즉, 내가 내 손을 애굽에 뻗쳐 여러 큰 심판을 내리고, 내 군대 내 백성 이스라엘 자손을 그 땅에서 인도하여 낼지라.

하나님께서 파라오의 마음을 완악하게 하셨다는 기록은 출애굽기에 여러 차례 나옵니다. 모두 찾아보겠습니다. 먼저 4장 21절입니다.

> 여호와께서 모세에게 이르시되, 네가 애굽으로 돌아가거든 내가 네 손에 준 이적을 바로 앞에서 다 행하라. 그러나 내가 그의 마음을 완악하게 한즉, 그가 백성을 보내주지 아니하리니

이어서 9장 12절을 보겠습니다.

> 그러나 여호와께서 바로의 마음을 완악하게 하셨으므로, 그들의 말을 듣지 아니하였으니, 여호와께서 모세에게 말씀하심과 같더라.

10장 20절 보겠습니다.

> 그러나 여호와께서 바로의 마음을 완악하게 하셨으므로, 이스라엘 자손을 보내지 아니하였더라.

10장 27절도 보겠습니다.

여호와께서 바로의 마음을 완악하게 하셨으므로, 그들 보내기를 기뻐하지 아니하고

11장 10절을 보겠습니다.

모세와 아론이 이 모든 기적을 바로 앞에서 행하였으나, 여호와께서 바로의 마음을 완악하게 하셨으므로, 그가 이스라엘 자손을 그 나라에서 보내지 아니하였더라.

14장 4절을 보겠습니다.

내가 바로의 마음을 완악하게 한즉, 바로가 그들의 뒤를 따르리니, 내가 그와 그의 온 군대로 말미암아 영광을 얻어 애굽 사람들이 나를 여호와인 줄 알게 하리라 하시매, 무리가 그대로 행하니라.

14장 8절입니다.

여호와께서 애굽 왕 바로의 마음을 완악하게 하셨으므로, 그가 이스라엘 자손의 뒤를 따르니, 이스라엘 자손이 담대히 나갔음이라.

이 기록들은 제가 처음 성서 통독을 할 때 제게 엄청난 혼란과 갈등을 안겨준 말씀들입니다. 본문에 따르면 파라오는 자유의지가

없습니다. 파라오가 스스로 완악한 마음을 가진 것이 아니라 하나님께서 파라오의 마음을 완악하게 만들었다고 본문은 말합니다. 하나님의 위력에 사로잡혀 자기 마음을 스스로 조절하거나 결정할 수 없는 상태가 된 것입니다. 그런데 결과에 대한 책임은 파라오가 져야 한답니다.

이 본문들을 처음 만났을 때 저는 막 기독교에 입문한 스물두 살의 어린 대학생이었습니다. 하나님은 전지전능하신 분이며 사랑의 하나님이라고 배웠습니다. 또한 성경은 일점일획도 오류가 없는 하나님의 말씀이라고 배웠습니다. 그런데 그 하나님이 하시는 일들은 제 이성과 논리로는 도저히 받아들일 수 없는 것이 너무나 많았습니다.

가까운 친구들에게 저의 고민을 말했던 것으로 기억합니다. 아쉽게도 만족할 만한 대답을 해준 친구는 없었습니다. 혼란스러웠지만 그렇다고 다시 기독교와 이별하기도 어려웠습니다. 저는 이미 기독교에 제 인생을 걸기로 맹세했거든요. 신앙적으로 말하면 저는 예수님을 저의 구세주로 영접했고 평생 하나님과 동행하겠노라고 하나님 앞에 서약한 상태였습니다. 제가 신학을 공부하고 싶다는 생각을 가진 것도 이때부터였던 것 같습니다. 이 문제를 해결하지 않고는 행복한 인생을 살기 어려울 것 같았기 때문입니다.

다시 본문으로 돌아와서, 모세와 파라오의 대결이 시작됩니다. 모세의 대변인이자 대리자로 동행한 아론이 파라오 앞에서 지팡이를 던졌더니 뱀이 되었습니다. 파라오가 술사들을 부르자 그들도 똑같이 지팡이를 던져 뱀을 만들었습니다. 그런데 아론의 지팡이가 이집트 술사들의 지팡이를 삼킵니다. 11~12절을 보겠습니다.

바로도 현인들과 마술사들을 부르매, 그 애굽 요술사들도 그들의 요술로 그와 같이 행하되, 각 사람이 지팡이를 던지매 뱀이 되었으나, 아론의 지팡이가 그들의 지팡이를 삼키니라.

여기서 우리는 그 시대 이스라엘 사람들이 가졌던 신관의 모습을 들여다볼 수 있습니다. 이스라엘의 하나님 야훼는 당시 이민족들의 수호신과 크게 다르지 않습니다. 주술적인 신앙에 치중하기는 이스라엘이나 이집트나 마찬가지입니다. 다만 이스라엘의 수호신이 이집트의 수호신보다 능력이 뛰어나다는 것이 본문이 강조하는 메시지입니다.

그런데 파라오의 마음은 여전히 완강합니다. 하나님께서 드디어 이집트에 첫 번째 재앙을 내리십니다. 하나님께서 모세에게 명하시기를 아론의 지팡이를 들어 이집트의 하수를 치라고 하십니다. 이집트의 하수, 나일강을 말하는 것이지요.

아론이 지팡이를 들어 하수를 치니 나일강뿐 아니라 이집트의 모든 운하와 호수와 연못에 이르기까지 모든 물이 피로 변했다고 본문은 말합니다. 이 기록은 오늘날에도 강이나 바다에서 자주 발생하는 적조 현상을 신의 재앙으로 해석한 당시 사람들의 생각이 설화에 반영된 것일 수 있습니다. 그런데 이집트의 술사들도 이 기적을 따라합니다. 하지만 그 결과는 하나님이 내린 재앙을 도울 뿐 막아내지는 못합니다. 이번에도 신들의 전쟁은 야훼의 승리로 끝납니다.

8장에는 두 번째 재앙이 묘사되어 있습니다. 6~7절을 보겠습니다.

아론이 애굽 물들 위에 그의 손을 내밀매, 개구리가 올라와서 애굽 땅에 덮이니, 요술사들도 자기 요술대로 그와 같이 행하여, 개구리가 애굽 땅에 올라오게 하였더라.

여전히 이집트 술사들은 모세와 아론이 내리는 기적을 똑같이 흉내만 낼 뿐 하나님께서 내리시는 재앙을 막아내지 못했다는 것을 본문은 강조합니다. 이집트에서는 개구리를 다산의 능력을 가진 신적인 존재로 여겼습니다. 개구리의 머리를 가진 헤케트라는 이름의 여신도 있었습니다. 그런데 하나님의 능력 앞에서 이집트의 번영과 풍요를 가져와야 할 개구리가 재앙을 가져와 이집트 왕궁은 물론이고 백성들이 사는 집 안에까지 사방천지가 개구리로 덮여버리고 말았습니다.

이번 기적은 파라오에게 적지 않은 충격을 주었습니다. 파라오는 일시적으로 마음을 돌립니다. 이스라엘 백성을 떠나게 해줄 테니 개구리를 물리쳐달라고 모세와 아론에게 요청합니다. 모세의 기도로 개구리들이 왕궁과 백성들의 집과 밭에서 기어 나와 죽자 온 땅에 악취가 가득했다고 본문은 말합니다. 이집트 사람들이 신으로 받드는 개구리를 재앙의 도구로 등장시켜서 이집트를 조롱하고 있는 것입니다.

하지만 개구리가 사라지자 파라오의 마음은 다시 바뀝니다. 세 번째 재앙이 시작되었습니다. 아론이 지팡이로 땅의 티끌을 치니 이가 되었다고 본문은 말합니다. 이번에도 이집트의 술사들이 따라

161

하려고 했지만 하지 못했다는 기록도 본문에 함께 있습니다. 이집트 술사들의 능력이라는 것이 기껏해야 흉내 내는 정도인데, 그 능력도 여기까지라는 것입니다. 하지만 파라오의 마음은 여전히 완악합니다.

네 번째 재앙은 파리 떼 재앙입니다. 이집트 온 땅은 파리 떼로 가득 찼지만, 이스라엘 백성들이 사는 고센 땅은 재앙을 면했습니다. 파라오는 모세와 아론에게 광야로 가지 말고 이집트 안에서 희생 제사를 드리면 어떻겠느냐고 제안합니다. 모세가 거절하자 할 수 없이 광야에서 제사드리는 것을 허락하고 자기를 위해 기도해달라고 요청합니다. 하지만 모세의 기도로 파리 떼가 사라지자 파라오는 다시 마음을 바꿉니다.

9장으로 들어가면 세 가지 재앙이 연이어 묘사됩니다. 다섯 번째 재앙은 이집트의 가축이 몰살당하는 재앙입니다. 하지만 이스라엘 사람들의 가축은 하나도 죽지 않습니다. 파라오의 마음은 여전히 완강합니다.

여섯 번째 재앙은 사람과 짐승에게 악한 종기가 나는 재앙입니다. 그래도 파라오의 마음은 여전히 완악합니다.

일곱 번째 재앙은 천둥과 번개 재앙입니다. 이집트 온 땅을 강타한 천둥과 번개로 큰 피해를 입자 파라오는 일시적으로 마음을 돌립니다. 하지만 모세가 손을 들어 재앙을 그치게 하자 다시 마음이 완악해졌다고 본문은 말합니다.

10장에는 여덟 번째와 아홉 번째 재앙이 그려집니다. 여덟 번째 재앙은 메뚜기 재앙입니다. 모세는 아론과 함께 파라오에게 가서 하나님의 말씀을 전합니다. 천둥과 번개가 내릴 때 재앙을 면했던 얼마 남지 않은 채소와 과일들이 모두 메뚜기 떼에게 먹혀 사라지게 될 것이라는 경고입니다.

파라오의 신하들이 이러다 나라가 망하게 생겼다고 간언하자 파라오는 모세와 아론을 불러 협상을 시도합니다. 늙은이와 여자, 아이들, 가축까지 다 그대로 놓아두고 장정들만 가서 제사를 드리고 오라는 것입니다. 모세가 받아들일 수 없는 제안입니다. 협상은 결렬되었습니다.

모세가 경고했던 재앙이 내려 이집트의 모든 채소와 과일이 메뚜기 떼의 공격을 받고 쑥대밭이 되었습니다. 이대로 가면 이집트 온 땅의 백성들이 굶어 죽게 될 것입니다. 더 이상 고집을 부렸다가는 민란을 면치 못하겠지요. 파라오는 더 이상 버티지 못하고 항복을 선언합니다. 파라오가 모세를 불러 한 말을 보겠습니다. 16~17절입니다.

바로가 모세와 아론을 급히 불러 이르되, 내가 너희의 하나님 여호와와 너희에게 죄를 지었으니, 바라건대, 이번만 나의 죄를 용서하고 너희의 하나님 여호와께 구하여 이 죽음만은 내게서 떠나게 하라.

그 다음에 어떻게 되었을까요? 18~19절을 보겠습니다.

그가 바로에게서 나가서 여호와께 구하매, 여호와께서 돌이켜 강렬한 서풍을 불게 하사 메뚜기를 홍해에 몰아넣으시니, 애굽 온 땅에 메뚜기가

> 하나도 남지 아니하니라.

　상식적으로 생각했을 때 이제는 문제가 다 해결되었어야 합니다. 파라오는 철저히 반성했고, 하나님도 재앙을 정지시켜 주셨습니다. 하지만 아홉 번째 재앙의 결말은 이렇게 됩니다. 20절 말씀입니다.

> 그러나 여호와께서 바로의 마음을 완악하게 하셨으므로, 이스라엘 자손을 보내지 아니하였더라.

　아마 젊은 시절의 제가 그랬던 것처럼 이런 말씀 때문에 깊은 고민에 빠졌던 분이 적지 않을 것 같습니다. 하지만 이 말씀들도 실제로 하나님이 그렇게 하셨다고 읽으시면 곤란합니다. 당시에 본문의 기록자들이 믿은 하나님, 그들의 인식 속에 존재했던 하나님은 그런 분이었다고 읽으셔야 합니다. 그 하나님은 참 하나님이 아니라 당시 사람들의 인식의 한계 안에서 만들어진 하나님이기 때문입니다.

　모세오경이 최종적으로 완성된 때가 서기전 5세기경이라고 말씀드렸지요. 서기전 587년에 바벨론의 침공으로 예루살렘이 함락되면서 남왕국 유다가 멸망합니다. 북왕국 이스라엘은 서기전 722년에 아시리아의 침공으로 이미 멸망당했고요. 그때 남왕국 유다의 지도층 인사들이 포로로 잡혀가서 약 70년 동안 포로 생활을 하는데요, 그때 거기서 인류 최초의 유일신교라고 할 수 있는 페르시아의 종교 조로아스터교의 영향을 받아 민족 수호신에 머물던 이스라엘의 신관이 유일신으로 발전합니다. 그러니까 유일신 신앙은 이스라엘 민족이 처음으로 가졌던 것이 아닙니다. 페르시아인들이 먼저 가졌습니다. 조로아스터교지요.

좀 더 자세히 말씀드리면 바벨론에 의해 포로로 잡혀갔던 이스라엘 지도자들이 메소포타미아 지방으로 끌려가서 페르시아인들이 시작한 유일신 신앙을 보고 큰 충격을 받았습니다. 그때까지 이스라엘이 믿던 신앙은 부족신 신앙을 벗어나지 못했습니다. 그래서 하나님은 이스라엘만 싸고돕니다. 이스라엘 민족만 사랑하시고 이방 족속은 미워하시는 하나님, 그 하나님은 마치 자기만 사랑하고 다른 아이는 혼내는, 어린아이가 생각하는 이기적인 아빠의 모습과 다르지 않았습니다.

그런데 그런 부족신 신앙에 머물러 있던 이스라엘 민족의 종착지가 바벨론 포로 생활이었습니다. 거기서 우물 안 개구리로 살았던 이스라엘 민족의 지도자들이 바벨론과 페르시아라는 당대의 선진 문화를 만났습니다. 당시 페르시아인들도 대부분 다신교 신앙을 가졌지만, 전 세계 전 우주를 아우르는 창조주 하나님, 유일하신 하나님을 믿는 소수의 사람들이 있었습니다.

그 하나님은 전 세계를 창조하신 분이므로 모든 족속, 모든 인류가 다 그분의 백성입니다. 그러므로 인류는 종족의 한계를 넘고 생각의 차이를 넘어 하나가 되어야 합니다. 모든 사람, 모든 족속이 신의 자녀요 한 가족이므로 서로 싸우지 말고 잘 지내야 합니다. 이것이 유일신 신앙의 근본 전제이며 궁극의 메시지입니다.

절망 가운데 빠져 있던 이스라엘 지도자들이, 바벨론 강가에서 고향을 바라보며 눈물 흘리던 그들이 새로운 희망을 발견합니다. 자신들의 시야가 너무나 좁았다는 것을 깨달았습니다. 지금까지 믿어왔던 이스라엘만의 하나님은 자기 민족이 만든 하나님이었습니다. 하지만 실제 하나님은 자기들이 믿어왔던 하나님보다 훨씬 더 크고 위대한 분이었다는 자각이 들었습니다.

고향으로 돌아온 이스라엘 지도자들은 그 유일하신 하나님을 설파하며 부족신 신앙을 넘어 유일신 신앙을 정립하기로 했습니다. 하지만 막상 고향으로 돌아오자 팔이 안으로 굽는 인간의 한계, 종족의 한계에 다시 갇혀버리고 말았습니다.

천지를 창조하신 유일하신 하나님이라고 고백은 했습니다. 하지만 그 하나님은 이방인보다 이스라엘을 여전히 더, 특별히 더 사랑하시는 분이라고 생각하고 주장하며 백성들에게 가르쳤습니다. 머리는 유일신 신앙으로 갔는데, 가슴은 여전히 부족신 신앙에 머물러 있었던 것입니다. 원시 유일신 신앙의 한계가 되겠습니다.

여호와께서 바로의 마음을 완악하게 하셨다고 여러 번 반복하는 본문의 말씀들은 이런 원시 유일신관의 어설프고 이기적인 표현입니다. 유일신관의 전제는 우주 만물의 근원은 한 분, 하나님이라는 것입니다. 그러니까 모든 인류는 한 가족 한 자매형제다, 싸우지 말고 하나가 되어 정의로운 세상을 만들고 더불어 평화롭게 살자, 라는 결론으로 가야 하는데 아직 그들의 인식이 어리고 이기적입니다.

유일신이니까 전지전능하시고 세상 모든 것을 주관하신다는 생각은 있습니다. 그래서 이집트의 왕 파라오의 생각과 마음까지도 지배하실 수 있다고 생각합니다. 그런데 아직 이집트 왕과 백성들에 대한 편견에서 벗어나지는 못했습니다. 자기 민족을 괴롭히는 파라오는 절대 악일 뿐이고 그 백성들 또한 재앙을 받는 것이 당연하다고 생각합니다.

마치 21세기를 사는 현대인들이지만 일본이 과거에 우리나라에 저지른 죄악은 절대로 용서할 수 없다고 하면서, 박정희 정권 때 베트남에 파병된 한국군이 미국의 용병으로 베트남에서 저지른 학살은 생각하기 싫어하는 것과 마찬가지지요. '여호와께서 바로의 마음을 완악하게 하셨다'라는 표현이 여러 번 반복되는 이유입니다.

아홉 번째 재앙은 흑암의 재앙입니다. 3일 동안 이집트 전역이 짙은 어둠에 싸였습니다. 하지만 이스라엘 자손이 사는 지역에는 광명이 있었다고 본문은 말합니다. 드디어 모세와 파라오의 대결이 막바지에 이르렀습니다. 27~29절을 읽어보겠습니다.

> 여호와께서 바로의 마음을 완악하게 하셨으므로, 그들 보내기를 기뻐하지 아니하고, 바로가 모세에게 이르되, 너는 나를 떠나가고 스스로 삼가 다시 내 얼굴을 보지 말라, 네가 내 얼굴을 보는 날에는 죽으리라. 모세가 이르되 당신이 말씀하신 대로 내가 다시는 당신의 얼굴을 보지 아니하리이다.

열린 보수주의 신학자들은 하나님께서 이집트에 내린 재앙이 대부분 자연재해일 것이라고 말합니다. 제가 '열린 보수주의 신학자'라고 말하는 이유는, 보수주의 신학자들 중에도 성경을 문자 그대로 읽지 않고 합리적으로 해석하려고 노력하는 학자들이 있기 때문입니다. 그들은 본문의 재앙이 주술적으로 그리고 실제로 일어난 일이 아니라 이집트에서 발생한 자연적인 재해인데, 그것을 하나님께서 당신의 뜻을 이루는 데 사용하셨다는 식으로 해석합니다. 꽉 막힌 보수주의자들보다는 낫지만 출애굽 사건을 역사적 사실로 본다는 점에서는 어쩔 수 없이 보수주의의 틀 안에 있습니다.

다시 말씀드리지만 출애굽은 설화라고 저는 생각합니다. 이 책을 쓸 때 처음에는 '출애굽은 설화입니다'라고 단정적인 표현으로 썼었습니다. 그러다가 '설화라고 생각합니다'로 고쳤습니다. 내 생각만 옳다고 고집해서는 안 되기 때문입니다. 내 생각이 틀릴 수도 있다는 가능성, 그걸 차단하는 순간 대화의 가능성도 함께 차단됩니다. 그리고 그 사람의 생각과 삶도 정체됩니다. 고인 물이 썩듯이 생각도 정체되면 결국 썩게 됩니다. 오늘날 한국 교회와 목사들에게 하고 싶은 말입니다. 물론 저에게도 해당합니다.

출애굽기 11장에서 모세는 파라오에게 마지막 재앙을 선포합니다. 이전의 재앙들과는 비교할 수 없는 가혹하고 무서운 재앙입니다. 이집트의 장자들은 다 죽고 짐승들도 맨 먼저 태어난 새끼들은 모두 죽을 것이라는 선포입니다. 10장에서 파라오는 모세에게 또 다시 내 앞에 나타나면 죽이겠다고 경고했습니다. 그런데 11장에서 모세가 다시 파라오와 대결하는 장면이 그려집니다.

이런 연결이 불편한 학자들은 11장의 앞부분은 10장 다음에 일어난 별도의 사건이 아니라 같은 날 같은 장소에서 이루어진 연속된 장면이라고 주장합니다. 하지만 억지로 그렇게 변명할 필요가 없습니다. 그냥 자연스럽게 받아들이면 됩니다. 여러 번 말씀드렸듯이 이런 설화들은 여러 개의 단편 설화들이 따로 존재했다가 합쳐진 경우가 대부분이기 때문입니다. 그리고 최종 편집자는 메시지에 집중해서 자료들을 연결했기에 자료 간의 차이나 모순은 별로 신경을 쓰지 않았습니다.

아브라함과 이삭이 아내를 누이라고 거짓말한 부분이 창세기에 세 번이나 나오는 것도 내용이 조금씩 다른 세 가지 전승 가운데 어느 하나만 고르기보다 세 편을 모두 싣는 쪽을 최종 편집자가 선택했기 때문입니다. 요셉의 형들이 요셉을 파는 장면에서도 요셉을 판 상인들이 앞에서는 미디안족으로, 뒤에서는 이스마엘족으로 나오는 것도 같은 내용의 두 가지 자료를 결합하면서 편집자가 두 자료를 모두 존중하는 선택을 했기 때문입니다. 다시 말씀드리지만 성서 무오설이라는 말도 안 되는 교리가 그때는 없었기에 편집자가 자유롭게 믿음의 선조들이 이어온 전승을 모두 존중하는 선택을 할 수 있었던 것입니다.

그런데 11장에서 우리의 주목을 끄는 부분이 또 하나 있습니다. 1~2절을 표준새번역으로 보겠습니다.

> 주께서 모세에게 말씀하셨다. "내가 이제 바로에게와 이집트 땅 위에 한 가지 재앙을 더 내리겠다. 그렇게 한 다음에야, 그가 너희를 여기에서 내보낼 것이다. 그가 너희를 내보낼 때에는, 여기에서 너희를 마구 쫓아낼 것이니, 이제, 너는 백성에게 일러서, 남자는 이웃에 사는 남자에게, 여자는 이웃에 사는 여자에게 은붙이와 금붙이를 요구하게 하여라."

이웃들에게 은금 패물을 요구하게 하라는 말은 표현은 부드럽지만 이집트인들이 가진 귀금속을 약탈하라는 뜻입니다. 옛날에는 동서양을 막론하고 전쟁에서 승리한 쪽이 상대방의 재산을 전리품으로 뺏는 것을 당연하게 여겼습니다. 수호신들끼리 싸운 대리전의 성격이지만 이스라엘 역시 이집트와의 전쟁에서 승리한 셈이니 전리품을 취하는 것이 당연하다고 생각했을 것입니다.

하지만 이집트 백성이라고 해서 모두 악하게 살지는 않았을 것입니다. 이집트 백성이 모두 히브리인을 괴롭히지도 않았을 것입니다. 그들 중에는 히브리인을 가엾이 여기고 도와준 사람들도 있었을 것입니다. 일제 강점기에도 조선인을 위해 싸운 의로운 일본인이 있었듯이 말입니다. 그런데 단지 이집트인으로 태어났다는 이유로, 선량한 사람들까지 재산을 강탈당할 운명에 놓였습니다.

더구나 그 일을 히브리인이 먼저 요청한 것도 아니고, 모세나 아론이 하나님께 요청한 것도 아닙니다. 하나님께서 그렇게 하라고 일방적으로 모세에게 명령하고 있습니다. 물론 우리가 사랑의 하나님이라고 고백하는 분이 정말로 그렇게 명령한 것은 아닙니다. 본문에 나타난 하나님은 2,000~3,000년 전 고대인들이 인식한 하나님이라는 점을 다시 한 번 상기해주시기 바랍니다.

12장에는 열 번째 재앙이 내려져 이집트의 모든 장자와 가축의 처음 난 새끼들까지 모두 살해당하는 장면이 묘사되어 있습니다. 그 엄청난 재앙이 일어나기 전에 하나님은 이스라엘 백성들이 그날을 영원히 기억하고 지켜야 한다며 세세한 규칙을 마련해주십니다. 재앙이 일어난 그 달을 정월로 정하고, 14일 저녁을 유월절로 지키라는 것입니다.

유월절이라는 말은 영어로는 pass over, 지나갔다는 뜻입니다. 재앙이 지나갔다, 이집트의 장자를 죽이는 재앙이 이스라엘 백성들에게는 미치지 않고 그냥 지나갔다는 뜻입니다. 개신교에서 사용하는 개역개정판과 개역한글판, 표준새번역은 모두 유월절이라는 표현을 쓰는데, 가톨릭에서 사용하는 공동번역은 과월절이라는 표현을 쓰고 있습니다. 내용이 좀 길지만 유월절 규칙에 대해 쓴 1~14절을 공동번역으로 보겠습니다.

야훼께서 이집트 땅에서 모세와 아론에게 이르셨다. "너희는 이 달을 한 해의 첫 달로 삼고, 달수를 이 달에서 시작하여 계산하여라. 너희는 이스라엘의 모든 회중에게 알려라. 이 달 십일에 사람마다 한 가문에 한 마리씩, 한 집에 한 마리씩 새끼 양을 마련해 놓아라. 만일 식구가 적어 새끼 양 한 마리가 너무 많거든 한 사람이 먹을 분량을 생각하여 옆집에서 그만큼 사람을 불러다가 먹도록 하여라. 흠이 없는 일 년 된 수컷이면 양이든 염소든 상관없다. 너희는 그것을 이 달 십사일까지 두었다가 이스라엘 온 회중이 모여서 해 질 무렵에 잡도록 하여라. 그리고 그 피를 받아, 그것을 먹을 집의 좌우 문설주와 문 상인방에 바르라고 하여라. 그 날 밤에 고기를 불에 구워 누룩 없는 빵과 쓴 나물을 곁들여 먹도록 하는데, 날로 먹거나 삶아 먹어서는 안 된다. 머리와 다리와 내장도 반드시 불에 구워 먹어야 한다. 그것을 아침까지 남겨두어서도 안 된다. 아침까지 남은 것은 불에 살라버려야 한다. 그것을 먹을 때는 허리에 띠를 띠고 발에는 신을 신고 손에는 지팡이를 잡고 서둘러 먹어야 한다. 이것이 나 야훼에게 드리는 과월절이다.

그 날 밤 나는 이집트 땅을 지나가면서 전국에 있는 맏이들을 사람이건 짐승이건 모조리 치리라. 또 이집트의 신들도 모조리 심판하리라. 나는 야훼다. 집에 피가 묻어 있으면, 그것이 너희가 있는 집이라는 표가 되리

라. 나는 이집트 땅을 칠 때에 그 피를 보고 너희를 쳐죽이지 않고 넘어가

겠다. 너희가 재앙을 피하여 살리라. 이 날이야말로 너희가 기념해야 할

날이니, 너희는 이 날을 야훼께 올리는 축제일로 삼아 대대로 길이 지키

도록 하여라…

정월 14일 저녁은 유월절로 지키고, 이어서 21일까지 7일 동안
은 누룩, 그러니까 이스트가 들어가지 않은 빵을 먹으며 출애굽을
기념하는 축제의 기간으로 지키라는 겁니다. 앞으로도 매년 영원히
그렇게 유월절과 무교절을 지키라는 것입니다.

파라오가 대재앙을 겪고 나서 어쩔 수 없이 출애굽을 허락하겠
지만, 언제 마음이 변할지 모르니 그때가 언제라도 즉시 떠날 수 있
도록 준비된 상태로 유월절과 무교절을 지키라는 것입니다. 그리고
훗날에도 영원히 그런 출애굽 당시의 복장, 그러니까 허리에는 띠
를 띠고 발에는 신을 신고 손에는 지팡이를 잡은 채로 음식을 먹음
으로써, 그때의 긴박했던 상황을 몸으로 체험하여 하나님의 은총에
감사하라는 것입니다.

드디어 재앙이 내려집니다. 모세가 파라오에게 예고한 그대로
재앙이 실현됩니다. 재앙을 실행하는 하나님의 사자는 자비라고는
조금도 없이 하나님의 명령을 실행에 옮깁니다. 이집트 땅 곳곳에
서 곡소리가 들립니다. 이제는 파라오도 완전히 두 손을 듭니다. 히
브리인들은 마침내 가축과 재산은 물론이고, 이집트인들에게서 노
략한 물건까지 챙겨서 이집트를 떠납니다.

출애굽을 한 인원이 모두 60만 명이었다고 본문은 말합니다. 그
것도 어린아이와 여자들은 제외하고 장정들의 수가 그렇다는 겁니

다. 성경에 나오는 사람의 수는 원래 성인 남자만 셉니다. 오병이어 설화에서 물고기 두 마리와 보리빵 다섯 개로 5,000명이 먹었다는 기록이 나오는데, 거기도 여자와 어린아이를 제외한 수라고 되어 있습니다.

장정이 60만 명이라면 여자와 아이들을 포함한 수는 200만 명이 넘는다고 보아야 할 텐데, 그 많은 인원이 시나이 광야, 그러니까 시나이반도에서 40년 동안 생활했다는 건 이치에 맞지 않는 이야기입니다. 출애굽 설화를 역사로 읽는 사람에게는 풀기 어려운 숙제가 되겠습니다. 하지만 설화를 설화로 읽는 사람에게는 문제될 게 없습니다.

조금 전 11장에서, 이집트인들의 재산을 전리품으로 강탈하는 내용을 어떻게 보아야 할지 생각해보았습니다. 그런데 이제는 전리품 정도가 아니라, 맏아들을 모두 죽여버리는 잔인한 하나님에 대해 짚고 넘어가지 않을 수 없습니다.

'그거 설화라고 했지 않는가, 그냥 설화로 읽고 끝내면 될 일 아닌가'라고 생각할 수 있습니다. 문제는 설화를 역사로 읽는 사람들이 아직도 한국 교회에 많다는 사실입니다. 특히 이런 기록을 이용해서 교인들을 통제하고 교회를 유지하는 수단으로 삼는 목사가 너무 많습니다.

2004년에 동남아시아에 쓰나미가 발생해서 수십만 명이 떼죽음을 당한 사건이 있었습니다. 2005년에는 미국 뉴올리언스에서 카트리나라는 이름의 강력한 허리케인이 발생하여 2만 명 넘는 사람들이 죽거나 실종됐습니다. 그때 한국의 한 대형 교회 목사가 동남아 쓰나미를 불신자에 대한 하나님의 심판이라고 설교했습니다.

허리케인에 대해서는 그 지방에 동성애자가 많아서 하나님께서 심판을 내리신 것이라고 설교했습니다.

그렇다고 칩시다. 불신자를 심판하시는 하나님, 동성애자를 심판하시는 하나님, 저는 결코 동의할 수 없지만 거기까지는 이해해주겠습니다. 그가 믿는다는 하나님, 그러니까 배타 교리가 만든 하나님은 그런 분이니까요. 그런데 쓰나미로 희생된 사람들 가운데 기독교인은 없었을까요? 미국 뉴올리언스에 사는 사람들은 모두 동성애자였을까요? 게다가 아무것도 모르는 갓난아이는 없었을까요? 무슨 하나님이 불신자를 심판하기 위해, 동성애자를 심판하기 위해 갓난아이까지 싹 다 죽인다는 말입니까.

제가 지금 영화 얘기하는 게 아닙니다. 소설 얘기하는 게 아닙니다. 21세기에 대한민국에서 벌어진 일을 얘기한 겁니다. 그 목사가 그렇게 용감하게 하나님의 심판을 말할 수 있었던 근거가 무엇이겠습니까. 출애굽 설화와 같은 성서의 언어를 사실의 언어로 읽었기에 그런 말을 할 수 있었던 것이라고 저는 생각합니다.

그리고 이 글을 읽는 분이 그리스도인이라면, 책임의식을 가져야 한다고 생각합니다. 목사가 아니라고 해서, 평신도라고 해서 책임이 없다고 생각하지 않습니다. 차라리 기독교를 떠난다면 모를까, 교회에 남아 있다면 교회를 정화할 책임이 있다고 저는 생각합니다.

여러분의 교회에서 진실을 말해주십시오. 공개적으로 문제를 일으킬 필요는 없습니다. 다만 대화가 통할만 한 가까운 지인들에게는 조금씩 합리적인 대화를 시도해주십시오. 진실을 알리는 데 도움이 될 만한 책이나 영상을 소개해주셔도 좋습니다.

오강남 교수님이 지으신 『예수는 없다』라는 책을 먼저 소개하고 싶습니다. 박태식 성공회대 교수님이 지으신 『일세기 교회』나 『나자렛 예수』도 좋습니다. 존 도미닉 크로산이 지은 『예수는 누구인가』, 마커스 보그의 『새로 만난 하느님』, 로버트 펑크가 지은 『예수에게 솔직히』도 좋겠습니다. 조찬선 목사님이 지으신 『기독교 죄악사』도 조심스럽게 추천합니다.

매우 보수적인 일부를 제외한 신학자 대부분은 출애굽기에 묘사된 재앙들이 실제로 이집트에서 일어난 자연재해를 소재로 해서 만들어진 설화들이었다는 데 의견을 같이합니다. 이집트의 장자를 모두 죽게 했다는 설화도 많은 아이를 죽음으로 몰고 간 어떤 질병을 소재로 해서 만들어진 설화가 출애굽 설화와 결합했을 것으로 보고 있습니다.

13장으로 들어가면 무교절을 잘 지키라는 말씀이 다시 한 번 반복되고, 처음 태어난 맏아들과 가축은 모두 하나님의 것이니 하나님께 바치라는 말씀이 이어집니다.

하나님께 바친다고 해서 하나님께서 직접 그것들을 소유할 수는 없습니다. 제사장들이 관리해야 합니다. 우리가 국가에 세금을 낸다고 해서 국가라는 어떤 추상체가 돈을 소유할 수는 없는 것과 마찬가지입니다. 국가의 공무원이 나라를 유지하고 관리하는 데 씁니다.

마찬가지로 하나님께 바친다는 것은 오늘날의 공무원 역할을 했던 제정일치 시대의 제사장들이 공동체를 유지하고 관리하는 데 쓰는 것을 의미합니다. 나쁘게 볼 필요도 없고 미화할 필요도 없습니다. 사실을 정확히 이해하면 됩니다.

13장 종반부로 가면, 마침내 이스라엘 백성이 출애굽을 합니다. 가나안 땅으로 빨리 가려면 지중해 해안선을 따라 가면 됩니다. 하지만 그 길은 사람이 많고 방어 시설도 많습니다. 그래서 하나님은 광야의 길로 돌아가는 먼 여정을 선택하십니다. 40년에 이르는 긴 광야 생활이 시작된 것입니다. 하나님은 히브리 백성을 낮에는 구름기둥으로, 밤에는 불기둥으로 인도하셨다고 본문은 말합니다. 화산 활동을 경험한 사람들이 그렇게 연결 지어 생각했을 것입니다.

14장에서는 백성들이 바다 한가운데로 지나가는 장면이 묘사됩니다. 장자들의 죽음이라는 대재앙을 맞은 파라오는 항복을 선언하고 히브리인을 보냈지만, 막상 출애굽이 일어나자 다시 마음을 바꿉니다. 그래서 말이 끄는 전차 600여 대를 동원해서 히브리 백성을 추격합니다. 이 사실을 전해들은 백성은 또 모세를 원망합니다. 이집트에 묘지가 없어서 여기까지 데려와 죽게 하려는 것이냐면서 이집트에서 종살이하는 것이 광야에서 죽는 것보다는 낫겠다고 원망을 쏟아냅니다.

백성들은 쫓아온 이집트 군대와 바다 사이에 갇혔지만 하나님이 그들 사이를 구름기둥으로 막아서십니다. 그리고 모세에게 손을 내밀어 바다를 가르라고 명하십니다. 모세가 손을 내밀자 바다가 갈라졌다고 본문은 말합니다. 21~22절을 보겠습니다.

모세가 바다 위로 손을 내밀매 여호와께서 큰 동풍이 밤새도록 바닷물을 물러가게 하시니, 물이 갈라져 바다가 마른 땅이 된지라. 이스라엘 자손

오래전에 제가 일하던 교회에서 〈십계〉라는 영화를 교우님들과 함께 단체로 본 적이 있었는데요, 이 장면이 나왔을 때 교우님들이 함성을 지르며 박수를 쳤던 기억이 납니다. 1950년대에 만들어진 영화였지만 당시의 첨단 기법을 총동원해서 만든 장면이 압권이긴 했습니다. 물론 그 영화적 걸작에 대한 반응은 아니었던 것 같고요. 큰 감동과 은혜를 받고 자연스런 반응으로 이어진 행동이었을 것입니다.

여기서 바다를 가르는 본문의 내용은 두 전승의 결합으로 이루어져 있습니다. 한 전승은 바람이 세차게 불어 밤새 바다가 마른 땅이 되었다고 기록하고 있습니다. 또 하나의 전승은 바다가 좌우로 쩍 갈라져 순식간에 좌우로 벽이 되었다는 전승입니다. 이 두 전승이 합쳐져서 겉으로 보기에 큰 문제없이 자연스레 한 문장처럼 만들어졌지만, 자세히 보면 어색한 부분이 있습니다. 21절과 22절을 분리해서 보겠습니다. 먼저 21절입니다.

> 모세가 바다 위로 손을 내밀매 여호와께서 큰 동풍이 밤새도록 바닷물을 물러가게 하시니, 물이 갈라져 바다가 마른 땅이 된지라.

다음에 22절입니다.

> 이스라엘 자손이 바다 가운데를 육지로 걸어가고 물은 그들의 좌우에 벽이 되니

어떻습니까? 두 절을 분리해서 보니까 좀 다르게 느껴지지 않습니까? 큰 동풍이 밤새도록 바닷물을 물러가게 했다는 설화가 먼저 만들어진 것이고, 물이 쩍 갈라져 좌우에 벽이 되었다는 전설이 나중에 만들어진 설화입니다. 처음 만들어질 때는 평이하게 전개되던 이야기가 사람들의 입을 타고 전해지면서 더 극적이고 재미있어지는 것과 같은 이치지요.

복음서에 나타나는 예수 탄생 설화도 제일 먼저 만들어진 마가복음에는 예수님의 탄생에 대한 기록이 아예 없고, 그 다음에 만들어진 마태복음과 누가복음에는 다윗왕과 아브라함, 아담보다도 먼저 계신 이로 소개하고, 가장 늦게 만들어진 요한복음에는 태초부터 계셨던 말씀으로 기록합니다. 처음 설화에서 멀어질수록 점점 더 극적으로 바뀌어가는 겁니다. 그 얘기는 그때 가서 자세히 하겠습니다.

어쨌든 다음 장면은 누구나 쉽게 예상할 수 있는 수순으로 진행됩니다. 이스라엘 백성들은 무사히 바다 가운데를 통과하고, 이집트 군대가 바다로 들어서자 좌우로 벽을 이루었던 물이 합쳐져서 병사들이 모두 수장되고 맙니다.

15장에는 승리의 찬가가 기록되어 있습니다. 이집트 군대를 몰살시키고 이스라엘을 구원하신 하나님을 찬양하는 시입니다. 주목을 끄는 부분은 블레셋이 언급되어 있다는 점입니다. 14절을 보겠습니다.

여러 나라가 듣고 떨며, 블레셋 주민이 두려움에 잡히며

179

출애굽 시기에 블레셋은 아직 가나안 땅에 정착하기 전입니다. 블레셋 민족은 서기전 13세기경에 지중해 서쪽 지역에서 가나안으로 이주해온 민족으로 보는 게 학계의 정설입니다. 그러니까 히브리 민족과 비슷한 시기에 들어왔지만 먼저 정착한 민족은 아닙니다. 그런데 본문에는 이미 정착해서 자리 잡은 민족처럼 표현하고 있습니다. 출애굽 전승을 기록한 것은 시대적 배경인 서기전 13세기가 아니라 한참 후대라는 것을 알 수 있는 부분입니다.

15장 종반부에는 이스라엘 백성들이 마라라는 곳에 이르렀을 때 그곳 물이 써서 마시지 못하게 되었는데, 하나님께서 지명하신 나무를 물에 던졌더니 쓴 물이 단 물이 되었다는 기록이 나타나 있습니다. 어떤 역경 속에서도 함께하시는 하나님, 치료하시는 하나님이라는 점을 찬양하기 위해 만들어진 설화일 것입니다.

16장에는 메추라기와 만나로 백성들을 먹이시는 하나님의 자비하심이 기록되어 있습니다. 먹을 것이 없어 원망하는 백성들에게 하나님께서 직접 기적을 베풀어 풍족히 먹을 것을 마련해주십니다.

저녁에는 난데없이 메추라기 떼가 날아들어 천막 주위에 떨어졌습니다. 철새들이 이동하다 지쳐 떨어지는 일은 자연에서 자주 일어나는 현상입니다. 하지만 본문의 기자는 하나님의 은총으로 해석합니다.

아침에는 하얀 쌀가루 같은 것들이 눈처럼 내려 마당에 깔리게 해주셨습니다. 만나라는 것인데요, '이것이 무엇이냐'라는 뜻입니다. 이게 뭐냐고 물은 데서부터 생겨난 이름입니다.

만나는 엿새 동안 내렸습니다. 하루 종일 먹을 수 있었지만, 다음 날까지 저장할 수는 없었습니다. 다음 날이 되면 구더기가 끓고 썩는 냄새가 났습니다. 하지만 일곱째 날은 예외였습니다. 일곱째 날은 만나가 내리지 않았고 전날 저장해둔 만나가 썩지도 않았다고 본문은 말합니다. 안식일의 중요성을 강조하는 의미를 담은 설화입니다.

17장 앞부분에는 광야에 마실 물이 부족하여 백성들이 또 다시 모세에게 대들고 원망하는 장면이 그려집니다. 객관적으로 보면 지도자를 믿고 의지하여, 살던 집을 버리고 따라나선 백성들의 처지도 충분히 이해할만 합니다. 하지만 본문의 기자는 백성들의 처지를 이해하려는 노력은 보이지 않고 그들의 불신만 탓합니다.

본문의 내용을 소재로 설교하는 목사들 중에도 진퇴양난에 빠진 백성들의 가엾은 처지를 이해하고 변호하는 설교자는 찾아보기 어렵습니다. 거의 그들의 불신만 탓하고 있습니다. 설화가 아니라 실제 역사적 사건이라면 저는 일차 책임을 하나님께, 이차 책임은 지도자인 모세에게 돌리고 싶은데, 벗님들 생각은 어떠신지요?

하지만 여기서도 이 이야기가 실제 사건이 아니라 설화라는 증거는 본문 자체가 스스로 보여주고 있습니다. 하나님은 모세에게 이집트 강물을 피로 물들게 했던 그 지팡이를 들어 바윗덩어리를 치라고 명하십니다. 모세가 그대로 했더니 바위에서 물이 솟구쳤다고 본문은 말합니다. 그러면서 모세가 그곳 이름을 맛사라 또는 므리바라 불렀다고 말합니다. 본문에 두 가지 이름이 등장하는 이유가 무엇일까요? 그 이유는 앞에서 여러 번 설명한 경우와 같습니다. 이름을 다르게 표현한 두 가지 전승이 합쳐졌기 때문입니다.

17장 뒷부분에는 이스라엘이 아말렉족과 싸우는 장면이 그려집니다. 왜 싸웠는지에 대한 설명은 없습니다. 그냥 싸웠다는 얘기와 이 싸움을 지휘한 사람이 나중에 모세의 뒤를 이을 차세대 지도자인 여호수아라는 점을 밝힙니다. 그리고 모세가 팔을 들면 이기고 지쳐서 팔을 내리면 져서, 아론과 훌이 양쪽에서 모세가 팔을 들어 올리도록 지탱해주어 아말렉족을 이겼다는 이야기입니다.

글을 쓸 때, 특히 어떤 사건을 기록할 때는 육하원칙에 따라 써야 한다는 것이 기초 상식입니다. 누가, 언제, 어디서, 무엇을, 어떻게, 왜, 이 여섯 가지 원칙에 따라 써야 한다는 것이지요. 그중에서도 가장 중요한 것은 '왜'입니다. 그런데 이 글에는 '왜'가 빠져 있습니다. 이렇게 되면 전쟁의 책임이 누구에게 있는지 알 수 없게 됩니다.

이것이 성경이 가진 문학적 수준입니다. 오늘날 작가들의 세련된 글과 비교하면 한없이 유치하고 열등하다고 말할 수밖에 없습니다. 그렇다고 성서의 글들을 문학적 수준으로만 평가할 수는 없습니다. 창세기를 강해할 때 피타고라스 얘기를 한 적이 있는데요, 피타고라스는 가장 위대한 수학자로 존경받지만 수학에 대한 절대 지식은 오늘날의 고등학생보다 못하다고 말씀드렸습니다.

성서의 위대함은 2,000~3,000년 전 당시 사람들의 삶과 애환과 고민과 욕망을 당시의 언어와 눈으로 솔직하고 생생하게 드러냈다는 점에 있습니다. 구약성서는 그들이 신을 어떻게 인식했으며, 척박한 환경에서 살아남기 위해 어떻게 처절하게 몸부림치며 견뎌왔는지를 고백의 언어로 솔직하게 담아낸 진솔한 경전입니다.

이런 성서를 두고 감히 문학적 잣대를 들이대며 유치하다느니

열등하다느니 말하는 것은 적절하지 않습니다. 그와 반대로 피타고라스의 위대함을 찬양하는 것까지는 좋은데, 그를 절대화해서 피타고라스의 정리를 넘어 고등수학을 공부하는 사람에게 '피타고라스는 흠이 없고 완전한 분이니 그를 넘어서는 것은 신성모독이다, 그러니 그를 넘어서지 말라'고 강요하는 것은 그동안의 수학의 발전을 완전히 무시하고 2,000여 년 전으로 돌아가자는 것과 마찬가지입니다. 다행히 오늘날 수학을 공부하는 사람 중에는 그런 무지한 사람이 없지만, 종교의 세계에서는 그런 현상이 오늘날에도 무수히 벌어지고 있습니다.

지팡이로 바위를 쳤더니 물이 솟아 나왔다거나, 모세가 손을 들면 전쟁에서 이기고 손을 내리면 졌다는 얘기는 척박하고 어려운 환경에서 그저 살아남기 위해 수호신과 그의 사자에게 처절하게 의지할 수밖에 없었던 당시 이스라엘 백성들의 간절한 처지를 이해하면 충분히 고개를 끄덕일 수 있는 설화일 뿐입니다.

성서가 그런 정도에 불과한 책이라면 나는 굳이 기독교에 남고 싶지 않다고 생각하시는 분도 있을 것입니다. 그런 분은 자유롭게 떠나셔도 됩니다. 그래도 종교의 세계를 떠날 수 없다면, 불교라는 아름다운 이웃 종교가 있으니 그쪽으로 건너가셔도 괜찮습니다. 저도 무의 상태에서 선택하라면 불교를 선택했을 겁니다. 그래도 여전히 기독교 안에 머물고 싶으시다면 개신교인이 가톨릭으로 가는 방법도 있고, 보수적이고 말이 통하지 않는 교회를 떠나 예수님의 삶과 가르침을 실천하고자 애쓰는 열린 교회로 옮기는 방법도 있습니다.

그냥 자유롭게 살고 싶으시다면 아예 종교의 세계를 떠나서 무

종교인으로 사셔도 상관없습니다. 예수님의 말씀을 응용하면, 사람을 위해 종교가 있는 것이지 종교를 위해 사람이 있는 게 아니니까요. 벗님들이 행복하실 수 있다면, 하나님도 예수님도 기꺼이 벗님들의 선택을 존중해주실 것입니다.

18장에는 모세의 장인이 모세를 찾아와 그간에 벌어진 하나님의 놀라운 능력을 찬양하며, 모세에게 중요한 제안을 하는 장면이 기록되어 있습니다. 모세 혼자 백성을 인도하는 일이 벅차니 천부장과 백부장, 오십부장, 십부장을 각각 세워서 백성들 사이에 벌어지는 문제를 조정하면 훨씬 효과적으로 백성들을 돌볼 수 있을 것이라는 조언입니다.

모세는 장인의 제안을 받아들여 공동체의 조직을 더욱 효과적으로 만들고 운영하게 됩니다.

출애굽기 19장부터 마지막 장까지는, 이집트를 탈출한 이스라엘 백성이 시나이산에 머물면서 하나님에게 율법을 받는 장면이 그려집니다. 이집트를 떠난 지 석 달이 지났다고 본문은 말합니다.

19장에서는 하나님이 히브리 민족과 언약을 맺는 장면이 그려집니다. 하나님께서 놀라운 능력으로 그들을 구원하셨으니 히브리 백성도 하나님 앞에 제사장 나라가 되고 거룩한 백성이 되어야 한다는 것입니다. 그런데 특별히 주목을 끄는 부분이 있습니다. 10~13절을 공동번역으로 보겠습니다.

야훼께서 모세에게 말씀하셨다. "너는 이 백성에게로 가서 오늘과 내일

185

몸과 마음을 깨끗이 하라고 하여라. 옷을 빨고 셋째 날을 맞을 준비를 갖추게 하여라. 셋째 날 야훼는 온 백성이 보는 가운데 이 시나이 산에 내리리라. 너는 이 산기슭을 돌아가며 표를 해놓고, 아무도 이 산에 오르거나 이 산기슭에 발을 들여놓지 말아야 하며 이 산에 발을 들여놓는 날에는 반드시 죽으리라고 일러주어라. 짐승이든 사람이든 한 발짝이라도 들여놓으면 살아남지 못하리라. 그런 자는 손을 댈 것도 없이 돌로 쳐죽이든지 활로 쏴 죽여라. 산양 뿔 나팔 소리가 길게 울리거든 그 사람들로 하여금 올라오게 하여라."

하나님께서 시나이산 꼭대기에 강림하셔서 모세와 백성의 대표를 만날 것인데, 백성들은 경계선 밖에서 대기해야 한다는 말입니다. 만약 그 경계선을 넘을 경우에는 사람이건 짐승이건 모두 죽여버리겠다고 경고합니다.

그리스인과 로마인들이 인식한 신은 사람과 만나 대화도 하고 연애도 하는 존재였습니다. 하지만 히브리인이 인식한 하나님은 쉽게 만날 수 있는 분이 아니었습니다. 신은 거룩하고 인간은 늘 죄악 가운데서 살아가는 존재로 인식했기 때문입니다.

그래서 하나님의 특별한 선택을 받은 하나님의 사람이나 제사장이 아니면 하나님을 만날 수 없었습니다. 제사장도 몸을 깨끗이 하고 성결 의식을 한 다음에야 하나님을 대면할 수 있었습니다. 만일 준비되지 않은 채 하나님을 대면하는 경우에는 반드시 죽는다고 생각했습니다. 하나님께서 히브리 백성을 경계선 밖에서 기다리게 하고 절대로 그 선을 넘지 못하게 하셨다는 본문의 말씀은 신에 대한 히브리인의 그런 인식을 반영합니다.

제가 재미있게 본 영화 중에 〈레이더스〉라는 작품이 있습니다. 1981년에 스티븐 스필버그 감독이 만든 영화인데요, 인디아나 존스 시리즈의 첫 번째 영화이기도 합니다. 레이더스라는 말은 '추적자'라는 뜻이지요. 잃어버린 법궤를 찾기 위해 추적하는 사람들을 뜻합니다. 영화 내용을 간략히 소개해보겠습니다.

제2차 세계대전 때 사라진 법궤를 찾아 소유하는 나라가 세계를 지배하게 된다는 속설이 돌았습니다. 그 속설을 믿는 미국과 독일의 첩보원들이 서로 법궤를 차지하기 위해 좌충우돌하는 내용이 영화의 종반부까지 이어집니다.

법궤는 결국 독일군이 차지하게 됩니다. 하지만 법궤의 뚜껑을 열자마자 그 안에서 연기처럼 피어오른 하나님의 사자가 독일군을 공격하여 순식간에 모두 죽여버립니다. 마치 이집트에 내려졌던 열 번째 재앙 때 하나님의 사자가 이집트의 장자를 모두 죽였듯이, 독일군의 얼굴이 순식간에 죽처럼 흘러내려 해골만 남는 장면이 제 기억 속에 인상적으로 남아 있습니다.

하지만 그때, 주인공인 인디아나 존스는 눈을 꼭 감고 하나님의 사자를 쳐다보지 않습니다. 안개의 모습으로 나타난 하나님의 사자는 그런 인디아나 존스를 한 번 휘감고는 그대로 지나갑니다.

법궤는 하나님의 존재를 상징합니다. 이스라엘의 대제사장만이, 그것도 1년에 딱 한 번, 철저한 정결 예식을 거친 다음에야 법궤를 모신 지성소에 들어갈 수 있었습니다. 만일 정결하지 못한 상태에서 지성소에 들어가면 대제사장 역시 죽음을 면치 못한다고 고대 이스라엘인들은 믿었습니다. 그런 법궤를 함부로 연 독일군은 그렇게 모두 죽고, 법궤는 다시 봉인된 채 미국의 극비 보관소에 보관하는 것으로 영화는 막을 내립니다.

스티븐 스필버그는 유대인의 피를 갖고 태어난 미국인입니다. 미국이 세계의 지배자라는 점을 자랑스러워하면서 유대인의 종교 문화적 전통 속에서 살았던 인물이라는 점이 그 영화에서 그대로 묻어나고 있습니다. 저는 오래전 그 영화를 보면서 마치 이렇게 말하는 스필버그의 음성을 듣는 것 같았습니다. '인간인 주제에 감히 하나님의 얼굴을 보겠다는 것이냐? 인간의 한계를 지키고 하나님 두려운 줄 알아라.'

그것이 바로 백성들의 접근을 엄격히 제한하는 출애굽기 19장 본문이 의미하는 것입니다. 저는 이 본문을 어느 정도는 긍정적으로 보고 싶기도 합니다. 하나님 두려운 줄 모르는 현대인이 너무 많기 때문입니다.

하나님을 기독교라는 테두리 안에 가두지 말고, 좀 더 넓게 보고 생각해봅시다. 우리 민족이 옛날부터 불러온 하늘님이라고 해도 좋고 하늘이라고 해도 좋습니다. 아니면 유교에서 말하는 이理나 기氣라고 해도 좋고, 도교에서 말하는 도道라고 해도 좋습니다. 불교에서 말하는 법法이라고 해도 좋습니다. 철학자들이 말하는 우주 만물의 근본 원리라고 해도 좋습니다. 그렇다면 그 우주 원리나 자연법칙을 거스르고 단지 인간의 편리를 위해 자연을 멋대로 다루는 짓은 하나님을 거스르는 것입니다.

인간이 과학과 의학을 발전시켜서 부를 이루고 오래 살게 되었다고 자랑하지만, 그 대가로 자연은 심각하게 파괴되었고 수많은 생물이 멸종했습니다. 농지를 만든다고 바닷물을 막아 갯벌을 모두 죽이더니 이제는 다시 갯벌을 회생시킨다고 막대한 돈을 쏟아 붓습니다.

과학은 과연 인간에게 축복이기만 할까요. 강대국만 가질 수 있었던 핵을 이제는 북한도 가졌습니다. 앞으로는 어쩌면 테러 조직도 핵을 갖게 될지도 모릅니다. 그러면 지구마을은 어떻게 될까요? 인간이 기계에 의해 멸종되거나 지배당할 수 있다는 가능성을 그린 영화들이 만들어지고 있는데, 정말로 그렇게 될 가능성은 없을까요?

인간은 하나님을 두려워할 줄 알아야 합니다. 이런 종교적 표현이 싫으신 분들이 있다면, 하늘을 우러러 겸손할 줄 알아야 합니다. 과학자들은 '할 수 있느냐, 없느냐'라는 물음만 던지지 말고 '해도 되는가'라는 물음을 먼저 해야 할 것입니다.

20장에는 구약성서의 중심이라고 해도 과언이 아닌 십계명이 기록되어 있습니다. 그런데 이 계명들은 광야 생활에 적합한 규례들이 아닙니다. 정착된 농경 생활에 적합한 규례들입니다. 출애굽 설화의 무대인 서기전 13세기가 아니라, 그리고 시나이산이나 시나이 광야에서가 아니라 한참 후대인 농경 사회에서 완성된 계명이라고 보는 것이 합리적입니다.

십계명은 열 가지 계명이라는 뜻이지만 크게 보면 둘로 나눌 수 있습니다. 종교적 계명과 사회적 계명입니다. 교회에서는 하나님에 대한 계명과 사람에 대한 계명으로 구분하기도 합니다. 제5~10계명은 인류 공통의 도덕법이라고 할 정도로 범세계적으로 시행된 사회법입니다.

일부 진보적인 신학자들은 고대 바빌로니아인이 만든 함무라비 법전이나 히타이트족의 계명에서 고대 히브리인들이 십계명에 대한 힌트를 얻었을 것이라고 생각하기도 합니다. 함무라비 법전이 서기전 18세기에 만들어졌으니까 십계명보다 어쩌면 1,000년 이상, 극도로 보수적인 학자들의 주장을 받아들인다 해도 300년 이상 앞선 성문법이라는 점을 생각하면 충분히 가능성이 있는 해석입니다.

하지만 제1~4계명은 히브리 민족의 독특한 종교적 정서가 강하게 묻어납니다. 그러면 각 계명의 내용과 의미를 살펴보겠습니다.

제1계명을 보겠습니다. 3절입니다.

너는 나 외에는 다른 신들을 네게 두지 말라.

유일신교의 대전제 같은 말씀이지만, 진보적인 신학자들은 출애굽 직후의 시나이산이 아니라 히브리인들이 가나안에 정착한 후 원주민들이 가졌던 토착 신앙의 도전을 받았던 시기에 성립된 계명으로 보아야 한다고 주장합니다.

가나안 원주민들은 주로 농경신 바알을 섬겼습니다. 그들은 뒤늦게 들어온 히브리인에게 "너희가 광야에서는 광야의 신인 야훼를 섬겼지만, 여기서 농사짓고 살려면 농사의 신인 바알을 섬겨야 한다"고 충고했습니다. 히브리인들은 그 유혹에 쉽게 넘어갔습니다. 농사를 지으려면 햇빛과 비를 내려주는 농사의 신을 섬기는 것이 당연하다고 생각했기 때문입니다.

이런 가나안 원주민들의 유혹을 뿌리치고 야훼 중심 신앙을 뿌리내리기 위해 이 법이 첫 계명으로 만들어지게 되었다는 것이 진보적인 신학자 대부분의 견해입니다.

제2계명을 보겠습니다. 4~6절입니다.

> 너를 위하여 새긴 우상을 만들지 말고, 또 위로 하늘에 있는 것이나 아래
> 로 땅에 있는 것이나 땅 아래 물 속에 있는 것의 어떤 형상도 만들지 말
> 며, 그것들에게 절하지 말며, 그것들을 섬기지 말라. 나 네 하나님 여호와
> 는 질투하는 하나님인즉, 나를 미워하는 자의 죄를 갚되 아버지로부터 아
> 들에게로 삼사 대까지 이르게 하거니와, 나를 사랑하고 내 계명을 지키는
> 자에게는 천 대까지 은혜를 베푸느니라.

우상을 만들지도 말고 섬기지도 말라는 것인데요, 하나님을 피
조 세계의 그 어떤 존재와도 동일시하지 말라는 히브리 종교 지도
자들의 신념이 드러나 있는 계명입니다.

신상을 만들면 신에 대한 관념이 그 신상 안에 갇혀버리기 쉽습
니다. 신을 사자상으로 만들면 그 신은 사자가 될 수밖에 없고, 독수
리상으로 만들면 독수리가 될 수밖에 없습니다. 무서운 신상을 만
들면 무서운 신으로 고착화될 수밖에 없습니다.

그런 점에서 신을 어떤 형상으로도 만들지 말라고 한 제2계명은
당시 이웃 종족들의 종교와 뚜렷이 대비되는 히브리 종교만의 훌륭
한 가르침이라고 할 수 있습니다.

제3계명을 보겠습니다. 7절입니다.

하나님의 이름을 함부로 부르지 말라는 말씀은 하나님을 이용하지 말라는 뜻이기도 합니다.

잘못을 저지른 사람이 자신의 잘못을 가리기 위해 '하나님 앞에 맹세한다'고 말하는 경우가 있습니다. 우리나라 목사들 중에는 입에 담기조차 부끄러운 범죄를 저지르고도 오히려 교인들을 겁박하는 자가 적지 않게 있습니다. 자신은 하나님의 종이니 잘못이 있더라도 하나님과 자기가 해결할 것이라며, 교인들이 감히 하나님의 종에게 대들거나 순종하지 않으면 하나님의 큰 벌을 받게 된다고 말입니다.

이런 자들이야말로 하나님의 이름을 함부로 부르는 것이고, 하나님을 이용하는 것입니다. 제3계명을 가장 잘 어기는 집단은 아마도 목사들이 아닐까 싶습니다.

제4계명을 보겠습니다. 8~11절입니다.

제4계명에는 두 가지 주목해야 할 부분이 있습니다. 우선 엿새 동안은 생업에 힘쓰라는 말씀입니다. 안식일을 기억하고 지키는 것은 일곱째 날 하루로 족하다는 것입니다.

지난 강의에서 만나에 대한 부분을 설명할 때, 엿새 동안은 매일 만나를 수확했지만, 다음 날이 되면 썩고 벌레가 생겼다는 말씀을 나누었습니다. 하지만 여섯째 날만은 예외였습니다. 그날은 저장을 해도 다음 날 썩지 않았습니다. 일곱째 날은 안식일로 지켜야 하니까요. 엿새 동안은 매일 일을 해야 한다는 의미가 담긴 말씀입니다.

제가 왜 이 이야기를 강조하는지 아시겠습니까? 한국 개신교회는 일요일 하루 예배하는 것으로 만족해하거나 권장하는 목회자가 많지 않습니다. 주일성수는 물론이고 수요기도회, 금요철야기도회, 매일 새벽기도회까지 빠짐없이 나와야 한다고 강조하는 목사도 있습니다. 하지만 그건 농경 사회의 전통입니다. 현대 사회에서는 더 이상 적합하지 않습니다.

주일성수라는 것도 사실 문제가 있습니다. 일요일에 종일 교회에서 지내기를 바라는 건 목사들의 욕심이지 교인들의 입장에서 볼 때는 바람직한 일이 아닙니다. 게다가 안식일에 해당하는 오늘날의 주일은 원래 정신에 충실하다면 쉬어야 하는 날이지 봉사라는 명목으로 이것저것 맡아서 일하는 날이 아닙니다. 만일 예배가 교인들에게 안식이 되지 못한다면, 예배도 드리지 말고 그냥 쉬는 게 원래 정신에 부합합니다.

그나마 요즘은 대부분 닷새 일하고 이틀을 쉬니까 토요일은 가족과 함께, 일요일은 교회 생활, 그렇게 나누어서 주말을 보낼 수 있어 다행입니다. 하지만 아직도 토요일에 일해야 하는 분들이 있습니다. 그런 분들에게는 교회 생활에 너무 많은 시간을 투자하지 말고 가족과 함께하는 시간을 꼭 확보하시라고 권하고 싶습니다.

특히 주일 오후는 가족과 함께 시간을 보내는 것이 좋다고 저는 생각합니다. 부모와 아이들이 함께 시간을 갖고 대화하기에 충분한 시간이 확보되지 않는다면 주일에 교회에서 많은 시간을 보내는 건 자제하는 게 좋습니다. 아이들의 정서에 나쁜 영향을 줄 수 있기 때문입니다.

저는 중고등학교에서 20년 동안 교목으로 일한 사람입니다. 제가 학교에서 경험한 바로는, 아이들은 어렸을 때 부모에게 반드시 받아야 하는 사랑의 절대 분량이 있는 것 같습니다. 그 사랑을 부모 양쪽에게 받으면 가장 좋겠지만, 엄마나 아빠 가운데 한 분에게라도 충분한 사랑을 받고 자라면 아이들이 비교적 건강하게 잘 자라는 걸 확인할 수 있었습니다. 그러므로 아이들에게 충분한 사랑을 베풀고 충분히 대화를 나누는 것이 교회생활 열심히 하는 것보다 훨씬 더 중요하다고 저는 생각합니다.

그런 점에서 오늘날의 교회들은 양보다 질을 택해서, 주일 예배는 오전에 한 번만 하고 봉사 활동도 가능한 짧게 해서 주일 오후 두세 시 경에는 모든 행사를 마치는 것이 좋습니다. 그리고 주일 저녁은 온 가족이 함께 모여 저녁식사를 하면서 충분한 대화를 나누도록 권하는 교회가 많아져야 한다고 저는 생각합니다.

제4계명에서 또 하나 주목할 만한 부분은, 안식일에 쉬어야 할 대상을 히브리 백성으로 한정하지 않고, 노예와 이방인, 심지어 가축까지 확대했다는 점입니다.

이 말씀은 진보적인 신학자들이 매우 주목하는 부분입니다. 근대 이전까지 성인이며 자유인인 남자 이외의 존재에게 자유민과 동등한 권리를 인정해준 경우가 매우 드뭅니다. 아마 거의 없을 것 같습니다. 자유민이라 하더라도 여자를 남자와 동등한 존재로 인식한 것이 거의 20세기 들어서입니다.

세계에서 최초로 여성에게 투표권을 준 나라가 뉴질랜드인데, 그때가 1893년입니다. 130년이 채 되지 않았습니다. 유럽의 여러 나라들이 1910년대에 여성에게 투표권을 주었습니다. 영국과 미국은 1920년대에 여성에게 투표권을 주었습니다. 포르투갈과 스페인은 1970년이 되어서야 여성에게 투표권을 주었습니다. 심지어 지구마을에는 여성에게 투표권을 주지 않는 나라가 아직도 존재합니다.

그런데 서기전 5세기 이전에 이스라엘은 부분적이긴 하지만 여자와 아이뿐 아니라 노예와 이방인, 심지어 가축에게까지 안식일 제도를 자유민과 동등하게 실현했습니다. 이는 획기적인 제도입니다.

성서에는 이런 부분, 그러니까 현대 사회에서조차 실현되지 못한 획기적인 제도가 적지 않게 등장합니다. 땅에 대한 희년 제도라든가 안식년 제도 같은 것들은 부익부 빈익빈 현상으로 골머리를 앓고 있는 현대 자본주의 사회에 큰 힌트를 줍니다.

지금까지 말씀드린 제1~4계명은 종교적인 계명이었습니다. 특히 제1~3계명은 완전히 종교적인 색체가 강하지만, 제4계명은 종교와 사회를 이어주는 의미도 있습니다. 제5~10계명은 사회적인 계명이라고 할 수 있습니다. 십계명은 이렇게 종교와 사회에 대한 계명을 함께 담고 있습니다. 제정일치 시대니까 당연한 것이지요.

제5계명을 보겠습니다. 12절입니다.

네 부모를 공경하라. 그리하면 네 하나님 여호와가 네게 준 땅에서 네 생명이 길리라.

부모를 공경하라는 건 동서고금을 막론하고 인류의 기본이 되는 가르침이기에 특별히 설명할 게 없습니다. 그런데 여기서도 한 가지 특기할 만한 부분이 있습니다. 부모 공경의 대가로 하나님께서 주시는 복이 부활이나 영생이 아니라 '네게 준 땅에서 네 생명이 길리라'라는 것입니다.

기독교인은 부활이나 영생이라는 단어에 매우 익숙합니다. 그런데 이 본문뿐 아니라 구약성서에서 부활이나 영생이라는 단어는 거의 나오지 않습니다. 서기전 2세기 작품인 다니엘서에 가서야 부활이라는 단어가 나옵니다. 왜일까요? 구약 시대에는 부활이나 영생에 대한 관념이 아예 없었기 때문입니다.

원래 히브리인은 내세에 대한 관심이 없었습니다. 그저 현세에서 오래 사는 것이 가장 큰 축복이라고 생각했습니다. 그래서 기껏해야 몇백 살 살다 죽었다는 것을 하나님이 주신 가장 큰 선물로 여겼습니다. 아브라함이건 모세건 다윗이건, 그 누구도 부활이나 영생을 했다거나 영생과 부활에 대한 신앙과 희망을 가졌다는 기록이 없습니다. 그냥 현세에서 오래 살다가 죽었을 뿐입니다.

보수적인 신학자나 목회자 중에는 창세기 5장 24절, '에녹이 하나님과 동행하더니 하나님이 그를 데려가시므로 세상에 있지 아니하였더라'라는 말씀을 근거로 부활과 영생을 말하기도 합니다. 하지만 하나님이 데려갔다는 것과 세상에 있지 않았다는 것뿐이지 그 다음 구체적인 내용이 없습니다. 고대 히브리인의 뇌리에 그런 게 없었기 때문입니다.

제6계명을 보겠습니다. 13절입니다.

> 살인하지 말라.

그냥 살인하지 말라는 말씀뿐 별 다른 설명이 없습니다. 그런데 이 계명과 관련해서 예수께서 하신 말씀이 있습니다. 마태복음 5장 21~22절을 보겠습니다.

> 옛 사람에게 말한 바, 살인하지 말라, 누구든지 살인하면 심판을 받게 되
> 리라 하였다는 것을 너희가 들었으나, 나는 너희에게 이르노니, 형제에게
> 노하는 자마다 심판을 받게 되고 형제에 대하여 라가라 하는 자는 공회에
> 잡혀가게 되고 미련한 놈이라 하는 자는 지옥 불에 들어가게 되리라.

이렇게 때로는 구약의 말씀보다 신약의 말씀이 더 무서울 때도 있습니다. 살인의 행위도 물론 나쁘지만 살인에 이르게 되는 원인을 다스리지 않으면 문제는 궁극적으로 해결되지 않는다는 말씀입니다. 바늘 도둑이 소 도둑 된다는 말과도 같은 뜻입니다.

이 말씀은 또한 사람을 죽이는 것은 칼만이 아니라 입일 수도 있다는 말이기도 합니다. 오늘날에도 입이나 글로 사람을 죽이는 경우가 얼마나 많습니까.

제7계명을 보겠습니다. 14절입니다.

간음하지 말라.

제7계명도 간음하지 말라는 말씀뿐 별 다른 설명이 없습니다. 그런데 이 계명에 대해서도 예수님께서 한 말씀 하셨습니다. 마태복음 27~28절을 보겠습니다.

또 간음하지 말라 하였다는 것을 너희가 들었으나, 나는 너희에게 이르노니, 음욕을 품고 여자를 보는 자마다 마음에 이미 간음하였느니라.

지금도 그런지는 모르겠지만 이 말씀 때문에 하지 않아도 될 고민을 하는 젊은이가 제가 젊었을 때는 많았습니다. 이 말씀은 본능적인 욕망을 탓하는 말씀이 아닙니다.

쉬운 예를 들어보겠습니다. 맛있게 구워진 빵을 보면 먹고 싶은 게 당연합니다. 여기서 먹고 싶은 마음이 드는 건 죄가 될 수 없습니다. 그냥 자연스런 본능일 뿐입니다. 하지만 주인의 허락을 받지 않고 먹거나 정당한 값을 지불하지 않고 먹으면 절도죄가 됩니다.

그런 의미의 말씀입니다. 한창 때의 젊은이가 매력적인 이성을 보고 아무런 감정을 느끼지 않는다면 오히려 문제가 있습니다. 혹 성적 충동을 느꼈다 해도 본능 자체는 죄가 아닙니다. 하지만 저 여자를 범하겠다고 마음먹으면 실제 행동으로 옮기지 않았다고 해도 마음으로 죄를 지은 것입니다. 그런 뜻입니다. 성적 본능이나 충동 자체가 죄라는 뜻이 아닙니다. 본능이나 충동을 다스리지 못하고 부적절한 행동으로 옮기려고 하면 그런 마음을 먹는 순간 이미 죄를 지은 것이라는 말씀입니다. 그러니까 예수님의 말씀은 본능을 문제 삼는 것이 아니라 의지를 문제 삼는 것입니다.

제8계명을 보겠습니다. 15절입니다.

도둑질하지 말라.

이 계명은 단순히 물건에 대한 것만이 아니라 자유인을 납치해서 노예로 파는 일을 염두에 둔 말씀으로 신학자들은 보기도 합니다.

제9계명 보겠습니다. 16절입니다.

네 이웃에 대하여 거짓 증거 하지 말라.

이 계명은 특별히 법정에서의 진술을 염두에 둔 것이라는 데 학자들의 의견이 일치합니다. 그러니까 본문을 근거로 무조건 거짓말하면 안 된다고 해석하는 것은 지나칩니다.

이런 얘기가 있습니다. 한국전쟁 때 교회 장로 한 사람이 피난을 가지 못하고 마루 밑에 숨었답니다. 인민군이 들어와 가택수색을 하다 그 장로님 집에 들어와 아이에게 물었답니다. "이 집에 교회 장로가 있다던데, 어디 있느냐?" 아이가 망설이다 무슨 일이 있어도 거짓말을 해선 안 된다는 할아버지 말씀이 생각나 사실대로 말했답니다. 그래서 장로님은 그 자리에서 총살을 당했다는 이야기입니다.

일상생활에서 거짓말을 전혀 하지 않고 살 수는 없습니다. 못생겼다고 놀림받는 아이가 "정말로 그런지 사실대로 말해달라"고 부모에게 요청한다고 해서 "그래, 사실은 너 못생긴 게 맞다"고 말할 필요는 없습니다. 그때는 고백의 언어로 말해야 합니다. "누가 그런 말 같지도 않은 소리를 하더냐? 엄마는 너보다 잘생긴 아이를 본 적이 없다." 이런 식으로 말입니다.

아이도 그 말이 사실의 언어가 아니라 고백의 언어, 엄마의 사랑이 담긴 언어임을 알 것입니다. 하지만 그 고백의 언어가 아이를 살게 합니다. 때로는 고백의 언어가 사실의 언어보다 이렇게 중요합니다. 고백의 언어는 종교의 세계에만 필요한 것이 아닙니다. 자녀가 있는 분들은 무한한 사랑과 긍정의 마음을 담은 고백의 언어를 많이, 그리고 자주 사용하시기 바랍니다.

제10계명을 보겠습니다. 17절입니다.

네 이웃의 집을 탐내지 말라. 네 이웃의 아내나 그의 남종이나 그의 여종이나 그의 소나 그의 나귀나 무릇 네 이웃의 소유를 탐내지 말라.

이웃의 소유물을 탐내지 말라는 것인데, 십계명 중에서 유일하게 행위가 아닌 마음의 문제를 말하고 있습니다. 형법이 아니라 도덕법이기에 이런 법령이 가능합니다. 형법은 겉으로 드러나는 행위에만 벌을 내릴 수 있기 때문입니다.

십계명과 관련해서, 신약성서에는 예수님이 율법학자에게 율법을 어떻게 읽느냐고 묻는 장면이 나옵니다. 율법사는 이렇게 대답합니다. "네 마음을 다하며 목숨을 다하며 힘을 다하며 뜻을 다하여 주 너의 하나님을 사랑하고, 또한 네 이웃을 네 자신같이 사랑하라 하였나이다." 예수님은 그의 대답이 옳다고 인정해주셨습니다.

결국 십계명은 하나님을 사랑하라는 것과 이웃을 사랑하라는 것으로 요약할 수 있습니다. 하나님 사랑과 이웃 사랑, 이것이 율법 전체의 중심 가르침이라는 것은 예수님 자신도 말씀하셨고, 여러 사람의 고백으로 복음서에 여러 번 나옵니다. 마태복음 22장 35~40절을 보겠습니다.

> 그중의 한 율법사가 예수를 시험하여 묻되, 선생님 율법 중에서 어느 계명이 크니이까. 예수께서 이르시되, 네 마음을 다하고 목숨을 다하고 뜻을 다하여 주 너의 하나님을 사랑하라 하셨으니 이것이 크고 첫째 되는 계명이요, 둘째도 그와 같으니 네 이웃을 네 자신 같이 사랑하라 하셨으니, 이 두 계명이 온 율법과 선지자의 강령이니라.

구약성서에 등장하는 온갖 율법을 다 정리하고 요약하면 하나님 공경과 이웃 사랑으로 요약할 수 있다는 것입니다. 하나님 공경과 이웃 사랑, 사자성어로 경천애인입니다. 제가 근무했던 대광중고등학교의 교훈이 바로 경천애인입니다. 경천애인, 동양권에서도 자주 사용하는 말이지요. 이렇게 가르침의 형태는 다르지만 내용은 서로 통하는 것이 많습니다. 종교와 종교가 통하고 동양과 서양이 통합니다.

그러니 겉모습만 보고 내 종교가 옳으니 네 종교는 틀렸느니 말하는 것은 어리석습니다. 컵에 담긴 물도 물이고 밥그릇에 담긴 물도 물입니다. 컵과 밥그릇은 형태가 다르지만 담긴 물은 그냥 물입니다. 내 그릇에 담긴 물만 물이고 너의 그릇에 담긴 물은 물이 아니라고 말하는 것은 어리석은 짓이라는 말씀입니다.

경천애인의 정신은 주기도문에도 담겨 있습니다. 예수님께서 '이렇게 기도하라'고 기도의 내용을 간단명료하게 가르쳐주신 기도가 있지요. 바로 우리가 주기도문이라고 부르는 것입니다.

예수님께서 기도하는 사람의 태도를 지적하신 말씀은 복음서에 몇 번 나오지만 '이렇게 기도하라'고 기도의 내용 자체를 가르쳐주신 말씀은 주기도문밖에 없습니다. 그만큼 절대적으로 중요한 기도문이 주기도입니다.

그런데 그 주기도문의 내용도 결국은 하나님 사랑과 이웃 사랑으로 요약할 수 있습니다. 기독교를 사랑의 종교라고 말하는 이유는 이렇게 하나님 사랑과 이웃 사랑으로 사람 사는 세상을 천국으로 만들 수 있기 때문입니다.

제13강
출애굽기 21~31장, 시나이산 언약

21장부터는 여러 가지 사회법이 등장합니다. 진보적인 신학자들이 주목하는 내용이 많습니다. 21장 2~6절을 공동번역으로 보겠습니다.

'너희가 히브리 사람을 종으로 삼았을 경우에는 육 년 동안만 종으로 부리고 칠 년이 되면 보상 없이 자유를 주어 내보내라. 그가 홀몸으로 들어왔으면 홀몸으로 내보내고, 아내를 데리고 왔으면 아내를 데리고 나가게 하여라.

주인이 장가를 들여 그 아내가 아들이나 딸을 낳았을 경우에는 그 아내와 자식들은 주인의 것이므로 저 혼자 나가야 한다. 그러나 만일 그 종이, 자기는 주인과 자기 처자식을 사랑하므로 자유로운 몸이 되어 혼자 나가고

노예 제도는 허용하되 종신 노예제는 허용하지 않겠다는 것입
니다. 6년을 일하면 다음 해에는 자유인으로 놓아주라는 말입니다.
제약은 있습니다. 주인이 장가를 들여준 경우에는 아내와 자식은
주인에게 속한다는 것입니다. 하지만 본인이 자유인이 되어 가족과
헤어지기보다 노예로 남더라도 가족과 함께 살기를 원한다면 종신
노예가 되는 길을 선택할 수 있게 하라는 것입니다.

노예의 인권을 어느 정도는 존중했다는 점에서 주목할 만한 부
분입니다. 그러나 시대의 한계를 넘어서지 못했다는 점은 여기저기
드러납니다. 이 권리는 남자 노예에게만 적용되고 여자 노예에게는
적용되지 않았습니다. 하지만 여기서도 어느 정도 인권을 고려한
흔적은 보입니다. 여자 노예는 6년을 일해도 남자 노예처럼 풀려날
수 없지만 그 노예의 가족이 값을 지불하거나 주인이 부당하게 학
대한 것이 드러나면 풀려날 수도 있었습니다.

보수적인 신학자나 목회자는 이렇게 성경의 인권 의식에 문제
를 제기하거나 시대적인 한계를 지적하는 것, 다시 말하면 이성과
합리로 성경 본문을 파헤치는 것을 아주 싫어합니다. 성경을 그렇
게 난도질하면 뭐가 남겠느냐고 말하기도 합니다. 전에도 말씀드렸
지만 진실이 남습니다.

자칫하면 기독교가 무너질 수도 있다고 걱정하기도 합니다. 그
런 분들에게는 예수님의 말씀을 다시 전해드리고 싶습니다. '사람

이 안식일을 위해 있는 것이 아니라 안식일이 사람을 위해 있느니라.' 이 말씀은 사람이 종교를 위해 있는 것이 아니라 종교가 사람을 위해 있다는 말씀과 같은 것이라고 전에도 말씀드렸습니다.

21장 중반 후반부에는 사형제를 비롯해서 사람을 다치게 했거나 가축에게 상해를 입었을 경우의 보상 문제가 기록되어 있습니다. 지금의 눈으로 보면 매우 원시적일 수밖에 없는 법률들입니다. 당시 사회를 이해한다는 측면에서 참고하시면 되겠습니다.

주목할 만한 부분은 사람을 죽인 자는 실수로 죽인 경우가 아니면 사형에 처하는 것이 원칙인데, 부모에게 해를 입힌 경우에는 죽이지 않았다 하더라도 매우 엄격하게 법을 적용하여 사형에 처하는 일이 많았다는 점입니다. 먼저 15절을 공동번역으로 보겠습니다.

부모를 때린 자는 반드시 사형에 처하여야 한다.

이어서 17절도 보겠습니다.

부모를 업신여기는 자는 반드시 사형에 처하여야 한다.

부모를 때린 자는 물론이고 업신여기는 자까지도 반드시 죽이라는 것입니다. 가정을 보호하는 것이 사회를 유지하는 기본이 된다는 점에서 이렇게 엄격한 형벌을 가한 것이지요. 좋은 법이라고 할 수는 없지만 부모에게 폭행을 가하거나 무시하는 사람이 적지 않은 우리 사회에서 한번쯤 곱씹어볼 말씀입니다.

23~25절은 너무나 잘 알려진 법령입니다. 이렇게 기록되어 있습니다.

> 그러나 다른 해가 있으면 갚되 생명은 생명으로, 눈은 눈으로, 이는 이로, 손은 손으로, 발은 발로, 덴 것은 덴 것으로, 상하게 한 것은 상함으로, 때린 것은 때림으로 갚을지니라.

이 법은 고대 사회에서 보편적으로 시행되었던 '동해同害 보복법'이라는 것입니다. 동해라는 말은 '같은 피해'라는 말입니다. 피해자가 가해자에게서 받은 것과 같은 피해를 줌으로써 보복하게 한다는 뜻입니다.

'동태同態 복수법'이라고도 하는 이 법은 함무라비 법전에도 비슷한 내용이 기록되어 있습니다. 그 내용은 이렇습니다. '아들이 아버지를 때리면 두 손을 자른다. 남의 눈을 상하게 한 자는 그의 눈도 상하게 한다.'

이런 내용들 때문에 신학자들뿐 아니라 법학자나 사학자들도 십계명이 함무라비 법전의 영향을 받았다고 보는 것입니다. 아마도 고대 중동 지역에서 함무라비 법전의 영향을 받지 않은 사회는 거의 없었을 것으로 보아야 할 것입니다.

22장에도 여러 사회법이 이어집니다. 세 가지 정도 주목할 만한 부분을 살펴보겠습니다. 먼저 15~16절을 공동번역으로 보겠습니다.

> 어떤 사람이 아직 약혼하지 않은 처녀를 꾀어 범했을 경우에는, 납폐금을
> 모두 지불하고 그 처녀를 아내로 맞아들여야 한다. 그 처녀의 아버지가
> 자기 딸을 그에게 절대로 못 주겠다고 하면, 그는 처녀를 맞을 때 내는 납
> 폐금과 맞먹는 금액을 물어야 한다.

좀처럼 쓰지 않는 어려운 단어가 나오네요. 납폐라는 말은 혼인을 할 때 신랑 집에서 신부 집으로 예물을 보내는 것을 말합니다. 폐백이라고 하지요. 성폭행을 저지른 자가 피해자 여성의 아버지에게 돈을 지불하면 정식으로 아내를 삼을 수 있게 하는 법입니다.

만일 피해 여성의 아버지가 딸을 주기 않겠다고 하면, 배상금만 내면 별도의 처벌을 면할 수 있습니다. 오늘날의 시각으로, 특히 여성 인권의 측면에서 보면 잔인하기 그지없는 법입니다. 성서 역시 시대의 한계 안에 있다는 점을 다시 한 번 상기할 필요가 있겠습니다.

18~20절까지의 말씀도 보겠습니다. 이렇게 기록되어 있습니다.

> 너는 무당을 살려두지 말라. 짐승과 행음하는 자는 반드시 죽일지니라.
> 여호와 외에 다른 신에게 제사를 드리는 자는 멸할지니라.

이런 구절들이 오늘날에도 이웃 종교를 인정할 수 없다는 배타 교리를 지지하는 말씀으로 인용되곤 합니다. 하지만 이런 말씀들은 시공을 초월한 진리가 아니라 그때 거기, 그러니까 서기전 수백 년 전에 이스라엘이라는 독특한 시대 환경에서 만들어진 법이라는 점을 이해하는 것이 중요합니다.

짐승과 행음하는 자는 반드시 죽이라는 법이 만들어진 것도 윤

리적인 차원보다 수간을 주술적인 관행으로, 즉 종교적 행위로 여겼기 때문이라는 해석도 있습니다.

지금까지는 좀 어두운 내용이 많았는데요. 밝고 따뜻한 내용도 있습니다. 21~27절의 말씀을 보겠습니다.

> 너는 이방 나그네를 압제하지 말며 그들을 학대하지 말라. 너희도 애굽 땅에서 나그네였음이라. 너는 과부나 고아를 해롭게 하지 말라. 네가 만일 그들을 해롭게 하므로 그들이 내게 부르짖으면 내가 반드시 그 부르짖음을 들으리라. 나의 노가 맹렬하므로 내가 칼로 너희를 죽이리니 너희의 아내는 과부가 되고 너희 자녀는 고아가 되리라.
> 네가 만일 너와 함께 한 내 백성 중에서 가난한 자에게 돈을 꾸어 주면, 너는 그에게 채권자 같이 하지 말며, 이자를 받지 말 것이며, 네가 만일 이웃의 옷을 전당 잡거든, 해가 지기 전에 그에게 돌려보내라. 그것이 유일한 옷이라. 그것이 그의 알몸을 가릴 옷인즉 그가 무엇을 입고 자겠느냐. 그가 내게 부르짖으면 내가 들으리니, 나는 자비로운 자임이니라.

고대 히브리인들이 인식한 하나님이 늘 무섭고 편협한 하나님이었던 것은 아닙니다. 이렇게 따뜻한 면도 갖고 계신 분으로 그들은 인식했습니다. 이 말씀은 거의 문자 그대로 받아들이셔도 좋겠습니다. 그래도 아무 문제가 없을 뿐 아니라, 현대 사회에 그대로 적용해도 좋은 귀한 말씀이기 때문입니다.

성서 안에는 시공을 초월한 하나님의 말씀도 있고, 그때 거기서는 의미가 있었지만 오늘날에는 반드시 비판적인 안목으로 읽어서 시시비비를 가려야 하는 말씀도 있습니다. 하지만 이 말씀은 시시

비비를 가릴 것이 거의 없습니다. 과부나 고아를 괴롭히지 말라는 말씀에 덧붙인 것이지만 '나의 노가 맹렬하므로 내가 칼로 너희를 죽이리니'라는 말씀과 '너희의 아내는 과부가 되고 너희 자녀는 고아가 되리라'라는 말씀만 빼면 어느 시대 어느 지역에서나, 즉 시간과 공간을 초월하여 이치에 맞는 말씀이니까요.

시간과 공간을 초월하여 이치에 맞는 것, 그것이 바로 진리에 대한 정의라고 저는 생각합니다. 그러므로 별로 대수로운 내용이 아닌 것 같아도 이런 말씀이 바로 진리의 말씀입니다. 성서 안에 담긴 살아 있는 하나님의 말씀이며 생명의 말씀입니다. 모든 성서 구절이 다 하나님의 말씀이 아니고요. 너무 싱겁다고 생각할 수 있겠습니다. 하지만 진리는 특별한 데 있지 않습니다. 오히려 일상 가운데 있습니다. 상식 가운데 있고요.

23장으로 들어가서도 이런 귀한 말씀이 이어집니다. 좀 길지만 1~12절까지 공동번역으로 보겠습니다.

> 너희는 근거 없는 말을 해서는 안 된다. 죄 있는 편에 합세하여 권세 부리는 자들에게 유리한 증언을 하지 마라. 다수를 따라 불의에 가담하지 마라. 재판정에서 다수를 따라 그릇된 판결이 내려지도록 증언을 해서는 안 된다. 송사에 있어 영세민이라고 해서 사정을 보아주어서도 안 된다.
> 너희는 길을 잃은 원수의 소나 나귀를 만나면 그것을 임자에게 반드시 데려다 주어야 한다. 너희를 미워하는 자의 나귀가 짐에 깔려 있는 것을 보면 내버려두지 말고 그 일으켜 세우는 것을 반드시 도와주어야 한다.
> 너희는 가난한 자가 낸 소송 사건에서 그의 권리를 꺾지 마라. 허위 고발

을 물리쳐라. 죄 없고 올바른 사람을 죽이지 말고 악한 사람에게 무죄를 선고하지 마라.

너희는 뇌물을 받지 마라. 뇌물은 멀쩡한 눈을 가려 올바른 사람들의 소송을 뒤엎는다. 몸붙여 사는 사람들을 학대하지 말라. 너희도 이집트 땅에서 몸붙여 살아보았으니 몸붙여 사는 자의 심정을 잘 알지 않느냐?

너희는 육 년 동안은 밭에 씨를 뿌려 그 소출을 거두어들이고 칠 년째 되는 해에는 땅을 놀리고 소출을 그대로 두어 너희 백성 중에서 가난한 자들이 먹게 하고 남은 것은 들짐승이나 먹게 하여라. 너희 포도원도 올리브 밭도 그렇게 하여라.

너희는 엿새 동안 일을 하고 이레째 되는 날에는 쉬어라. 그래야 너희 소와 나귀도 쉴 수가 있고 계집종의 자식과 몸붙여 사는 사람도 숨을 돌릴 것이 아니냐?

오늘날에 문자 그대로 적용해도 좋은 말씀입니다. 오히려 현대법보다 더 인권적이라는 생각도 듭니다. 저는 이런 말씀들이야말로 고귀한 하나님의 말씀이라고 생각합니다.

하지만 23장 후반에 가면 분위기가 달라집니다. 본문은 또 다시 편협한 민족주의 안에 갇히고 맙니다. 하나님께서 가나안 원주민들을 용서하지 않고 하나도 살려두지 않겠다는 말씀을 하십니다. 23절을 공동번역으로 보겠습니다.

나의 천사가 앞장을 서서 너희를 아모리족, 헷족, 브리즈족, 가나안족, 히위족, 여부스족이 있는 곳으로 데리고 들어가리라. 내가 그들을 멸종시키겠다.

실제 하나님이 이렇게 말씀하신 것이 아니라 당시 히브리인이 인식한 하나님, 성서의 기록자들이 인식한 하나님이 그렇게 말씀하신 것이라는 것을 충분히 이해하시리라 생각합니다.

이런 말씀들은 생존을 걸고 가나안 땅을 차지하기 위해 혈투를 벌였던 당시의 시대적 상황에서 해석해야 합니다. 오늘날에도 지구 마을에는 외국인들을 향한 혐오감에서 벗어나지 못하는 사람이 많습니다. 자기들의 삶의 자리를 뺏는다고 생각하기 때문입니다. 우리나라도 예외가 아닙니다. 일자리를 찾아 들어온 외국인들에게 극도의 혐오감을 보이는 극우주의자들이 적지 않게 있습니다.

하물며 2,000~3,000년 전에 원주민과의 전쟁에서 지면 자기 종족이 몰살당할 수 있는 상황에 처했던 사람들입니다. 그들의 그런 애절한 상황을 이해하고 읽어야지 문자 그대로 읽으면 큰일 날 내용입니다.

24장으로 들어가면, 전반부에는 모세와 백성의 대표들이 시나이산 기슭에서 하나님과 언약을 맺는 장면이 그려집니다.

하나님의 율법이 선포되고 백성들은 그 율법을 따르겠다고 서약합니다. 그런 다음에 희생 제사를 드립니다. 소를 잡아서 그 피의 절반은 하나님을 대표하는 제단에 뿌리고 나머지 절반은 백성에게 뿌려서 언약이 맺어졌다는 것을 인증합니다.

후반부에는 계명이 기록된 돌판을 직접 받기 위해 모세가 여호수아만 데리고 산 정상으로 올라가는 장면이 이어집니다. 모세가 산 정상을 향해 오르자 구름이 산을 가렸고, 7일째 되는 날에 하나님께서 모세를 불렀으며, 이후로도 모세는 40일 동안 거기 머물렀다고 본문은 말합니다. 하나님을 알현하기가 이렇게 힘들고 어려운 일이라는 것을 본문은 강조하고 있습니다.

25장부터 40장까지는 모세가 하나님의 지시로 성막을 만드는 과정이 기록되어 있습니다. 성막과 부속 기구들, 제사장들이 입을 옷에 이르기까지 구체적으로 어떻게 만들라는 자세한 지시가 무려 25장부터 31장까지 이어집니다. 게다가 그 지시 그대로 지었노라고 기록하는 내용이 몇 장에 걸쳐서 다시 반복됩니다.

보통의 인내심으로는 읽어내기 어려운 내용이 출애굽기 후반부를 장식합니다. 모세오경에는 이런 지루한 반복이 여러 차례 일어납니다. 그래서 성서 통독을 시도한 사람들이 출애굽기에서 포기하는 경우가 많습니다.

고대 이스라엘 민족정신의 중심인 성소는 당시 그들에게는 너무나 중요한 것이어서 이렇게 자세히 반복해서 기록했던 것입니다. 고대 히브리인들은 성소를 하나님의 임재를 상징하는 것이며, 또한 하늘의 모형이라고 생각했기 때문입니다.

25~40장까지의 전체 주제라고 할 수 있는 25장 8~9절을 보겠습니다.

> 내가 그들 중에 거할 성소를 그들이 나를 위하여 짓되, 무릇 내가 네게 보이는 모양대로 장막을 짓고, 기구들도 그 모양을 따라 지을지니라.

이 말씀에 이어서 성막과 그 부속 물품들을 어떻게 만들라는 세세한 지시를 하나님이 직접 내리십니다. 하지만 이 내용은 오늘날의 그리스도인에게는 그리 중요한 내용이라고 할 수 없습니다. 하여 이 부분은 간단히 훑어보고 지나가겠습니다.

25장에는 법궤와 제사상, 그리고 등잔대를 만들라는 지시가 이어집니다. 앞에서 소개했던 영화 〈레이더스〉에 등장하는 바로 그 법궤입니다. 하나님이 자기 백성과 함께 계신다는 것을 보증하는 거룩한 물건입니다.

법궤는 시나이 사막 지역에서 흔히 자라는 아카시아 나무로 만들었다고 공동번역 성서의 본문은 말합니다. 그런데 개역개정판 성경이나 그 이전의 개역한글판 성경에는 법궤를 만드는 재료가 조각목이라고 되어 있습니다.

이 조각목이라는 표현 때문에 많은 오해가 있었습니다. 어떤 목사는 이 조각목으로 법궤를 만들었다는 기록을 나무 조각 여러 개를 모아서 법궤를 만들었다는 뜻으로 잘못 읽었습니다. 설교를 아주 잘한다고 소문난 목사였는데, 교우님들에게 이렇게 설교를 했답니다. "하나님은 버려진 나무 조각처럼 별 볼 일 없는 사람도 함께 모여 헌신하면 이렇게 훌륭한 하나님의 도구로 쓰십니다."

이 설교를 듣고 교우님들이 큰 은혜를 받았다고 합니다. 설교를 잘하느냐 못 하느냐가 중요한 것이 아니라, 감정적으로 은혜를 받느냐 못 받느냐가 중요한 것이 아니라, 성서를 바로 이해하고 해석하고 전달하는 것이 중요하다는 반증이 되겠습니다.

법궤는 언약궤라고도 하는데, 하나님과 이스라엘 백성 사이에 맺어진 언약을 상징하는 십계명이 그 안에 들어 있었다고 전해집니다. 제가 지금 '언약궤 안에 십계명이 들어 있었습니다'라고 단정적으로 말하지 않고 '들어 있었다고 전해집니다'라고 말하는 이유는 실제로 언약궤가 언제부터 언제까지 존재했는지, 그 안에 정말로 십계명이 돌판 형태로 들어 있었는지, 들어 있었다면 원판인지 복사판인지, 원판의 기준이 무엇인지 등 어느 것 하나도 단정 지어 말하거나 증명할 수 있는 게 없기 때문입니다. 예루살렘이 바벨론의 공격으로 파괴된 후에 언약궤가 사라졌다는 설이 있어서 그 설을 바탕으로 〈레이더스〉라는 영화도 만들어진 것입니다.

법궤는 사각의 궤짝 형태로 되어 있어서 사람이 메고 다닐 수 있었습니다. 출애굽기가 시나이 광야를 통과해서 가나안 땅으로 들어가는 여정을 배경으로 하는 기록이기에, 성막 자체도 그렇고 성막과 관련된 모든 물품들도 이동하기에 적합한 형태로 만들어지도록 하나님께서 지시하신 것으로 되어 있습니다.

그리고 이 성막과 법궤의 기준은 솔로몬 시대에 지어졌다는 솔로몬 성전에도 그대로 적용되었습니다. 법궤는 가장 중요한 성물이므로 성막 안에서 거룩한 장소로 구별된 성소 안에서도 가장 안쪽 공간인 지성소를 가리는 휘장 뒤에 두었습니다. 지성소라는 말은 글자 그대로 '지극히 거룩한 장소'라는 뜻입니다. 하나님이 계심을 상징하는 법궤가 있는 곳이니까요.

법궤를 덮는 뚜껑을 속죄소라고 합니다. 하나님의 보좌를 상징하는 이 물건은 두 천사가 날개를 펼치고 마주 보는 모습으로 되어 있습니다. 영화 〈레이더스〉에 보면 이런 모습들이 잘 묘사되어 있습니다. 시간이 되시면 넷플릭스 같은 OTT에서 한번 보시면 좋을 것 같습니다.

26장에는 성막 자체와 성소에 칠 휘장들을 어떤 규모로, 어떤 재료로, 그리고 어떻게 지으라는 내용이 자세히 이어집니다. 성막은 회막이라고도 하는데, 하나님께서 회중과 만나는 곳이라는 뜻입니다. 성막의 규모는 가로 44미터, 세로 22미터 정도 되는데 마당이 딸린 집과 같은 형태라고 생각하시면 되겠습니다.

집 건물에 해당하는 성소에는 제사장만 들어올 수 있고, 일반 백성들은 들어올 수 없었습니다. 안방에 해당하는 지성소에는 오직 대제사장만이 들어갈 수 있었습니다. 백성들이 들어올 수 있는 곳은 마당에 해당하는 뜰 뿐이었습니다. 백성들은 그곳에서 제사장이 집전하는 의례를 통해 하나님과의 만남을 종교적으로 체험할 수 있었습니다.

27장에는 제단과 성막을 둘러쌀 휘장, 그리고 성막 안을 비출 등불을 어떻게 만들어야 하는지 역시 상세하게 기록하고 있습니다.

제단은 하나님께 바치는 제물을 태우는 단입니다. 네 모퉁이에는 뿔이 있고, 메고 다닐 수 있도록 놋으로 싼 널판으로 만들어서 무게를 줄였습니다. 나중에 솔로몬 성전이 지어진 후에는 묵직한 놋단으로 만든 제단이 놓였다고 합니다.

28장에는 제사장이 입을 옷에 대한 자세한 지시가 이어집니다. 1~5절까지 공동번역으로 보겠습니다.

너는 이스라엘 백성 가운데서 너의 형 아론과 그의 아들들 곧 나답, 아비후, 엘르아잘, 이다말을 불러내어 나를 섬길 사제로 삼아라.

아론이 입을 거룩한 옷을 영광스럽고도 아름답게 지어라. 내가 슬기로운 생각으로 가득 채운 재간 있는 사람들을 모두 불러다가 사제로서 나를 섬길 성직자 아론의 옷을 지으라고 하여라. 그들을 시켜 지을 옷은 가슴받이, 에봇, 도포, 자수 속옷, 사모, 제복 띠 등이다. 그들로 하여금 이렇게 너의 형 아론과 그의 아들들이 입을 거룩한 옷을 지어 나를 섬길 사제 일을 맡게 하여라. 금실과 자줏빛 털실과 붉은빛 털실과 진홍빛 털실과 고운 모시실로 짠 천으로 만들어야 한다.

제사장이 입은 옷만 봐도 백성들이 그 권위와 영광을 느낄 수 있도록 화려하고 아름답게 만들라는 것입니다. 오늘날 로마가톨릭교회 사제들의 의복에서 느껴지는 그런 위엄과 권위가 생각나게 하는 기록입니다.

16세기 이후 종교 개혁자들은 이런 식의 권위 의식을 타파하기 위해 사제들의 복식을 거부하고 평상복을 채택했지만, 요즘 다시 여러 가지 치장을 하는 걸 보면 겉으로 드러나는 권위적 치장에 대한 유혹을 뿌리치기가 쉽지 않은 모양입니다.

대제사장은 어깨와 가슴에 이스라엘 열두 지파의 이름을 달았습니다. 열두 지파로 구성된 이스라엘 민족의 대리자라는 의미가 담겨 있습니다. 대제사장은 이런 복장의 의미를 새기면서 이스라엘 열두 지파의 소원을 늘 가슴에 간직한 채 제사장으로서의 임무를 수행해야 했습니다.

제사장은 의식을 집행하거나 공적인 자리에서만 이 옷을 입을 수 있었습니다.

29장에는 제사장 임직식과 제단을 성별하는 의식에 대한 지시가 이어집니다. 제사장은 백성들을 대표해서 하나님께 나아가지만 그 역시 죄인이라는 사실은 다르지 않기에 이렇게 성별 예식을 거쳐야 합니다. 자신의 죄를 속죄하고 특별한 임무를 주신 하나님께 감사하며 그 일을 충실히 감당하겠다는 서약을 해야 했습니다.

30장에는 분향단과 제사 때 제사장들이 손을 씻기 위한 물두멍, 그리고 향기로운 기름을 만들라는 지시가 이어지는데, 그 중간에 인구 조사를 하라는 명령이 내려집니다. 전쟁터에 나가 싸울 수 있는 장정들의 숫자를 세고 그에 따른 인두세를 거두라는 겁니다. 이렇게 해야 국가 체제를 갖추고 세금을 거두어 이민족과의 전쟁에도 대비할 수 있으니 당연한 수순이라고 할 수 있겠습니다.

31장에는 성소와 성소의 부속 기물을 만들 기술자를 하나님께서 직접 지명하시는 내용이 나옵니다. 그리고 안식일을 반드시 지켜야 하며, 만일 어기는 사람이 있으면 반드시 사형에 처해야 한다는 엄명이 이어집니다. 이 모든 말씀을 마치시고 하나님께서 손수 돌판에 쓰신 증거판 두 개를 모세에게 주셨다고 기록함으로써 시나이산 계약에 대한 기록은 끝을 맺습니다.

출애굽기 32~40장, 언약 파기와 갱신

여기서 강해할 내용 특히 출애굽기 종반부는 앞에서 강해한 내용, 그러니까 성막을 어떻게 지으라는 하나님의 지시 사항이 거의 그대로 반복되고 있습니다. 오늘날의 우리에게는 거의 같은 내용의 지루한 반복이지만, 당시 히브리인에게는 '성막을 이렇게 지으라'는 하나님의 세세한 지시 사항을 하나도 빠짐없이 순종했다는 중요한 의미가 있습니다.

32장에는 모세가 시나이산에서 하나님의 계명을 받는 동안 산 아래 백성들의 삶의 현장에서 벌어진 일이 기록되어 있습니다. 1절을 공동번역으로 보겠습니다.

백성은 모세가 오래도록 산에서 내려오지 않자, 아론에게 몰려와 청하였다. "어서 우리를 앞장설 신을 만들어주시오. 우리를 이집트에서 데려온 그 어른 모세는 어떻게 되었는지 모르겠습니다."

모세가 시나이산에서 하나님과 지낸 시간은 총 40일, 하나님과의 대면을 기다린 7일을 더하면 47일이었다고 성경 본문은 말합니다. 본문이 말하는 내용을 문자 그대로 받아들인다면 장정만 60만명, 딸린 가족을 포함하면 약 200만 명에 이르는 백성이 척박한 시나이 사막의 산기슭에서 47일을 지냈다는 얘기가 됩니다.

만일 제가 그때 거기에 있었다면, 저 역시 가족들의 생계를 책임진 남편과 아비로서 그들의 데모에 참여했을 것입니다. 하지만 본문의 하나님은 백성들의 처지를 이해하려는 마음이 전혀 없으셨던 것 같습니다. 7~10절까지의 말씀을 공동번역으로 보겠습니다.

> 야훼께서 모세에게 말씀하셨다. "당장 내려가 보아라. 네가 이집트에서 데려내온 너의 백성들이 고약하게 놀아나고 있다. 저들이 내가 명령한 길에서 저다지도 빨리 벗어나 저희 손으로 부어 만든 수송아지에게 예배하고 제물을 드리며 '이스라엘아, 이 신이 우리를 이집트 땅에서 데려내온 우리의 신이다.' 하고 떠드는구나!"
> 야훼께서 계속하여 모세에게 이르셨다. "나는 이 백성을 잘 안다. 보아라, 얼마나 고집이 센 백성이냐? 나를 말리지 마라. 내가 진노를 내려 저들을 모조리 쓸어버리리라. 그리고 너에게서 큰 백성을 일으키리라."

제가 조금 전에, 본문의 하나님은 백성들의 처지를 이해하려는 마음이 없으셨던 것 같다고 말씀드렸습니다. '본문의 하나님' 말입니다. 그냥 하나님이 아니고요. 앞에서도 여러 차례 말씀드린 바와 같이, 본문에 기록된 하나님과 실제 하나님은 같은 분이 아닙니다. 본문에 기록된 하나님은 이스라엘 백성들이 서기전 2,000~3,000년 전에 인식한 하나님이지 절대 객관의 하나님이 아니기 때문입니다.

본문의 하나님이 우리가 알고 있는 사랑의 하나님일 수 없다는 증거는 곧 벌어질 사건을 통해서도 충분히 입증됩니다. 그 얘기로 가기 전에 먼저 백성들의 데모에 대한 제사장 아론의 반응을 살펴볼 필요가 있습니다. 2~6절까지의 말씀을 역시 공동번역으로 보겠습니다.

> 아론이 그들에게 "너희 아내와 아들 딸의 귀에 걸린 금고리를 나에게 가져오라." 하고 대답하자 백성이 모두 저희 귀에 걸린 금고리를 떼어 아론에게 가져왔다. 아론이 그들의 손에서 그것을 받아 수송아지 신상을 부어 만들자 모두들 외쳤다. "이스라엘아, 이 신이 우리를 이집트에서 데려내온 우리의 신이다." 아론은 이것을 보고 그 신상 앞에 제단을 만들고 "내일 야훼 앞에서 축제를 올리자." 하고 선포하였다. 이튿날 그들은 일찍 일어나 번제를 드리고 친교제물을 바쳤다. 그리고 나서 백성은 앉아서 먹고 마시다가 일어나서 정신없이 뛰놀았다.

모세가 40일 넘게 돌아오지 않으니, 쉽게 말해서 죽었는지 살았는지 모르니 자신들을 인도할 신을 만들어달라는 백성들의 요청에 대제사장 아론이 한 일입니다. 우리는 이 본문에서 백성과 아론을 이어주는 중요한 공통점을 발견할 수 있습니다. 당시 고대인들이 거의 모두 그랬듯이 눈에 보이는 상이 없이는 신을 이해하기 어려웠다는 점입니다.

오늘날 현대인도 시청각 교육을 중시합니다. 말로 설명하기 어려운 어떤 사물이나 개념을 그림이나 모형으로 그려서 또는 사진을 찍어서 보여주면 쉽게 이해할 수 있으니까요. 고대인들이 신을 상으로 만든 이유입니다.

저 역시 앞에서 성막과 성소, 그리고 그 안의 여러 기구들을 설명하면서 '사진이나 그림으로 보여주면 좋을 텐데'라는 생각을 여러 차례 했습니다. 벗님들께서 직접 성막이나 성소, 법궤 등의 단어를 인터넷 검색창을 통해 찾아보시면 도움이 될 것 같습니다.

그러나 앞에서 설명드린 것처럼, 상을 만들면 실체가 그 상의 지배를 받기 쉽습니다. 실체를 쉽게 이해하게 하려고 상을 만들었는데, 그 상의 시각적 효과가 너무 강렬해서 상이 실체를 삼켜버리는 겁니다. 그래서 신을 사자상으로 만들면 신도 사자가 되고, 독수리상으로 만들면 신도 독수리가 되어버린다고 말씀드렸습니다.

십계명의 제2계명이 하늘 위나 땅이나 땅 아래 물속에 있는 그 어떤 것으로도 신의 모습을 형상화하지 말라고 했던 것도 거기에 이유가 있습니다. 물론 모세오경의 기록자들이 하나님의 입을 빌려 말한 것이지만 말입니다. 진보적인 신학자들은 당시 히브리 종교 지도자들의 이런 생각이 신에 대한 이해의 왜곡을 막는 데 매우 파격적이고 올바른 것이었다고 평가합니다.

하지만 눈에 보이는 상이 없이 보이지 않는 실체를 이해한다는 것이 얼마나 어려운 일인지를 본문은 증언하고 있습니다. 백성들뿐 아니라 제사장인 아론까지도 신상을 만드는 데 적극적이었으니까요.

보수적인 신학자들은 아론이 백성들의 집단적 행위에 위협을 느껴 어쩔 수 없이 신상을 만들었다고 주장합니다. 아닌 게 아니라 모세의 책망을 받은 아론은 이렇게 변명했습니다. "금을 가진 자들이 몸에서 금을 떼어다가 주기에 그것을 불에 넣었더니 수송아지가 나오더군."

보수적인 신학자들의 주장을 받아들여 아론을 이해한다 하더라도 최고 지도자의 한 사람으로서 보인 아론의 행동은 충분히 비겁하다는 생각이 듭니다. 앞서 읽었던 본문에서는 분명히 이렇게 기록되어 있었기 때문입니다.

'아론이 그들에게 너희 아내와 아들딸의 귀에 걸린 금고리를 나에게 가져오라 하고 대답하자 백성이 모두 저희 귀에 걸린 금고리를 떼어 아론에게 가져왔다.' 하지만 뒷부분에는 아론이 변명한 말을 이렇게 기록하고 있습니다. '금을 가진 자들이 몸에서 금을 떼어다가 주기에 그것을 불에 넣었더니 수송아지가 나오더군.'

그러니까 아론이 자기가 주도한 수송아지 사건을 백성들이 주도해서 자기는 어쩔 수 없이 그렇게 했을 뿐이라고 변명하고 있는 것입니다. 슬프게도 이스라엘 백성은 자신이 살기 위해 모든 책임을 백성들 탓으로 떠넘긴 지도자를 만난 셈입니다.

어쨌든 이 갈등의 당사자인 백성들과 제사장 아론, 하나님 사이에서 생각해보자면 저의 생각은 이렇습니다.

47일 동안 백성들의 삶을 방치했을 뿐 아니라 전혀 그들의 처지를 동정하지 않고 탓만 하시는 본문의 하나님께 일차적인 책임이 있고, 백성들의 요구에 적절한 설명과 함께 바른 지도를 하지 못했을 뿐 아니라 백성들에게 책임을 떠넘기고 변명으로 일관한 아론에게 이차적인 책임을 묻고 싶습니다. 저는 백성들을 탓할 수가 없네요. 저라도 그랬을 테니까요. 그런데 다행히도 그때 거기, 그 자리에 모세가 있습니다. 11~14절까지 공동번역으로 보겠습니다.

> 모세는 그의 하느님 야훼의 노기를 풀어드리려고 애원하였다. "야훼여, 당신께서는 그 강하신 팔을 휘두르시어 놀라운 힘으로 당신의 백성을 이집트 땅에서 데려내오시지 않으셨습니까? 그런데 어찌하여 이 백성에게 이토록 화를 내시옵니까? 어찌하여 '아하, 그가 화를 내어 그 백성을 데려내다가 산골짜기에서 죽여 없애버리고 땅에 씨도 남기지 않았구나.' 하는 말을 이집트인들에게서 들으시려 하십니까? 제발 화를 내지 마시고 당신 백성에게 내리시려던 재앙을 거두어주십시오. 당신의 명예를 걸고 '너의 후손을 하늘의 별처럼 많게 하고, 내가 약속한 이 땅을 다 너의 후손에게 주어 길이 유산으로 차지하게 하겠다.' 하고 맹세해 주셨던 당신의 종 아브라함과 이사악과 이스라엘을 기억해 주십시오." 이 말을 들으시고 야훼께서는 당신의 백성에게 내리겠다 하시던 재앙을 거두셨다.

이 하나님을 어떻게 이해하면 좋을까요? 본문의 이 하나님을 전지전능하시고 사랑이 많으신 아버지 하나님이라고 고백해야 할까요? 게다가 엄벌을 내리겠다고 단호히 말씀하신 것이 언제인데, 모세의 변호를 듣고는 금방 생각을 바꾸시는 이분에게 전지전능하다는 수식어를 붙여도 될까요?

전지라는 말은 모든 것을 아신다는 말입니다. 그렇다면 이스라엘 백성들이 이런 짓을 저지를 것도 미리 아셨을 것입니다. 자신의 선언에 대해 모세가 백성의 편에서 변호하고 나설 것도 아셨을 것입니다. 그런데 본문의 하나님은 그런 예시력이라고는 전혀 갖고 계시지 않은 것 같습니다.

하여 이런 본문의 하나님을 실제 하나님이라고 생각하면 논리적인 모순에 빠질 수밖에 없습니다. 그러니까 제발 좀 성경의 한계와 오류를 정직하게 인정하자는 것입니다. 벗님들께 하는 말이 아니고 보수적인 신학자와 목사들에게 하는 말입니다.

그런데 32장 후반부로 가면 좀 당황스런 장면이 전개됩니다. 하나님 앞에서 백성을 적극적으로 변호했던 모세가 정작 백성들 앞에 서자 분노를 참지 못하고 저주를 쏟아낸 것입니다. 25~28절까지 역시 공동번역으로 읽어보겠습니다.

> 모세는 백성이 굴레 벗은 말처럼 날뛰는 것을 보았다. 아론이 백성을 멋대로 날뛰게 해서 원수들의 조롱거리가 되게 하였던 것이다. 모세는 진지 어귀에 서서, 야훼의 편에 설 사람은 다 나서라고 외치자 레위 후손들이 다 모여들었다. 모세가 그들에게 일렀다. "이스라엘의 하느님 야훼께서 명하신다. '모두들 허리에 칼을 차고 진지 이 문에서 저 문까지 왔다 갔다 하면서 형제든 친구든 이웃이든 닥치는 대로 찔러 죽여라.'" 레위 후손들은 모세의 명령대로 하였다. 그 날 백성 중에 맞아 죽은 자가 삼천 명 가량이나 되었다.

이런 장면이 정말로 오늘날 우리가 믿는 하나님, 예수님께서 아바 아버지라고 부르라고 하신 그 하나님, 우리가 사랑의 하나님이라고 고백하는 그 하나님의 명령으로 실행된 것이라고 믿어도 될까요?

출애굽기 32장의 이 본문을 아무 갈등 없이 읽어낼 수 있는 교인이라면, 믿음이 강한 것이 아니라 이미 배타적이고 독선적인 교리에 깊이 세뇌되어 정상적인 사고를 할 수 없게 된 사람이라고 저는 생각하는데, 벗님들 생각은 어떠신지요?

하지만 기독교 성서와 교리는 오류가 없다는 교회의 가르침을 잠시 접어두고, 생각을 가다듬어 이성과 양심의 소리에 귀를 기울인다면, 우리는 오랜 혼란과 마음의 갈등을 극복하고 성서의 문자에 종속된 삶에서 벗어나 성서의 세계를 자유롭게 여행하는 새로운 삶의 길로 들어설 수 있게 될 것입니다.

33장에는 32장에서 일어난 사건의 후유증을 풀어내는 듯한 기록이 이어집니다. 하나님은 서운한 마음이 사라지지 않아 히브리 백성들과 함께 가나안으로 들어가지 않겠다고 하시고, 모세는 여전히 백성과 하나님의 중재자로서 백성을 대신해서 용서를 구하여 결국 하나님의 마음을 풀어냅니다.

참 어리고 딱한 하나님이지만 2,000~3,000년 전 고대인들이 인식한 신관의 수준에 딱 어울리는 하나님이라는 점을 이해해야 하겠습니다. 그러니까 '지금 여기'에서의 시각이 아니라 '그때 거기'에서의 시각을 가지고 성서를 읽어야 성서의 의미를 제대로 읽을 수 있습니다. 그 다음에, 그때 그 사람들은 그렇게 인식한 하나님을 오늘날 우리는 어떻게 이해하고 만나야 하는지를 다시 한 번 묻는 것이 필요합니다.

그래서 본문의 기록으로부터 수백 년이 지난 후에 태어나신 예수께서는 일점일획도 함부로 할 수 없었던 모세오경에 대해 가차 없이 비판의 칼날을 대셨습니다. 마태복음 5장 38~39절을 보겠습니다.

> 또 눈은 눈으로, 이는 이로 갚으라 하였다는 것을 너희가 들었으나, 나는 너희에게 이르노니, 악한 자를 대적하지 말라. 누구든지 네 오른편 뺨을 치거든 왼편도 돌려 대며

43~44절도 보겠습니다.

> 또 네 이웃을 사랑하고 네 원수를 미워하라 하였다는 것을 너희가 들었으나, 나는 너희에게 이르노니, 너희 원수를 사랑하며 너희를 박해하는 자를 위하여 기도하라.

앞에서 말씀드렸던 '동해 보복법'을 예수님께서 정면으로 뒤집어엎으신 것입니다. '눈은 눈으로, 이는 이로 갚으라 하였다는 것을 너희가 들었으나, 나는 너희에게 이르노니, 완전히 반대로 하라'는 것입니다. 악한 자를 대적하지 말고 누구든지 오른쪽 뺨을 치거든 왼쪽도 돌려 대라는 것입니다. 또 이웃은 사랑하고 원수는 미워하라는 것이 본래 모세오경의 가르침이지만, '나는 너희에게 이르노니' 하시면서 이 말씀도 뒤집어엎으십니다. 원수를 사랑하고 박해하는 자를 위해 기도하라고 말입니다.

그런데 예수께서 뒤집어엎으신 것은 율법의 문자이고 표면이지 그 의미와 속 내용이 아닙니다. 예수께서는 그 율법의 문자 자체와 표면이 아니라 그 근본 의미와 내용을 보셨습니다.

원수를 미워하라는 것은 사회의 정의를 지키기 위한 것입니다.

미움 자체가 아닙니다. 정의의 실현에 목적이 있습니다. 그런데 그 율법을 주신 후로 수백 년이 지났습니다. 정의는 반드시 필요하지만 정의만으로 예수께서 꿈꾸신 공명정대한 하나님의 나라가 완성될 수는 없습니다. 정의의 터전 위에 사랑이 싹터야만 하나님의 나라가 완성될 수 있습니다. 그래서 예수께서는 정의를 말씀하는 구약의 율법에 머물지 말고 사랑으로 그 율법의 의미를 완성해야 한다고 말씀하시는 것입니다.

저의 이런 해석은 제 주관만 들어 있는 것이 아닙니다. 예수님 스스로 같은 본문의 앞부분에서 이미 밝히신 것입니다. 마태복음 5장 17~20절을 보겠습니다.

> 내가 율법이나 선지자를 폐하러 온 줄로 생각하지 말라. 폐하러 온 것이 아니요 완전하게 하려 함이라. 진실로 너희에게 이르노니, 천지가 없어지기 전에는 율법의 일점일획도 결코 없어지지 아니하고 다 이루리라. 그러므로 누구든지 이 계명 중의 지극히 작은 것 하나라도 버리고 또 그같이 사람을 가르치는 자는 천국에서 지극히 작다 일컬음을 받을 것이요, 누구든지 이를 행하며 가르치는 자는 천국에서 크다 일컬음을 받으리라. 내가 너희에게 이르노니, 너희 의가 서기관과 바리새인보다 더 낫지 못하면 결코 천국에 들어가지 못하리라.

서기관과 바리새인이 추구한 의는 결국 정의에 있고, 예수께서 말씀하신 그보다 나은 의는 사랑입니다. 그런데 불행하게도 당시의 성서학자라고 할 수 있는 바리새인과 서기관들은 이런 예수님의 생각과 해석을 이해하지 못했습니다.

성서는 표면이나 문자 자체가 아니라 의미로, 내용으로 이해해야 한다는 점을 그들은 이해하지 못했습니다. 성서의 문자는 시대의 한계 안에서 기록되었기에, 시대의 발전에 따라 재해석해야 한다는 사실도 깨닫지 못했습니다. 그래서 하나님께서 주신 거룩한 말씀인 모세오경을 함부로 뒤집고 파헤치는 예수를 죽여야 한다고 생각했고, 결국 십자가에 못 박았습니다.

오늘날 예수께서 다시 오신다면, '저 놈을 죽여야 한다'고 소리칠 현대판 서기관들과 바리새인들이 한국 교회 지도자라는 사람들 중에 너무나 많습니다. 슬프고 안타까운 일입니다.

34장으로 들어가면 모세는 하나님의 명령으로 십계명을 다시 받기 위해 돌판을 만들어 시나이산으로 다시 올라갑니다. 하나님이 친히 써주신 돌판은 백성들이 수송아지 우상을 섬기는 모습을 보았을 때 모세가 던져 깨뜨려버렸기 때문입니다.

산 정상에서 모세는 하나님으로부터 그동안 계시되었던 여러 가지 계명들을 반드시 지켜야 한다는 엄명을 다시 받습니다. 그리고 빛나는 얼굴로 하산합니다.

35장부터 40장까지는 성막을 실제로 짓는 것에 대한 기록입니다. 25장부터 28장까지 하나님께서 친히 하신 말씀들이 어떻게 실행되었는지를 보여줍니다. 이 말씀들은 앞에서 말씀드렸듯이 당시 히브리 민족에게는 너무나 중요했지만, 오늘날 현대인의 삶의 자리와는 큰 거리가 있어 별 의미를 찾기 어려운 말씀이기에 간단히 짚고 넘어가겠습니다.

35장에는 성막을 짓는 데 필요한 자재들을 백성들이 자원해서 헌납했다는 기록이 담겨 있습니다.

36장에는 성막을 짓는 장면이 기록되어 있습니다. 백성들이 헌납한 재료는 이미 차고 넘쳐 더 이상 가져오지 말라고 포고령을 내려야 할 만큼 넉넉하게 준비됐습니다. 읽기 힘들 정도로 내용을 자세히 기록한 이유는 앞에서 하나님께서 지시하신 말씀을 조금도 차질 없이 그대로 순종하여 지었음을 나타내기 위한 것입니다.

37장에는 법궤, 즉 언약궤와 제사를 지내기 위한 상 그리고 등잔대와 분향단을 지시하신 그대로 지었음을 기록하고 있습니다.

38장에는 제단과 물두멍, 그리고 성막을 둘러싸는 휘장을 지시하신 그대로 지었음을 기록하고 있습니다. 그리고 후반부에 공사하는 데 든 물자 명세서를 기록했습니다. 여기서 1달란트는 약 35킬로그램이고, 1세겔은 12그램에 해당하는 무게입니다.

39장에는 제사장들이 입을 옷을 하나님께서 지시하신 그대로 지었음을 기록하고 있는데, 여러 가지 보석으로 장식한 휘황찬란한 제복으로 묘사되어 있습니다. 보는 사람을 압도할 만큼 영광스러운 모습과 위엄을 담은 이 복장이 과연 하나님의 뜻에 따른 것인지, 하나님의 입을 빌린 제사장들의 뜻인지도 생각해볼 필요가 있겠습니다.

출애굽기의 마지막 장인 40장에는 성막과 그 안에 들어갈 모든 기물을 완성하고 제사장들의 복장도 완성해서 드디어 봉헌식을 하는 장면이 그려지고 있습니다. 이집트를 떠난 지 꼭 1년이 된 시점이라고 본문은 말합니다. 그리고 그때 구름이 만남의 장막을 덮고 야훼의 영광이 성막에 가득 찼다고 본문은 말합니다.

이제 성막은 시나이 광야를 통과하여 가나안으로 향하는 이스라엘 민족의 지휘부와 같은 역할을 합니다. 36~38절까지 표준새 번역으로 보겠습니다.

이스라엘 자손은 구름이 성막에서 걷히면, 진을 거두어 가지고 떠났다. 그러나 구름이 걷히지 않으면, 걷힐 때까지 떠나지 않았다. 그들이 길을 가는 동안에, 낮에는 주의 구름이 성막 위에 있고, 밤에는 구름 가운데 불이 있어서, 이스라엘 온 자손의 눈을 밝혀 주었다.

Ⅲ
레위기 강해

레위기라는 책 제목은 '레위인들과 관련된 것'이라는 의미입니다. 레위인은 이스라엘 12지파의 하나인 야곱의 셋째 아들 레위의 후손들인데, 직접 제사장직을 맡거나 제사와 관련한 일을 맡아서 하는 사람들이었습니다.

레위기에는 제사라든지 절기, 정결 문제 같은 종교의식에 대한 계명들을 담았습니다. 이 계명들은 앞에서 강해한 출애굽기라든지 민수기, 그리고 신명기의 내용과도 중복되는 부분이 많습니다. 그 이유는 앞 강의에서도 여러 차례 말씀드린 것처럼 모세오경이 한 사람이 집필 의도를 가지고 체계적으로 작성한 것이 아니라, 민간에서 전해져온 전승들을 4~5명의 편집자들이 수집하고 편찬하는 과정을 거쳐서 최종적으로 한 권의 책으로 묶었기 때문입니다.

레위기 1장에는 번제에 대한 규정이 기록되어 있습니다. 1~4절을 보겠습니다.

> 여호와께서 회막에서 모세를 부르시고 그에게 말씀하여 이르시되, 이스
> 라엘 자손에게 말하여 이르라. 너희 중에 누구든지 여호와께 예물을 드리
> 려거든 가축 중에서 소나 양으로 예물을 드릴지니라. 그 예물이 소의 번
> 제이면 흠 없는 수컷으로 회막 문에서 여호와 앞에 기쁘게 받으시도록 드
> 릴지니라. 그는 번제물의 머리에 안수할지니 그를 위하여 기쁘게 받으심
> 이 되어 그를 위하여 속죄가 될 것이라.

이어서 9절도 보겠습니다.

> 그 내장과 정강이를 물로 씻을 것이요, 제사장은 그 전부를 제단 위에서
> 불살라 번제를 드릴지니 이는 화제라. 여호와께 향기로운 냄새니라.

번제란 '태워서 드리는 제사'라는 뜻입니다. 제물로 드리는 짐
승의 가죽을 빼고는 고기와 내장, 뼈를 모두 제단 위에서 불살랐습
니다. 이런 제사는 이스라엘뿐 아니라 고대 세계에 널리 퍼져 있던
제사 방식이었습니다. 이스라엘은 공동체의 죄를 속죄하기 위해 매
일 아침저녁으로 두 차례에 걸쳐서 양을 한 마리씩 번제로 드렸습
니다.

개인이 저지른 잘못을 속죄하기 위해 드리는 번제도 있었습니
다. 이때는 제물을 바치는 사람이 짐승의 머리에 직접 안수함으로
써 짐승과 함께 자기 자신을 하나님께 바친다는 뜻을 담았습니다.
번제에 바치는 짐승은 흠이 없는 수소나 숫양이 일반적이었지만 가

234

난한 사람을 위해 비둘기로 드리는 것도 허용되었습니다.

사람이 지은 죄를 짐승이 대신 지고 죽는다는 이런 대속 사상은 고대인들의 고민을 해결하기 위한 방법으로 인류 사회에 출현했습니다. 강력 범죄를 저지른 죄인에게는 직접 형벌을 내렸지만, 종족 전체나 다수의 집단이 관련되었거나 비교적 가벼운 죄를 지은 사람은 형벌로 다스리기 어려웠던 경우도 있었기 때문입니다.

오늘날 문명화된 사회에서도 이렇게 누군가의 죄를 다른 무엇으로 대속하는 법이 여전히 남아 있습니다. 강력범에게는 직접 형벌을 내리지만 비교적 가벼운 범죄나 재산상의 문제에 대해서는 벌금형이나 민사 소송법 등으로 해결하는 것이 고대의 대속법에 해당한다고 하겠습니다. 짐승을 바치는 대신 돈으로 납부하는 것이 다를 뿐이지요.

그런데 사람이 지은 죄를 짐승이 대신 지는 대속법뿐 아니라 사람이 지은 죄를 다른 사람이 대신 지는 대속법도 고대 사회에는 만연했습니다. 특히 종족 전체가 죄를 지어 천벌이 내려진 경우에는 짐승 정도로는 대신할 수 없고 전체 종족을 대신해서 누군가가 희생되어야 한다는 생각이 고대인들의 생각을 지배했던 것입니다.

그 희생 제물은 대부분 당시 사회의 약자였던 어린아이나 여성, 그것도 결혼하지 않은 젊은 여성이었습니다. 어린아이나 순결한 처녀라야 깨끗한 제물로 인정받아 신께 드리기에 합당했다고 당시 사회뿐 아니라 지금도 여전히 변명하는 사람들이 있지만, 기득권자인 성인 남성들의 횡포일 뿐입니다.

이런 대속 사상의 영향을 이스라엘 역시 벗어나지 못했습니다. 창세기를 강해할 때 하나님께서 아브라함에게 이삭을 제물로 바치라고 명령한 부분에 대해 말씀드렸습니다. 아브라함은 하나님의 명령대로 실행에 옮기려 했고, 하나님은 그의 믿음과 순종을 보시고 숫양으로 대신 제사를 치르게 하셨다는 내용이었습니다.

이 기록은 이스라엘 역시 한동안 사람을 제물로 바치는 인신 제의 문제로 고민했지만, 결국 그 문화를 극복해냈다는 것을 보여주는 기록으로 이해해야 한다는 말씀을 드렸습니다. 하지만 이스라엘이 극복한 이런 인신 제의 문화가 변형된 형태로 기독교에 유입되었습니다. 이는 예수님이 인류의 죄를 대신 지고 죽으셨다는 이른바 대속 사상으로 이어져, 이제는 빼도 박도 못하는 보수 정통 기독교의 중심 사상이 되고 말았습니다.

예수님 시대에 사도 바울과 복음서의 저자들로 대표되는 예수 사람들은 제사 제도를 거부했습니다. 그들은 예수께서 율법의 요구를 자신의 대속으로 다 이루셨다고 해석했습니다. 이에 대해 그건 시대에 맞지 않고 복잡하여 복음 전파에 장애만 될 뿐인 제사 의식에 더 이상 얽매일 필요가 없다고 생각한 진보적인 제자들이 제사 제도를 폐지할 목적으로 내건 명목상의 해석일 뿐이었다고 주장하는 학자들이 있습니다.

소수 학자들의 주장이지만 충분히 가능성이 있는 해석이라고 저는 생각합니다. 어쨌거나 현대 진보 신학자 중에서 대속 사상을 지지하는 학자는 거의 없습니다. 기독교의 본향이라고 할 유럽에서도 대속 사상을 강조하는 교회는 거의 자취를 감췄습니다. 하지만 근본주의 개신교의 본향인 미국과 이른바 보수 정통이 주류가 된 오늘날 한국 교회에서는 여전히 이 낡은 교리가 기승을 부리고 있습니다.

레위기 2장에는 소제에 대한 규정이 기록되어 있습니다. 1~3절 앞부분까지 공동번역으로 보겠습니다.

누구든지 야훼께 곡식을 예물로 바칠 경우에는 밀가루를 바치는데 그 위에 기름을 붓고 향을 얹어 아론의 혈통을 이어받은 사제들에게 가져와야 한다. 그 향 전부와 기름 뺀 밀가루를 한줌 가득 움켜 내어주면 사제는 그것을 정성의 표시로 받아 제단에서 살라야 한다. 이것이 불에 타면서 향기를 풍겨 야훼를 기쁘게 해드리는 제사이다. 이 곡식예물의 남은 부분은 아론과 그의 아들들의 몫이다.

소제란 곡식으로 드리는 제사입니다. 일반적으로 수확물에 대한 감사의 의미가 담겨 있습니다. 이 제사법 역시 주변 여러 종족에게서도 함께 발견되는데, 곡식의 수확물을 제사로 드림으로써 이듬해에 더욱 많은 수확물을 낼 수 있다는 생각을 반영하고 있습니다.

이 소제는 일부를 제사로 바치고 나머지는 제사장들의 양식으로 쓰였습니다. 제물로 바치는 양보다 많은 곡식을 가져와서 제사를 드리고, 남은 것은 제사장들의 몫으로 거두는 것은 오늘날 세금을 거두어 국가 행정을 하고 공무원들에게 월급을 주는 것과 다를 바가 없습니다. 제정일치 시대였던 오랜 옛날에는 지구촌 어디에서나 제사장이 최고 공직자였으니까요.

레위기 3장에는 화목제에 대한 규정이 기록되어 있습니다. 1~5절까지 공동번역으로 보겠습니다.

누구든지 친교제물을 드리는데 소를 바치려면, 수컷이거나 암컷이거나 흠이 없는 것으로 야훼께 바쳐야 한다. 바치는 사람이 손을 그 소 머리에 얹고 나서 만남의 장막 문간에서 죽여야 한다. 그러면 아론의 혈통을 이어받은 사제들이 그 피를 제단의 주변에 두루 뿌려야 한다. 이 친교제물에서 야훼께 살라 바칠 것은 내장을 덮은 기름기와 내장에 붙은 모든 기름기, 두 콩팥과 거기에 붙어 있는 기름기, 곧 허리께의 기름기와 간과 콩팥에서 떼어낸 기름 덩어리이다. 아론의 아들들은 이것을 제단에 피운 장작불 위에 놓인 번제물에 얹어 살라야 한다. 이것이 불에 타면서 향기를 풍겨 야훼를 기쁘게 해드리는 제물이다.

화목제란 '하나님과 이스라엘 백성의 화목을 위해 드리는 제사'라는 뜻인데, 친교제라고 부르는 것이 더 적절하다고 하여 공동번역에는 친교제로 쓰고 있습니다. 이 제사를 드릴 때는 제사를 드리는 사람이 가족이나 제사에 참여한 사람들과 함께 제물을 먹었습니다. 고기는 사람들이 먹고 기름은 하나님의 것으로 드려 모두 태웠습니다. 기름이 가장 귀한 것으로 간주되기 때문입니다. 옛사람들은 힘이 기름에서 나온다고 생각했습니다.

이렇게 사람과 하나님이 어울려 제사 음식을 나눔으로써 하나님과 사람 사이에 친교가 이루어지고 관계가 회복된다고 옛 히브리인들은 생각했던 것입니다. 그래서 화목제를 식사의 제사라고 부르기도 하고, 교제의 제사라고 부르기도 합니다. 이 화목제의 제물로는 소나 양, 염소를 드렸는데, 암컷이라도 흠이 없는 것은 제물로 드릴 수 있었습니다.

레위기 4장과 5장에는 속죄제에 대한 규정이 기록되어 있습니다. 속죄라는 말에서 한자어 속贖자가 뜻하는 것은 바꾼다, 교환한다라는 뜻입니다. 그러니까 속죄란 죄와 제물을 교환한다, 즉 제물을 바치고 죄를 면제받는다는 뜻입니다.

4장에는 사람이 고의로 저지른 죄는 제외하고 순전히 실수로 죄를 저질렀을 때 그 죄를 속죄하는 제사법에 대해 기록하고 있습니다. 1~3절을 공동번역으로 보겠습니다.

> 야훼께서 모세에게 말씀하셨다. "너는 이스라엘 백성에게 이렇게 일러라. '사람이 실수로 야훼의 명령을 어겨 하지 말라고 하신 일을 하나라도 하였을 경우에는 다음과 같이 해야 한다. 만일 기름 부어 세운 사제가 잘못해서 백성에게 벌이 돌아오게 되면, 큰 짐승들 가운데서 흠이 없는 수소 한 마리를 제물로 바쳐 그가 잘못한 죄를 벗어야 한다.…

속죄제는 네 가지로 경중을 가려서 드리게 되어 있습니다. 제사장이 잘못을 했을 경우, 회중이 잘못을 저질렀을 경우, 족장이 잘못을 저질렀을 경우, 일반 백성이 잘못을 저질렀을 경우, 이렇게 넷으로 분류해서 제물의 가치를 다르게 책정했습니다.

위의 본문은 제사장이 잘못을 저지른 경우에 해당하는 규정입니다. 제사장이 저지른 죄를 가장 무겁게 여겼기에 수소를 바치도록 했습니다. 회중이 잘못했을 경우에도 수소를 제물로 바쳐야 했습니다. 족장이 죄를 지었을 경우에는 숫염소로 드리도록 했고, 일반 백성이 죄를 저질렀을 경우에는 암염소나 암양으로 드리도록 했습니다. 당시에는 숫염소가 암염소나 암양보다 귀하고, 값도 더 나갔던 것 같습니다.

레위기 5장 앞부분에는 속죄제를 드려야 하는 죄의 몇 가지 사례가 기록되어 있습니다. 1~6절을 공동번역으로 보겠습니다.

> 누구든지 어떤 사건을 보아서 알거나 들어서 알아 증인으로 출두하였을 때 바로 증언하지 않으면 저주를 받으리라는 선고를 듣고서도 바르게 증언하지 않는 죄를 지었을 경우에는 그 죄의 책임을 면하지 못한다.
> 또 누구든지 부정한 들짐승의 주검이나 부정한 가축의 주검이나 부정한 길짐승의 주검과 같은 어떤 부정한 물건에 모르고라도 닿았을 경우에 그는 부정을 탄 사람이므로 그 부정을 벗어야 한다.
> 또 사람 몸에 있는 어떤 부정한 것에 닿았든지 그런 줄을 모르고 닿았다고 하더라도 그는 부정을 탄 사람이므로 깨닫는 대로 곧 그 부정을 벗어야 한다.
> 또 무슨 일이든지 함부로 입술을 놀려 맹세한 사람은 비록 모르고 한 일이라 하더라도 자기가 맹세한 일이면 그 무엇이든지 깨닫는 대로 책임을 져야 한다.
> 위에 말한 것 중의 어느 하나에라도 걸렸을 경우에는 자기가 어긴 그 잘못을 고백하고 그 벌로 야훼께 속죄제물을 드리는데 양떼 가운데서 면양이든지 염소든지 암컷 한 마리를 바쳐야 한다. 이렇게 사제가 그의 죄를 벗겨주면 그는 죄를 용서받을 것이다.

죽은 짐승을 만진 것을 죄로 본 이유는, 오늘날과 같이 바이러스나 세균의 존재를 몰랐던 옛 시대에 사체를 만져서 옮는 병균으로 인해 당사자에게 병이 생기거나 집단적으로 전염병이 도는 것을 경험한 옛사람들이 그 자세한 원인은 모르지만 참혹한 결과를 피하기 위해 나름대로 해결법을 찾은 것으로 보입니다.

물론 위생 문제를 죄로 본 것은 옳은 진단이 아닙니다. 하지만 결과적으로 위생상 문제가 있는 것에 함부로 손대지 않게 함으로써 질병의 확산을 막는 데 긍정적인 역할을 했다고 볼 수 있습니다.

제물은 양이나 염소 가운데 암컷 한 마리를 바치면 되었는데, 그것도 바치기 어려운 가난한 사람에게는 비둘기로 대신할 수 있게 했고, 비둘기마저 바치기 어려운 더욱 가난한 사람에게는 일정량의 밀가루로 드리도록 했습니다. 7~13절을 공동번역으로 보겠습니다.

> 만일 그에게 작은 짐승 하나라도 마련할 힘이 없다면 자기의 잘못에 대한 벌로 산비둘기 두 마리나 집비둘기 두 마리를 가져다가 한 마리는 속죄제물로 바치고 한 마리는 번제물로 바쳐야 한다.
> 그 비둘기들을 사제에게 바치면, 사제는 속죄제물부터 바치는데 목을 부러뜨리되 떨어지지 않게 하여야 한다. 그리고 그 속죄제물의 피를 제단 턱에 뿌리고 나머지 피는 빼어서 제단 밑바닥에 흘려야 한다. 이것이 속죄제물이다. 다음 비둘기는 법을 따라 번제물로 바쳐야 한다. 이렇게 사제가 그의 잘못을 벗겨주면 그는 죄를 용서받을 것이다.
> 만일 그에게 산비둘기 두 마리나 집비둘기 두 마리를 마련할 힘도 없다면, 자기의 잘못에 대한 벌로 밀가루 십분의 일 에바를 속죄제물로 바쳐야 한다. 그러나 이것은 속죄제물이기 때문에 기름이나 향을 그 위에 얹지 못한다. 그가 사제에게 그것을 바치면, 사제는 가루 한 움큼을 쥐어서 야훼께 살라 바치는 제물 위에 얹어 정성의 표시로 제단에서 살라야 한

다. 이것이 속죄제물이다.

위에 말한 것 중의 어느 하나에라도 걸린 사람은 사제가 이렇게 그의 잘못을 벗겨주면 죄를 용서받을 것이다. 그 제물은 곡식예물처럼 사제의 몫이 된다.'"

　5장 뒷부분에는 속건제에 대해 기록되어 있습니다. 15~19절을 공동번역으로 보겠습니다.

"누구든지 야훼에게 거룩한 것을 바칠 때 성실치 못하여 실수해서 제대로 바치지 못했을 경우에는 그 잘못에 대한 벌로 자기의 양떼 가운데서 흠없는 면양 수컷 한 마리를 야훼에게 바쳐야 한다. 이것이 면죄제물이다. 그 양이 성소 세겔로 달아 몇 세겔짜리가 되어야 하는가는 네가 결정해 주어라. 거룩한 것을 제대로 바치지 못한 잘못을 보상해야 하는데 그 보상하는 값의 오분의 일을 더 보태서 사제에게 내야 한다. 사제가 그 잘못한 벌로 내는 숫양을 바쳐서 그의 죄를 벗겨주면, 그는 죄를 용서받을 것이다.

누구든지 야훼가 하지 말라고 명령한 것 가운데 그 어느 한 가지라도 어겼을 경우에는 비록 모르고 했더라도 벌을 받아야 한다. 그는 그 죄의 책임을 면하지 못한다. 그는 그 잘못한 데 대한 벌로 양떼 가운데서 흠없는 면양 수컷 한 마리를 사제에게 가져와야 한다. 그 양의 값은 네가 결정해 주어라. 실수해서 모르고 잘못한 것을 벗겨주는 제물로 그것을 사제가 바치면, 그는 죄를 용서받을 것이다.

이것이 면죄제물이다. 그는 자기 잘못에 대한 벌로 이 제물을 야훼에게 바치지 않을 수 없는 것이다."

속건제를 공동번역은 면제제물이라고 번역했습니다. 죄를 면제해준다는 뜻으로 사실상 속죄라는 말과 다르지 않습니다.

그런데 5장의 본문에서는 이렇게 속죄제와 속건제를 구분해놓았지만, 본문을 비교해보아도 둘의 뚜렷한 차이점을 발견하기 어렵습니다. 신학자나 목사들이 여러 가지로 설명하고 있지만 만족할만한 설명을 찾기도 어렵습니다.

성서 자체가 안고 있는 이런 비논리적이거나 불충분한 설명들에 대해서는 억지로 설명하려고 하기보다, 논리적으로 완벽하게 해결하기 어렵다는 사실을 그냥 인정할 필요가 있습니다. 성서에 오류가 없다는 생각은 교리에 따른 주장일 뿐 사실이 아니기 때문입니다.

그런데 레위기 5장과 6장은, 개신교에서 사용하는 성서와 가톨릭에서 사용하는 공동번역의 편성이 다르게 되어 있습니다. 개신교에서 사용하는 성서에서는 5장이 19절에서 끝나는데, 공동번역은 30절까지 이어집니다. 그리고 개신교 성서는 6장이 30절까지 있는데, 공동번역은 23절까지로 구성되어 있습니다.

성서에 처음으로 장을 만들어놓은 분이 13세기 성서학자 스테판 랑튼 경이었다고 말씀드렸습니다. 그분은 당대에 뛰어난 학자였지만, 현대 신학자들이 볼 때는 그의 장 구분이 적절치 못한 부분이 꽤 있습니다.

4장부터 시작되는 속죄제에 대한 규정은 개신교 성서의 경우 속건제를 포함하여 6장 7절까지 이어집니다. 그리고 6장 8절부터는 제사 의식을 집행할 때 제사장들이 지켜야 할 규정에 대한 말씀으로 넘어갑니다. 명백하게 주제가 바뀌는 것입니다.

그러니까 4장 1절부터 6장 7절까지 이어지는 속죄제에 대한 부분을 한 장이나 두 장으로 묶었어야 했는데, 결과적으로 스테판 랑튼 경이 잘못 나눈 것입니다.

공동번역성서의 편찬 작업을 할 때 번역위원들이 이 부분에서 상당히 고심했을 것입니다. 이미 장으로 나뉘어 수세기 동안 내려온 전통에 손을 댄다는 것은 여간 부담스러운 일이 아니거든요.

하지만 당시의 번역위원들은 전통보다 성서의 내용 자체를 존중해야 한다는 점에 동의했던 것 같습니다. 그래서 이 부분을 4장과 5장으로 주제에 맞게 과감히 조정했던 것입니다.

저는 공동번역성서의 편성이 옳은 선택이었다고 생각합니다. 제가 개신교인이면서도 개신교에서 공식적으로 사용하는 개역개정본보다 공동번역을 더 선호하는 점에는 이런 부분도 작용합니다.

제가 성서 강해를 안내하는 첫머리에 이런 말씀을 드렸습니다. 성서 본문은 개신교에서 사용하는 개역개정본을 주 텍스트로 삼고, 공동번역과 표준새번역은 보조 자료로 삼겠다고요. 하지만 시간이 흐를수록 개역개정본보다 공동번역의 본문을 인용하는 횟수가 더 많아지는 것을 저 자신이 느끼고 있습니다.

그 이유도 이렇게 공동번역이 여러모로 개역개정본보다 이해하기가 쉽고 명확하기 때문입니다. 그러나 이 강의의 의도가 개신교 교우님들과의 소통을 일차 목표로 하고 있기에 인용 횟수와 상관없이 개역개정본을 주 텍스트로 삼는다는 원칙은 계속 이어가겠습니다.

하여 개역개정본의 6장 1절부터 7절까지는, 흐름상으로는 공동번역의 구분을 따라 5장의 마지막에 들어가야 맞지만, 개역개정본이 6장의 앞부분으로 구분하고 있으니, 6장으로 보고 강해를 계속하겠습니다.

6장 1절부터 7절까지는, 이웃의 위탁물이나 담보물을 횡령하거나 분실물을 습득하고도 모른 체하고 돌려주지 않는 경우가 드러나면, 원주인에게도 배상을 해야 하지만 속건제도 드려야 한다는 내용입니다. 여기까지가 큰 틀에서 보았을 때 4장에서부터 이어지는 속죄제에 관한 규정이었습니다.

6장 8절부터 7장까지는, 제사 의식을 집행할 때 제사장들이 어떻게 집전해야 하는지를 일러주는 제사 규정으로 들어갑니다. 이 부분은 두 장으로 나누지 말고 한 장으로 묶어도 좋았을 것 같습니다.

앞서 말씀드린 바와 같이 개역개정본의 6장 8절이 공동번역에서는 6장 1절이 됩니다. 공동번역으로 2절을 보겠습니다.

> "너는 아론과 그의 아들들에게 이렇게 지시하여라. '번제를 드리는 규정은 다음과 같다. 제단에는 늘 불이 타고 있어야 한다. 제단에서 타는 그 불 위의 번제물은 아침이 될 때까지 밤새도록 남아 있어야 한다.…

이어서 5~6절도 보겠습니다.

> 제단 위에서 타는 불은 꺼지면 안 된다. 사제는 아침마다 장작을 지피고 번제물을 그 위에 차려놓으며 친교제물의 기름기를 그 위에서 살라야 한다. 제단에서는 불이 꺼지지 않고 늘 타고 있어야 한다.

번제는 아침저녁으로 드리는데, 한순간도 꺼지지 않도록 해야 한다는 것입니다. 이렇게 아침저녁으로 매일 드리는 번제를 상번제라고 합니다. 항상 드리는 번제라는 뜻입니다.

상번제를 아침저녁으로 드리는 이유는, 하나님께서 언제나 이스라엘 백성과 함께하신다는 것을 항상 잊지 말고 기억하라는 의미이며, 그러므로 이스라엘 백성들도 늘 하나님을 섬길 준비를 하고 있어야 한다는 뜻입니다.

7장에는 제사를 드릴 때 제사장이 반드시 지켜야 할 규정과 제사를 집행한 후 제사장에게 돌아갈 몫에 대해 기록되어 있습니다. 7~10절을 공동번역으로 보겠습니다.

> 속죄제물이나 면죄제물은 같은 규정을 따라야 한다. 죄를 벗겨주는 예식을 치르는 사제가 그 제물을 자기 몫으로 차지한다. 사람에게서 번제물을 받아 바쳤으면, 그것을 바친 사제가 그 번제물의 가죽을 차지한다. 가마에서 구운 곡식예물이나 냄비나 빵 굽는 판에다 구워낸 예물은 모두 그것을 바친 사제의 몫이다. 모든 곡식예물은 기름에 반죽한 것이든지 하지 않은 것이든지 아론의 모든 아들들에게 균등하게 돌아가야 한다.

제사장은 곡식으로 드리는 소제물과 가축으로 드리는 속죄제물 가운데서 정해진 몫을 받아 생계를 유지하라는 것입니다. 제사장들의 생계를 염려하는 하나님의 배려가 담겼다고 볼 수 있겠습니다.

하지만 뒤집어 읽으면, 제사장들이 하나님의 입을 빌려서 자기 몫을 챙기는 것으로 볼 수도 있습니다. 앞의 해석은 주로 신학자들의 해석이고, 뒤의 해석은 종교학자들이 보는 시각입니다.

매우 다른 듯하지만 제 눈에는 별로 다르지 않게 보입니다. 제사장 그러니까 오늘날의 사제나 성직자들도 생계를 염려해야 하는 전문 직업인의 한 사람입니다. 자기가 맡은 일에 정당한 보상을 받는 것에 대해 부정적으로 볼 필요가 없습니다. 문제는 그 일 자체가 사회의 공익에 부합하느냐 그렇지 못하느냐에 있지, 일에 대한 몫을 받는 것 자체에 있지 않기 때문입니다.

레위기 8장에는 모세가 아론과 그의 아들들에게 제사장직을 위임하는 장면이 묘사되어 있습니다.

출애굽기를 강해할 때, 제사장들이 입을 화려한 복장에 대해 언급한 적이 있습니다. 오늘날 가톨릭 사제들이 예식을 집전할 때 입는 그런 화려한 복식을 떠올리게 한다고 말씀드렸지요.

백성들이 모인 자리에서 그 복장을 갖추어 입고 위임식을 하는데, 회중이 전부 회막 문에 모였다고 본문은 말하고 있습니다. 1~4절을 보겠습니다.

여호와께서 모세에게 말씀하여 이르시되, 너는 아론과 그의 아들들과 함께 그 의복과 관유와 속죄제의 수송아지와 숫양 두 마리와 무교병 한 광주리를 가지고 온 회중을 회막 문에 모으라. 모세가 여호와께서 자기에게 성서 본문의 기록에 따르면, 출애굽을 한 인원이 장정만 해도 60만 명인데, 그 인원이 모두 회막 문에 모였다는 것입니다. 이건 말이 되지 않습니다.

성서의 기록이 이렇게 허점투성이입니다. 백성을 대표해 장로 70명 정도가 모였다면 말이 됩니다. 실제로 그렇게 모였다면 그랬다고 기록하면 될 텐데, 본문은 그냥 온 회중을 회막 문에 모으라고 하나님께서 명하셨고, 그 명령대로 회중이 모였다고만 되어 있습니다. 하나님의 명령대로 실행했다는 점만 강조했지 논리적인 모순은 인식하지 못했다는 말이 됩니다.

앞에서도 성서의 기록이 명확하지 않고 논리적으로 문제가 많다는 말씀을 드렸습니다만 이런 말씀을 반복해서 드리는 이유는, 성서는 오류가 없고 완전하다는 잘못된 교리에서 벗어나야 성서의 문자에 매이지 않고 속뜻을 읽을 수 있기 때문입니다.

어쨌든 백성들이 모인 자리에서 모세가 집전하는 제사장 위임식이 거행됩니다. 아론과 그 아들들을 물로 씻기고, 속옷에서 겉옷까지 차례로 입히고, 가슴에 흉패를 붙이고, 머리에는 관을 씌우고, 관 위 전면에 금패까지 붙입니다. 그러고 나서 번제로 제사를 드리는데, 7일 동안 반복해서 제사를 드렸다고 본문은 말합니다.

7이라는 숫자는 완전함을 의미합니다. 하나님 앞에서 흠 없이 완전하게 위임식을 치렀고, 제사장들도 흠 없이 완전하게 하나님 앞에서 제사장직을 감당하라는 의미가 담겨 있습니다.

9장에는 제사장으로 위임받은 아론과 그의 아들들이 직접 제사를 집전하는 내용이 묘사됩니다.

아론이 대제사장으로서 자신을 위한 제사를 먼저 드리고 나서 백성을 위한 제사를 드립니다. 자신의 죄를 씻는 제사를 먼저 드려야 흠 없는 모습으로 하나님 앞에 서서 회중을 위한 제사를 집전할 수 있기 때문입니다.

10장에는 아론의 두 아들이 하나님의 명령 그대로 따르지 않고 제사를 잘못 치르다가 죽는 장면이 기록되어 있습니다. 1~2절을 보겠습니다.

> 아론의 아들 나답과 아비후가 각기 향로를 가져다가 여호와께서 명령하시지 아니하신 다른 불을 담아 여호와 앞에 분향하였더니, 불이 여호와 앞에서 나와 그들을 삼키매 그들이 여호와 앞에서 죽은지라.

이 본문은 글의 내용상 사건 보고서라고 할 수 있습니다. 하지만 보고서의 기본도 갖추지 못하고 있습니다. 분향 제사, 그러니까 성소 내부에서 향을 살라 바치는 제사는 늘 피워두는 번제단에서 불을 채취해서 드려야 합니다. 그런데 나답과 아비후는 번제단의 불이 아니라 다른 불을 담아서 분향했다고 본문은 말합니다.

그들이 고의로 그런 것인지, 아니면 아직 익숙하지 않아서 실수로 그런 것인지, 그것도 아니면 어떤 다른 사정이 있었던 것인지 본문이 좀 더 자세히 밝혀주면 좋았을 텐데, 본문은 그저 하나님의 명령대로 하지 않았기에 두 사람이 죽음을 면치 못했다는 것만 기록하고 있습니다. 오늘날 이런 문서를 사건 보고서로 검사나 변호사가 법정에 들고 온다면 증거 자료로 채택되지도 못할 것입니다.

앞에서도 말씀드렸습니다만 글을 쓸 때, 특히 어떤 사건을 기록으로 남길 때는 육하원칙을 기본적으로 갖추어야 합니다. 누가, 언제, 어디서, 무엇을, 어떻게, 왜, 이 여섯 가지 요소 중 하나라도 빠지면 사건에 대한 기록으로는 부적합합니다. 그런데 이 본문의 기록에는 '왜'가 빠져 있습니다.

고의적인 범죄인지 실수로 인한 범죄인지를 가리는 것은 법적 판결에서 죄의 경중을 좌우하는 매우 큰 요소입니다. 그런데 본문은 사형 판결을 집행한 경우에 해당하는 중대한 사건임에도 고의성 여부를 밝히지 않고 있습니다.

지금의 시각으로 보면 매우 부실한 내용이지만 2,000~3,000년 전 고대인들의 수준에서 기록한 것임을 참조해주시기 바랍니다. 본문의 하나님 역시 그 시대 고대인들이 그들의 수준에서 인식한 하나님이지 실제 하나님이 아니고요.

그런데 불행하게도 이 본문을 오늘날 못된 목사들이 자주 악용하고 있습니다. 제단을 함부로 범하면 하나님의 징계를 받는다고 말하며, 목사로 위임받은 사람만이 제단에 오를 수 있고 예배와 예식을 집전할 수 있으므로 교우님들이 예배 때 사회나 기도 또는 설교로 예배에 참여하는 것을 막는 목사들이 있습니다.

본문을 그렇게 적용하는 것은 명백하게 틀린 것입니다. 이 본문은 일반 백성들의 잘못을 탓하는 것이 아니라 제사장들이 규정에 맞지 않는 잘못된 방식으로 제사를 집행하는 것을 나무라는 내용이기 때문입니다. 그러니까 굳이 이 본문을 예배 현장에 적용하려면 목사들이 잘못된 설교를 하거나 잘못된 방식으로 예배를 인도하는 것을 문제 삼아야지, 일반 교우님들이 예배의 집전에 참여하는 것을 막는 근거로 사용해서는 안 되는 것입니다.

또 한 가지, 이 본문을 근거로 교우님들의 예배 집전 참여를 제한하고 싶어 하는 목사들이 똑똑히 기억해야 할 사실이 있습니다. 개신교 목사들은 구약 시대의 제사장직을 이어받은 사람이 아니라는 점입니다.

가톨릭 사제들은 제사장직을 이어받았다고 주장할 수 있습니다. 하지만 개신교는 가톨릭 사제 계급의 탈선에 대한 저항으로 탄생했습니다. 제사장, 즉 사제직의 계급과 권위를 모두 부정했습니다. 그래서 탄생한 것이 개신교의 핵심 이념 가운데 하나인 '만인 사제론'입니다. 구약 시대에는 제사장이 하나님과 백성 사이를 중재했고, 가톨릭도 사제가 하나님과 백성 사이를 중재하고 있지만, 그것은 성서적이지 않다는 것이 종교 개혁자들의 주장입니다.

사실 예수님의 십자가 사건으로 하나님과 백성 사이에 제사장이 중재자로 나설 필요가 없어졌고, 누구나 직접 하나님 앞에 나갈 수 있게 되었다는 것이 신약성서의 가르침입니다. 예수님이 십자가에 매달려 돌아가실 때 지성소와 성소를 구분하는 휘장이 찢어졌다는 기록이 그것을 상징적으로 보여줍니다.

그래서 종교 개혁자들은 스스로 사제의 계급의식과 권위를 내려놓았습니다. 신약 시대에 사제란 없다는 것입니다. 사제가 있다면 모든 기독교인이 다 사제라는 것입니다. 그것이 만인 사제론이고 개신교 정신입니다.

다시 말씀드리지만 개신교 목사는 사제가 아닙니다. 그냥 모든 교우들과 똑같은 신도일 뿐입니다. 오늘날 목사들이 구약 시대 제사장과 같은 역할을 실제로 한다고 생각할 수도 있습니다. 목사들이 전문성을 가지고 아직 신앙적으로 미숙한 신도들과 하나님 사이를 중재하는 역할을 실제로 하고 있는 건 사실입니다. 그렇다면 목사 못지않은 전문성과 신앙심을 가지고 교우들을 돌보는 성숙한 평신도도 사제라고 할 수 있습니다. 만인 사제론이니까요.

그러므로 목사는 스스로를 구별해서 교인들과 차별화하고, 교인들 위에 군림할 권리가 없습니다. 다만 기독교와 관련된 일 전반에 대해 전문적으로 배우고 과정을 마쳐서 전문인으로서 사역할 권리를 교단에서 인정받았을 뿐입니다. 그러니까 목사는 전문 종교인 또는 직업 종교인이라고 할 수는 있지만 사제는 아닙니다.

그러므로 특권 의식을 가진 목사는 목사 자격이 없음을 스스로 증명하고 있는 것입니다. 게다가 전문성으로 교인들을 섬기고 도와주기는커녕 잘못된 권위 의식으로 교인들을 통제하려 하기에 전문 종교인의 자격도 스스로 부정하고 있는 것입니다.

이런 사람은 본인을 위해서나 공동체를 위해서나 목사 일을 계속하지 못하게 하는 것이 좋을 것입니다. 하지만 교단에서는 이런 사람의 자격을 박탈하지 않습니다. 교단 역시 이익집단이기 때문입니다.

그렇다면 그런 사이비 목사들을 견제하고 제어하는 일은 교우님들이 하셔야 합니다. 교우님들이 교회의 주인이고, 목사들은 직업 종교인으로서 고용된 사람들이기 때문입니다. 고용된 사람이 제대로 일을 하지 못할 때 주인이 해고하는 것은 당연한 권리입니다.

목사를 직업 종교인이라고 말하면 거부감을 갖는 목사가 많습니다. 목사들뿐 아니라 신부님이나 스님들도 다 직업 종교인들입니다. 어떤 일을 하고 그 대가로 돈을 받으면 해당 분야의 직업인인 겁니다.

그런데 '목사는 성직자이기에 직업 종교인이라는 말이 적절치 않다'고 주장하는 목사들이 아직도 한국 교회에는 많습니다. 성직자라는 사람들 중에 전혀 대가를 받지 않고 봉사로 일을 한다면 직업 종교인이 아니라고 할 수 있습니다. 하지만 어떤 형태로든 그 대가를 받고 그게 주 수입원이라면 직업 종교인일 수밖에 없습니다. 구약 시대의 제사장들 역시 직업 종교인입니다.

또 하나 짚고 넘어가야 할 문제가 있습니다. 사실 성직자라는 말도 적절한 말은 아닙니다. 스스로 성직자라고 말하는 목사는 자신을 일반 신도들과 구별되는 특별한 사람으로 인정해달라고 주장하는 것입니다.

권위는 주장한다고 되는 것이 아닙니다. 자기가 맡은 일을 열심히 올바로 잘하면 저절로 따라오는 것입니다. 우리 사회에서 성직자라는 말은 직업 종교인들을 존중하는 용어로 통상적으로 사용하지만, 목사들이 스스로를 성직자라고 주장하는 것은 문제가 있습니다. 종교개혁의 정신에 비추어 보면 목사들에게 성직자라는 말은 적절한 용어라고 할 수 없기 때문입니다.

종교 개혁자들은 모든 직업이 다 하나님께서 주신 거룩한 직업이라고 생각했습니다. 이것을 '직업 소명론'이라고 합니다. 만인 사제론과 함께 개신교 정신의 중요한 부분입니다.

그러므로 목사가 성직자라면 교사도 성직자입니다. 의사도 성직자입니다. 그런데 종교 개혁자들의 후예인 목사들이 자신의 직업만 성직이라고 생각하면 다른 직업은 세속적이고 거룩하지 않은 직업이 됩니다. 이런 생각들은 종교 개혁자들이 주장한 직업 소명론과 정면으로 충돌합니다. 그러므로 개신교 목사라면 그런 의식을 버려야 합니다.

다시 말씀드리지만, 사회가 인정하는 직업이라면 모두가 하나님께서 허락하신 거룩한 직업, 곧 성직이라는 것이 개혁자들의 가르침입니다. 목사나 의사나 교사나 장사를 하는 분이나 노동을 하는 분이나, 사람에 차별이 없듯이 직업에도 차별이 없다는 것입니다. 그러므로 목사직만 특별히 거룩하다는 주장은 이래저래 설득력이 없습니다.

그런데 개혁적이라고 생각하는 평신도 교우님들 중에서도 목사는 직업 종교인이 아니라 성직자라고 생각하는 분들이 계십니다. 그러므로 성직자인 목사는 임금을 받아서는 안 되고 순전히 봉사로 일해야 하며 생계 문제는 다른 일을 통해서 해결해야 한다고 주장하는 사람들이 있습니다.

목사를 다른 직업을 가진 사람과는 다른 특별한 사람이라고 생각한다는 점에서 이 주장 또한 개신교 정신에 맞지 않습니다. 교사나 의사가 임금을 받는 것이 당연하듯 목사 역시 임금을 받는 것이 문제가 될 이유가 없습니다. 다만 교사나 의사나 목사나 그 누구든 임금을 받는 만큼 그 일의 전문가로서 부끄럽지 않게 최선을 다해서 맡은 일을 감당하는 것이 중요합니다.

제가 너무 지나치다고 생각하시는 분이 계실 것 같아서 조금 더 말씀을 드리고 싶습니다. 물론 한국 교회에는 인격과 덕을 갖추고 교우님들 섬기는 데 최선을 다하시는 훌륭한 목사님들도 많이 계십니다. 그분들께는 마음껏 존경심을 표시하시고 섬겨주십시오.

그래서 목사님들은 교우님들을 섬기고 교우님들은 목사님을 섬기시면서 서로가 서로를 섬기는 아름다운 공동체를 꼭 이루어주시기 바랍니다. 그래야 한국 교회가 삽니다. 그렇지 않으면 한국 교회가 지금까지 누렸던 영화는 머지않아 역사 속으로 사라질 것입니다.

10장 중간 부분에는 제사장들이 회막에 들어갈 때, 그러니까 제사 의식을 집전할 때는 포도주나 독주를 마시지 말라는 말씀이 기록되어 있습니다. 그리고 늘 그렇듯이, 그렇게 하지 않으면 죽음을 면치 못한다는 경고가 이어집니다. 8~10절을 보겠습니다.

> 여호와께서 아론에게 말씀하여 이르시되, 너와 네 자손들이 회막에 들어갈 때에는 포도주나 독주를 마시지 말라. 그리하여 너희 죽음을 면하라. 이는 너희 대대로 지킬 영영한 규례라. 그리하여야 너희가 거룩하고 속된 것을 분별하며, 부정하고 정한 것을 분별하고

이 기록은 현대인들이 참고할 필요가 있습니다. 제사 의식을 집전할 때는 술을 마시지 말라는 기록은 평상시에는 술을 마셔도 된다는 뜻입니다.

개신교에서는, 특히 매우 보수적인 미국 근본주의 교회들과 한국의 보수적인 교회들은 술을 금하는 것을 마치 꼭 지켜야 할 교리처럼 여깁니다. 하지만 그건 성서의 가르침과 어울리지 않습니다. 성서에 지나친 음주를 경계하는 말씀은 여기저기 많이 기록되어 있지만 술 자체를 죄악시하는 것은 아니기 때문입니다.

예수께서 가나의 혼인 잔치에서 베푸셨다는 첫 이적이 물로 술을 만드신 것이었습니다. 술을 물로 변하게 하신 것이 아니었고요. 성찬식에서 사용하는 포도주도 술입니다. 이제 한국 교회도 술에 대한 지나친 엄격성을 좀 내려놓고 대신 정직함과 정의로움에 대한 엄격함을 가졌으면 좋겠습니다.

11장에는 먹어도 되는 동물과 먹어서는 안 되는 동물에 대해 규정하고 있습니다. 좀 길지만 1~23절을 보겠습니다.

> 여호와께서 모세와 아론에게 말씀하여 이르시되, 이스라엘 자손에게 말하여 이르라. 육지의 모든 짐승 중 너희가 먹을 만한 생물은 이러하니, 모든 짐승 중 굽이 갈라져 쪽발이 되고 새김질하는 것은 너희가 먹되, 새김질하는 것이나 굽이 갈라진 짐승 중에도 너희가 먹지 못할 것은 이러하니, 낙타는 새김질은 하되 굽이 갈라지지 아니하였으므로 너희에게 부정하고, 사반도 새김질은 하되 굽이 갈라지지 아니하였으므로 너희에게 부정하고, 토끼도 새김질은 하되 굽이 갈라지지 아니하였으므로 너희에게 부정하고, 돼지는 굽이 갈라져 쪽발이로되 새김질을 못하므로 너희에게 부정하니, 너희는 이러한 고기를 먹지 말고 그 주검도 만지지 말라. 이것들은 너희에게 부정하니라.
> 물에 있는 모든 것 중에서 너희가 먹을 만한 것은 이것이니, 강과 바다와 다른 물에 있는 모든 것 중에서 지느러미와 비늘 있는 것은 너희가 먹되, 물에서 움직이는 모든 것과 물에서 사는 모든 것 곧 강과 바다에 있는 것으로서 지느러미와 비늘 없는 모든 것은 너희에게 가증한 것이라. 이들은 너희에게 가증한 것이니 너희는 그 고기를 먹지 말고 그 주검을 가증히 여

기라. 수중 생물에 지느러미와 비늘 없는 것은 너희가 혐오할 것이니라.

새 중에 너희가 가증히 여길 것은 이것이라. 이것들이 가증한즉 먹지 말지니, 곧 독수리와 솔개와 물수리와 말똥가리와 말똥가리 종류와 까마귀 종류와 타조와 타흐마스와 갈매기와 새매 종류와 올빼미와 가마우지와 부엉이와 흰 올빼미와 사다새와 너새와 황새와 백로 종류와 오디새와 박쥐니라.

날개가 있고 네 발로 기어 다니는 곤충은 너희가 혐오할 것이로되, 다만 날개가 있고 네 발로 기어 다니는 모든 곤충 중에 그 발에 뛰는 다리가 있어서 땅에서 뛰는 것은 너희가 먹을지니, 곧 그 중에 메뚜기 종류와 베짱이 종류와 귀뚜라미 종류와 팥중이 종류는 너희가 먹으려니와, 오직 날개가 있고 기어다니는 곤충은 다 너희가 혐오할 것이니라.

먹어도 되는 들짐승은 두 가지 조건을 충족해야 합니다. 굽이 갈라지고 되새김질도 해야 합니다. 굽이 갈라져도 되새김질을 하지 못하거나 되새김질해도 굽이 갈라지지 않은 동물은 먹어서는 안 되었습니다.

먹어도 되는 대표적인 들짐승은 소와 염소와 양을 들 수 있습니다. 먹어서는 안 되는 들짐승으로 본문에 소개한 것들은 낙타와 사반, 토끼, 그리고 돼지입니다. 사반이 어떤 동물을 말하는지는 확실치 않습니다. 오소리가 아닐까 하고 학자들이 추측할 뿐입니다.

물에 사는 동물 중에는 지느러미와 비늘이 있는 물고기만 먹고, 그것들이 없는 수중 동물은 먹지 말라는 것입니다. 그러니까 현대인들이 즐겨 먹는 장어나 오징어, 낙지, 문어 같은 연체동물은 먹으면 안 된다는 것입니다.

새 중에는 주로 맹금류는 먹지 못하게 했고, 곤충류에서는 메뚜기 종류는 먹을 수 있었습니다. 땅에 기어 다니는 동물들은 모두 가증한 것으로 여겼고 당연히 먹을 수 없었습니다. 그리고 죽은 동물은 만지기만 해도 부정하게 여겼습니다.

먹어도 되는 정결한 동물과 먹어서는 안 되는 부정한 동물에 대한 이런 구분은 당시 히브리인들이 오랫동안 축적한 경험과 정서, 그리고 당시 중동 지방의 기후, 문화와도 연관이 있을 것입니다. 죽은 짐승과 접촉하지 말라는 것도 그것이 위생상 문제가 된다는 사실을 경험을 통해 인식했기 때문일 것입니다.

하지만 신약 시대에 오면 예수님은 이런 종류의 규정을 모두 폐기하시고 대신 마음의 정결함을 강조하셨습니다. 마가복음 7장 14절~23절을 보겠습니다.

> 예수께서 다시 사람들을 불러 모으시고 이렇게 가르치셨다. 너희는 내 말을 새겨들어라. 무엇이든지 밖에서 몸 안으로 들어가는 것은 사람을 더럽히지 않는다. 더럽히는 것은 도리어 사람에게서 나오는 것이다.
>
> 예수께서 군중을 떠나 집에 들어가셨을 때에 제자들이 그 비유의 뜻을 묻자 예수께서는, 너희도 이렇게 알아듣지를 못하느냐? 밖에서 몸 안으로 들어가는 것은 사람을 더럽히지 못한다는 것을 모르느냐? 모두 뱃속에 들어갔다가 그대로 뒤로 나가버리지 않느냐? 그것들은 마음속으로 파고들지는 못한다, 하시며 모든 음식은 다 깨끗하다고 하셨다.
>
> 그리고 다시 이렇게 말씀하셨다. 참으로 사람을 더럽히는 것은 사람에게서 나오는 것이다. 안에서 나오는 것은, 곧 마음에서 나오는 것인데 음행, 도둑질, 살인, 간음, 탐욕, 악의, 사기, 방탕, 시기, 중상, 교만, 어리석음 같

은 여러 가지 악한 생각들이다. 이런 악한 것들은 모두 안에서 나와 사람을 더럽힌다.

신학자들은 이 말씀이 음식에 대한 율법의 규정들을 예수님이 거부하고 폐지하신 것이라고 해석합니다. 진보적인 신학자들만이 아니라 보수적인 신학자들도 대부분 그 해석에 동의하고 있습니다.

당시 모세오경은 완전한 하나님의 말씀으로 간주되어 토라라는 이름으로 불렸습니다. 토라는 가르침, 교의, 교훈이라는 뜻입니다. 이런 거룩한 토라의 말씀을 예수님이 정면으로 부정하셨으니, 당시의 종교학자요 지도자들이라고 할 수 있는 서기관과 바리새인들은 예수님을 이단자이며 죽어 마땅한 자로 여겼던 것입니다.

12장에는 산모의 정결 규정에 대해 기록되어 있습니다. 1~5절을 보겠습니다.

여호와께서 모세에게 말씀하여 이르시되, 이스라엘 자손에게 말하여 이르라. 여인이 임신하여 남자를 낳으면 그는 이레 동안 부정하리니 곧 월경할 때와 같이 부정할 것이며, 여덟째 날에는 그 아이의 포피를 벨 것이요, 그 여인은 아직도 삼십삼 일을 지내야 산혈이 깨끗하리니, 정결하게 되는 기한이 차기 전에는 성물을 만지지도 말며 성소에 들어가지도 말 것이며, 여자를 낳으면 그는 두 이레 동안 부정하리니 월경할 때와 같을 것이며, 산혈이 깨끗하게 됨은 육십육 일을 지내야 하리라.

아이를 낳을 때 동반되는 출혈은 부정한 것이라고 옛사람들은 생각했습니다. 그래서 일정 기간 동안 근신하고 지내다가 정결 예식을 거쳐야 그 부정함이 없어진다고 생각했습니다.

그런데 남자아이를 낳을 때와 여자아이를 낳을 때 근신하는 기간이 다르다고 본문은 말합니다. 남자아이를 낳으면 7일 동안 부정하고 33일이 지나면 깨끗해지는데, 여자아이를 낳으면 14일 동안 부정하고 66일이 지나야 깨끗해진다는 것입니다.

남존여비 사상을 당연하게 생각했던 옛 시대의 기록이라는 점, 그리고 성서 역시 그런 시대적인 한계 안에서 기록되었다는 점을 인정해야 한다고 여러 번 말씀드렸으니 더 이상 자세한 얘기는 하지 않아도 될 줄 압니다.

13장에는 악성 피부병에 대한 규정이 기록되어 있습니다. 아마도 나병을 말하는 듯합니다. 하지만 본문이 지적하는 악성 피부병이 오늘날 문둥병 또는 한센병이라고 말하는 그 나병으로 단정 지을 수 없다고 생각하는 학자들도 있습니다. 하지만 본문에는 나병이라고 되어 있으므로 그냥 나병으로 보고 말씀드리겠습니다.

13장 본문에는 전염성이 없는 단순 피부병과 나병을 구분하는 법이 자세히 서술되어 있습니다. 현대 의학으로 볼 때는 정확한 진단이라고 볼 수 없지만 당시에는 나름대로 효력이 있는 진단법이었다는 데에 학자들의 견해가 일치합니다.

나병으로 확정 판결을 받은 사람은 무리와 격리되어 따로 살아야 했고, 사람이 접근하면 부정하다고 소리쳐 말해야 했습니다. 45~46절을 보겠습니다.

나병 환자는 옷을 찢고 머리를 풀며 윗입술을 가리고 외치기를 부정하다 부정하다 할 것이요, 병 있는 날 동안은 늘 부정할 것이라. 그가 부정한즉 혼자 살되 진영 밖에서 살지니라.

나병 환자가 사용했던 옷이나 기구들은 모두 불태우게 했는데, 이런 것들은 모두 전염병의 확산을 막기 위한 방법이었습니다.

14장 앞부분에는 나병 환자가 나았을 경우의 처신 문제가 기록되어 있습니다. 나병 환자가 병이 다 나았다고 판단될 때는 제사장에게 가서 진단을 받고, 정말로 병이 나았다는 판정을 받으면 정결 예식을 치르고 공동체에 다시 편입할 수 있었습니다.

14장 뒷부분에는 나병의 흔적이 집이나 옷에 남아 있을 경우의 처신에 대해서 기록되어 있습니다.

15장에는 유출병에 대한 규정이 기록되어 있습니다. 2~5절을 보겠습니다.

이스라엘 자손에게 말하여 이르라. 누구든지 그의 몸에 유출병이 있으면 그 유출병으로 말미암아 부정한 자라. 그의 유출병으로 말미암아 부정함이 이러하니, 곧 그의 몸에서 흘러나오든지 그의 몸에서 흘러나오는 것이 막혔든지 부정한즉, 유출병 있는 자가 눕는 침상은 다 부정하고 그가 앉았던 자리도 다 부정하니, 그의 침상에 접촉하는 자는 그의 옷을 빨고 물로 몸을 씻을 것이며 저녁까지 부정하리라.

고대인들은 생리 현상을 부정한 것, 또는 병적인 것으로 보았습니다. 그래서 유출병이라고 했습니다. 물론 현대적인 의학 지식을 가질 수 없었기에 생겨난 편견입니다.

15장 전반부에는 남자의 생리 현상, 15장 후반부에는 여자의 생리 현상에 대해서 기록했습니다. 남자의 정액이 배출되거나 여자의 월경에 따른 배출도 모두 부정한 것이며 병적인 것으로 보았습니다.

이런 현상이 일어날 경우에 적절한 절차를 거치고 속죄제를 드려야 깨끗해진다고 보았습니다. 보수적인 학자들은 15장 앞부분이 성병에 대해 말하는 것이라고 주장하기도 하지만, 진보적인 학자들은 그런 주장에 동의하지 않는 분이 많습니다.

레위기 16장은 오늘날까지 이스라엘이 가장 큰 명절로 지키는 대속죄일에 대해 기록하고 있습니다. 유대력으로 7월 10일에 지키는 명절인데, 이날 대제사장은 지극히 거룩한 장소를 뜻하는 지성소에 들어가서 백성을 위한 속죄 의식을 집행합니다.

지성소에는 십계명이 담긴 법궤를 두었습니다. 지성소는 하나님의 임재를 상징하는 성막의 중심이고, 사람으로 말하면 심장과 같은 곳이라고 할 수 있습니다. 1년에 단 한 차례, 오직 대제사장만이 대속죄일에만 들어갈 수 있는 이곳에서 대제사장은 먼저 자신을 정결하게 하는 제사를 드리고, 이어서 백성들의 죄를 속죄하는 제사를 드렸습니다.

특이한 점은 광야의 신 아사셀을 위한 제사를 이날 함께 집행했다는 것입니다. 먼저 8~10절을 보겠습니다.

> 두 염소를 위하여 제비 뽑되, 한 제비는 여호와를 위하고 한 제비는 아사
> 셀을 위하여 할지며, 아론은 여호와를 위하여 제비 뽑은 염소를 속죄제로
> 드리고, 아사셀을 위하여 제비 뽑은 염소는 산 채로 여호와 앞에 두었다
> 가 그것으로 속죄하고 아사셀을 위하여 광야로 보낼지니라.

이어서 21~22절 보겠습니다.

> 아론은 그의 두 손으로 살아 있는 염소의 머리에 안수하여 이스라엘 자
> 손의 모든 불의와 그 범한 모든 죄를 아뢰고, 그 죄를 염소의 머리에 두어
> 미리 정한 사람에게 맡겨 광야로 보낼지니, 염소가 그들의 모든 불의를
> 지고 접근하기 어려운 땅에 이르거든 그는 그 염소를 광야에 놓을지니라.

하나님 이외에 다른 신을 위한 제사를 드린다는 것은 유일신 신
앙을 가진 이스라엘에 합당한 일이 아닙니다. 아마도 유일신 신앙
이 확립되기 전에 이스라엘에 유입된 이방 종교 문화의 흔적이었을
것입니다.

유일신 신앙과는 어울리지 않는 이 종교 문화에 대해서 초기 기
독교인들은 예수님과 연관 지어 적극적으로 해석했습니다. 요한복
음 1장 29절을 보겠습니다.

> 이튿날 요한이 예수께서 자기에게 나아오심을 보고 이르되, 보라, 세상
> 죄를 지고 가는 하나님의 어린 양이로다.

아사셀을 위해 구별해놓은 염소가 이스라엘 백성들의 죄를 모

두 짊어지고 광야로 보내졌듯이, 예수님은 하나님의 어린 양이 되어 세상 만민의 죄를 모두 짊어지고 광야와 같은 세상 한가운데로 보내지셨노라고 요한 공동체 사람들은 해석한 것입니다. 예수님의 삶과 죽으심을 인류를 위한 대속으로 해석한 것인데, 이 내용과 관련해서 보충 설명을 좀 드려야 할 것 같습니다.

앞 강해에서 현대 진보 신학자 중에서는 대속 사상을 지지하는 학자가 거의 없다는 말씀을 드렸습니다. 그렇다면 원죄의 개념은 어떻게 되는 것인지 궁금해하는 분이 계실 것 같습니다.

먼저 원죄론과 관련해서 말씀드리겠습니다. 원죄론은 대속론, 삼위일체론과 함께 보수 정통 기독교의 핵심 교리입니다. 원죄란 에덴동산에서 인류의 조상인 아담과 하와가 뱀의 유혹을 받아 하나님께서 먹지 말라고 하신 선악과를 따먹은 불순종의 죄가 인류 전체에게 유전처럼 이어지는 것이라고 배웠습니다.

하지만 현대 신학자들은 창세기 1~11장은 실제로 일어난 역사적 사실이 아니라, 세상과 인류의 기원을 설명하기 위한 신화로 본다고 말씀드렸던 것을 기억해주시기 바랍니다. 그러니까 아담과 하와는 개인으로서 역사적으로 실존했던 인물이 아니라, 창세 신화에서 인류의 대표로 설정된 신화적인 설정 인물입니다.

〈태양의 후예〉라는 드라마를 기억하시는지요? 몇 년 전에 크게 유행했던 걸작 한류 드라마였지요. 이 작품의 주인공은 특전사 대위인 유시진과 봉사단 팀장인 의사 강모연입니다. 두 사람이 연기도 정말 잘하고 잘생기고 예뻐서 이들에게 호감을 가진 사람이 많았습니다.

하지만 유시진이나 강모연은 현실 세계에서 실제로 살아 있는 사람이 아닙니다. 남녀 배우가 연기한 극중 인물일 뿐입니다. 그러니까 유시진이나 강모연이 지금도 살아 있는가, 지금은 어디서 무얼 하고 사는가, 우루크라는 나라는 어떻게 되었는가, 라는 질문들은 할 필요가 없는 것입니다. 그 드라마를 통해서 작가가 하고 싶은 말이 무엇인가, 그 드라마를 본 사람들이 무엇을 느꼈는가, 또는 어떤 재미와 감동을 느꼈는가, 라는 것이 중요합니다.

역사적인 작품이 아니라 신화적인 작품인 창세기에서 아담이 지은 죄가 전체 인류에게 유전적으로 이어진 원죄라는 교리는, 신화와 역사를 구분할 수 없었던 옛 사람들이 신화를 역사로 착각해서 잘못 만들어낸 무지의 산물일 뿐입니다.

이와 관련해서 재미있는 사실이 있는데요, 성서에는 구약과 신약을 막론하고 원죄라는 단어가 단 한 군데도 등장하지 않는다는 사실입니다. 원죄론은 서기 4세기 후반에 와서야 아우구스티누스가 신학적으로 확립한 이론입니다.

인간은 날 때부터 죄를 안고 태어나기에 아무리 성인군자라 하더라도 스스로는 죄를 씻을 수 없다는 원죄론과 죄 없는 하나님의 아들 예수님의 대속으로만 구원을 받을 수 있다는 대속론, 그리고 삼위일체론. 이 세 교리가 만든 기독교의 전통적인 구원관이지요.

이 비합리적인 교리가 서기 4세기 이후 1,000여 년 동안 기독교의 핵심 교리로 인정받아왔습니다. 하지만 이 교리들은 예수께서 활동하고 돌아가신 지 300년 이상 지난 후에야 기독교의 정통 교리로 인정받은 것입니다.

더구나 그 정통 교리라는 것도 기독교의 자체적인 연구와 논의로 결정한 것이 아닙니다. 로마 황제 콘스탄티누스 1세가 늙은 로마

제국의 수명을 연장하기 위해, 강제로 제국 전역에 있는 주교들을 소환해서 니케아 회의를 열어 자기에게 유리한 결론을 내리도록 압박을 가해 결정된 교리입니다.

이렇게 결정된 매우 배타적이고 독선적인 교리를 르네상스가 일어나기 전까지 1,000여 년 동안 로마가톨릭교회가 고수했고, 종교개혁 이후 개신교의 주류 세력도 이들 교리만큼은 그대로 이어받았습니다.

그러니까 콘스탄티누스 이전 300년 동안은 오늘날과 같이 진보와 보수를 아우르는 다양한 기독교회가 존재했고 치열한 사상 경쟁이 있었는데, 그 모든 것이 콘스탄티누스의 정치적 의도에 따라 결정되고 정리되었던 것입니다.

콘스탄티누스 황제의 입장에서는 로마제국의 분열을 막기 위해서 전체 시민을 하나의 사상으로 묶을 필요가 있었습니다. 하지만 로마의 종교는 다신교입니다. 최고신 제우스가 있지만, 그는 완전무결한 절대적인 신이 아닙니다. 결점도 있었고 실수도 했고 여신들과 바람도 피웠습니다. 그래서 사람들은 제우스를 숭배했지만 절대적으로 헌신하지는 않았습니다. 바다에 나갈 때는 바다의 신인 포세이돈에게 더 의지했고, 전쟁을 할 때는 전쟁의 신인 마르스에게 기도했습니다.

이런 로마의 종교로는 드넓은 제국의 다양한 민족과 문화를 하나의 사상으로 통합하기 어렵습니다. 그래서 유일신 사상을 도입할 필요가 있었습니다. 그때 온갖 핍박 속에서도 굴하지 않고 살아남은 유대인들의 종교가 콘스탄티누스의 눈에 들어왔습니다.

하지만 유대인의 종교는 인간의 신성화를 용납하지 않았습니다.

하나님은 오직 한 분이시며, 인간은 절대로 신이 될 수 없었기 때문입니다. 그런데 유대교의 분파로 시작해서 세력을 확장하고 있던 기독교가 콘스탄티누스의 마음을 사로잡았습니다.

기독교에서는 인간이 신이 될 수 있었습니다. 콘스탄티누스는 오직 예수 한 사람에게만 적용되었지만 어쨌든 인간이 신이 될 수 있는 가능성을 발견했습니다. 그는 기독교와 손을 잡기로 하고, 책사 역할을 했던 주교 호시우스와 함께 기독교를 로마제국을 위한 종교로 만들기 위한 작업에 들어갔습니다.

기독교도 예수 이외의 다른 인간에게는 신이 될 수 있는 가능성을 차단하고 있었습니다. 하지만 호시우스는 예수님이 로마 황제를 인정하는 듯한 내용과 사도 바울도 로마제국과 사이좋게 지내기를 원한다는 중요한 내용을 신약성서에서 발견했습니다. 먼저 마가복음 12장 13~17절을 공동번역으로 보겠습니다.

그들은 예수의 말씀을 트집잡아 올가미를 씌우려고 바리사이파와 헤로데 당원 몇 사람을 예수께 보냈다. 그 사람들은 예수께 와서 이렇게 물었다. 선생님, 선생님은 진실하시며 사람을 겉모양으로 판단하지 않으시기 때문에 아무도 꺼리시지 않고 하느님의 진리를 참되게 가르치시는 줄 압니다. 그런데 카이사르에게 세금을 바치는 것이 옳습니까? 옳지 않습니까? 바쳐야 합니까? 바치지 말아야 합니까?

예수께서 그들의 교활한 속셈을 알아채시고, 왜 나의 속을 떠보는 거냐? 데나리온 한 닢을 가져다 보여다오 하셨다. 그들이 돈을 가져오자 이 초상과 글자가 누구의 것이냐 하고 물으셨다. 그들이 카이사르의 것입니다 하고 대답하자, 그러면 카이사르의 것은 카이사르에게 돌리고 하느님의 것은 하느님께 돌려라 하고 말씀하셨다. 그들은 예수의 말씀을 듣고 경탄해 마지않았다.

콘스탄티누스는 이 말씀을 예수가 로마황제의 통치를 인정하고 로마제국에 세금을 바치는 것도 인정한 것으로 받아들였습니다. 다음은 로마서 13장 1~7절을 역시 공동번역으로 보겠습니다.

누구나 자기를 지배하는 권위에 복종해야 합니다. 하느님께서 주시지 않은 권위는 하나도 없고 세상의 모든 권위는 다 하느님께서 세워주신 것이기 때문입니다. 그러므로 권위를 거역하면 하느님께서 세워주신 것을 거스르는 자가 되고 거스르는 사람들은 심판을 받게 됩니다. 통치자들은 악을 행하는 자에게나 두려운 존재이지 선을 행하는 사람들에게는 두려울 것이 없습니다. 통치자를 두려워하지 않으려거든 선을 행하십시오. 그러면 그에게서 칭찬을 받을 것입니다. 통치자는 결국 여러분의 이익을 위해서 일하는 하느님의 심부름꾼입니다. 그러나 여러분이 잘못을 저지를 때에는 두려워해야 합니다. 그는 공연히 칼을 차고 있는 것이 아닙니다. 그는 하느님의 심부름꾼으로서 악을 행하는 자들에게 하느님의 벌을 대신 주는 사람입니다. 그러므로 하느님의 벌이 무서워서뿐만 아니라 자기 양심을 따르기 위해서도 권위에 복종해야 합니다. 여러분이 여러 가지 세금을 내는 것도 이 때문입니다. 통치자들은 그와 같은 직무들을 수행하도록 하느님의 임명을 받은 일꾼들입니다. 그러므로 여러분은 그들에게 해야 할 의무를 다하십시오. 국세를 바쳐야 할 사람에게는 국세를 바치고 관세를 바쳐야 할 사람에게는 관세를 바치고 두려워해야 할 사람은 두려워하고 존경해야 할 사람은 존경하십시오.

콘스탄티누스는 기독교 사상의 기초를 놓은 사도 바울이 로마서의 이 내용을 통해 로마의 통치를 공인한 것이라고 판단했습니다. 그리하여 마침내 콘스탄티누스는 기독교와 손을 잡기로 결정했습니다.

그런데 그때까지 기독교는 너무도 다양한 사상이 서로 정통이니 이단이니 하며 경쟁하고 있었습니다. 예수는 인간이 아닌 신이었는데 인간의 모습으로 왔다고 주장하는 사람도 있었고, 신이 아니라 본래부터 인간인데 인간 중에 가장 완전한 분이라는 주장도 있었고, 그냥 단순히 현자로 받아들여야 한다는 주장도 있었습니다.

콘스탄티누스의 마음을 사로잡은 사상은, 예수가 본래부터 신이었는데 인간을 구원하기 위해 하늘에서 내려왔다는 주장이었습니다. 당시 이런 생각은 흔하고 흔한 것이었지만, 유일신의 유일하신 아들에게 적용되었다는 것이 중요했습니다. 그와 손을 잡으면 콘스탄티누스는 유일신의 유일한 아들로부터 인정받는 셈이 되기 때문입니다. 게다가 당대 기독교 최고의 신학자로 인정받았던 사도 바울의 인증까지 받는 셈이 되었습니다.

그래서 콘스탄티누스는 배타적이고 독선적인 기독교가 정통이 되도록 기획하고 획책했습니다. 로마 황제의 절대 권력을 동원하여 제국 전역에 퍼져 있는 주교들에게 충분한 여비를 주고 편히 쉴 수 있는 니케아의 황제 별장으로 초대했습니다.

콘스탄티누스의 직전 황제는 기독교 세계에서 악명 높은 디오클레티아누스 황제였습니다. 그는 기독교를 말살하려고 철저하게 탄압했습니다. 그때 고문을 받아 불구가 된 주교들도 있었는데, 세상이 바뀌어 로마 황제가 기독교를 공인해주었을 뿐 아니라 주교들을 초대하여 황제의 별장에서 기독교의 발전과 화합을 위한 회의를 갖게 해주고 여비까지 마련해주었으니 얼마나 감격했겠습니까.

마침내 니케아 회의에서 콘스탄티누스가 원한 바로 그 배타 교리 기독교가 정통으로 채택되었습니다. 다른 사상은 모두 정죄되었습니다. 예수님을 신으로 만드는 것은 기독교의 역동성을 죽인다는 주장이나, 원죄는 인간에 대한 모독이라는 주장이나, 대속은 원시시대의 잔재일 뿐이라는 주장들은 모두 정통 사상을 거스르는 위험한 이단 사상이 되어 단죄되었고, 교회에서 점차 사라져갔습니다.

하지만 이후 1,000여 년 동안 계속된 정통 교리는 콘스탄티누스의 의도와 달리 로마제국보다 교회에 훨씬 더 큰 이익을 가져다주었습니다. 로마가톨릭교회는 세상 그 무엇과도 비교할 수 없는 거룩하고 무소불위한 권위를 얻었으며, 황제와 비견되거나 그 이상의 권력까지 가진 유일한 조직이 되었습니다. 황제는 인간 세계의 최고 통치자였지만, 교황은 우주 만물의 통치자이신 하나님의 대리자였기 때문입니다.

그 이후로는 다른 사상을 가진 사람들을 모두 이단자로 단죄했기 때문에, 오직 보수 정통이라는 한 가지 사상만이 교회 안에 남게 되었습니다.

교회가 다른 목소리를 잠재우고 콘스탄티누스가 원했던 배타 교리를 끝까지 견지한 이유는 그것이 교회 조직이 발전하는 데 절대적으로 유리했기 때문입니다.

나만이 옳다, 다른 생각을 하면 지옥 간다, 이렇게 주장하면 내용을 알지 못하는 사람은 그 주장을 따를 수밖에 없습니다. 음식 전문가라는 사람이 열 가지 메뉴가 차려진 밥상을 두고, 아홉 가지 메뉴는 독이 들어 있어서 먹으면 죽는다, 이것 하나만 먹어야 한다고 주장하면 음식에 대해 잘 알지 못하는 사람은 그 사람이 권한 음식만 먹을 수밖에 없는 것과 같은 이치입니다.

중세 시대 문맹률은 98퍼센트에 달했습니다. 스스로 책을 읽으며 진실에 접근할 수 있는 사람은 거의 없었습니다. 그런데 마침내 변화의 물결이 찾아왔습니다. 십자군 전쟁과 르네상스, 그리고 종교개혁을 거치면서 하늘을 찌를 듯했던 교황의 권력이 현저히 약화되었고, 다른 생각을 가진 기독교인들이 입을 열기 시작했습니다.

정직하게 말해도 더 이상 화형을 당하지 않을 것이라는 확신이 들자 학자들의 논문이 쏟아져 나왔습니다. 종교개혁 이후 200~300년 동안 개신교와 가톨릭을 막론하고 치열한 기독교 사상 투쟁이 이어졌습니다. 그리고 마침내 개신교의 종주국이라고 할 수 있는 유럽에서는 대속론이나 원죄론 같은 비합리적인 교리가 설자리를 잃게 되었습니다.

삼위일체론도 재해석했습니다. 예수님이 그랬듯이 누구나 하나님과 하나가 되면, 예수님처럼 하나님의 아들이 된다는 따뜻하고 합리적인 교리로 재해석한 것입니다. 물론 진보적인 교회에서 그렇고, 보수적인 교회에서는 여전히 예수님만이 유일한 하나님의 독생자라는 생각이 지배하고 있습니다.

얘기가 좀 길어졌습니다. 지난 강의에서 충분히 말씀드리지 못했던 대속 사상에 대한 보충 강의라고 생각해주시면 좋겠습니다. 제가 지금까지 말씀드린 이 문제에 대해서 더 자세히 알고 싶으신 분은 제가 지은 『소설 콘스탄티누스』나 리차드 루벤슈타인이 지었고 한인철 교수가 번역해서 한국기독교연구소에서 출간한 『예수는 어떻게 하나님이 되셨는가』를 참고해주시기 바랍니다.

레위기 17장부터는 하나님의 거룩하심을 거스르는 중죄에 대
해 기록하고 있습니다. 전반부에는 짐승을 도살할 때는 반드시 성
소에서 일정한 예식을 거친 후에 해야 한다는 기록이 이어지고, 후
반부에는 피를 먹지 말라는 금령이 이어집니다. 10~14절을 보겠
습니다.

> 이스라엘 집 사람이나 그들 중에 거류하는 거류민 중에 무슨 피든지 먹
> 는 자가 있으면, 내가 그 피를 먹는 그 사람에게는 내 얼굴을 대하여 그를
> 백성 중에서 끊으리니, 육체의 생명은 피에 있음이라. 내가 이 피를 너희
> 에게 주어 제단에 뿌려 너희의 생명을 위하여 속죄하게 하였나니, 생명이
> 피에 있으므로 피가 죄를 속하느니라.
> 그러므로 내가 이스라엘 자손에게 말하기를, 너희 중에 아무도 피를 먹지
> 말며 너희 중에 거류하는 거류민이라도 피를 먹지 말라 하였나니, 모든
> 이스라엘 자손이나 그들 중에 거류하는 거류민이 먹을 만한 짐승이나 새
> 를 사냥하여 잡거든, 그것의 피를 흘리고 흙으로 덮을지니라.
> 모든 생물은 그 피가 생명과 일체라. 그러므로 내가 이스라엘 자손에게
> 이르기를, 너희는 어떤 육체의 피든지 먹지 말라 하였나니, 모든 육체의
> 생명은 그것의 피인즉 그 피를 먹는 모든 자는 끊어지리라.

알베르트 슈바이처 박사는 이 본문에 생명을 존중하고 경외하
는 사상이 담겼다고 해석했습니다. 하지만 저는 제사 제도에 나타
난 여러 규정을 살펴볼 때 그런 해석이 별로 호소력이 없다고 생각

합니다. 제사를 집행할 때 짐승을 잡아 그 피를 여기저기 뿌리고 피 냄새가 진동하는 현장 자체가, 이스라엘의 종교 문화에는 인간 이 외의 다른 생명체에 대한 생명 경외 사상이 거의 없다는 걸 증명하 기 때문입니다.

게다가 본문이 정말로 생명 경외 사상을 담고자 했다면, 미물이 라도 함부로 죽이지 말라는 구체적이고 분명한 규정을 한두 줄에라 도 담았어야 하는데 그런 부분이 전혀 없습니다. 다만 추수할 때 남 김없이 다 거두어들이지 말고, 떨어진 곡식은 남겨두어서 가난한 이웃이나 이방인 그리고 다른 짐승들이 먹을 수 있도록 하라는 정 도의 말씀이 기록되어 있을 뿐입니다.

본문에서 피와 생명을 일체라고 기록한 이유는 생명 경외 사상 의 결과가 아니라, 피를 흘리면 곧 죽는다는 옛사람들의 경험이 만 들어낸 결론이었을 것입니다. 그러니까 피는 죽음과 연관된 위험하 고 해로운 어떤 것일 수 있다는 두려움 때문에 피를 먹지 못하게 한 것이라고 저는 생각합니다.

한 걸음 더 나가서 생각해본다면, 피는 곧 생명이므로 먹지 말라 는 규정은 피 안에 그 생명체의 영혼이 깃들었으므로 함부로 먹을 경우 해를 입을 수 있다는 원시적 주술성을 담았을 가능성도 있습 니다.

물론 저의 이런 생각과 해석이 반드시 옳다고 주장할 수는 없습 니다. 명백한 증거 자료가 없는 상태에서 정황과 추정만으로 내 생 각이 반드시 옳다고 주장하는 건 위험할 수 있으니까요. 하지만 적 어도 이 본문이 생명체에 대한 경외 사상을 드러내는 것이라는 슈 바이처의 해석은 구약성서 전체를 흐르는 문화와는 명백히 대립합니다.

18장 전반부에는 근친상간을 금지한다는 내용과 함께, 근친상간에 해당하는 죄를 구체적으로 규정한 내용들이 담겨 있습니다. 서기전 세계에서는 동서양을 막론하고 근친혼이 유행했는데, 그에 비하면 고대 이스라엘은 적어도 이 부분에서는 일찍 깨었다고 할 수 있습니다.

18장 후반부에는 근친상간 이외에도 성적으로 금지해야 할 규정을 기록하고 있는데, 특히 현대 사회에까지 영향을 끼치고 논란을 불러오는 내용이 있습니다. 22~23절을 보겠습니다.

> 너는 여자와 동침함 같이 남자와 동침하지 말라. 이는 가증한 일이니라. 너는 짐승과 교합하여 자기를 더럽히지 말며, 여자는 짐승 앞에 서서 그것과 교접하지 말라. 이는 문란한 일이니라.

동성애와 수간에 대한 문제인데요, 출애굽기에도 거의 같은 내용이 있었습니다. 보수적인 교회에서 동성애를 반대하는 이유와 근거가 바로 이 본문에 담겨 있습니다.

보수적인 교회는 당연히 이 본문을 동성애를 반대하는 절대 근거로 봅니다. 성서는 오류가 없는 하나님의 말씀이라고 믿으니까요. 하지만 진보적인 교회는 성서의 기록을 그때 거기에서 탄생한 그 시대의 기록으로 봅니다. 그래서 시대의 한계와 문화의 한계 안에 갇힐 수 있다고 해석합니다. 그러므로 오늘날에는 반드시 문자 그대로 적용할 것인지, 아니면 재해석하여 오늘날의 실정에 맞게 적용할 것인지 신학적인 검토가 필요하다고 봅니다.

동성애 문제에 대한 성서의 시각은 신약 시대에 와서도 달라지지 않습니다. 사도 바울 역시 동성애를 죄로 보았습니다. 하지만 오늘날 진보적인 교회에서는 동성애를 죄로 보는 시각이 단지 보수적인 종교 문화의 영향일 뿐, 의학적으로나 인권의 측면에서 보더라도 동성애는 죄와 아무 관계가 없다고 해석합니다.

저 역시 이런 해석을 지지합니다. 동성애 문제는 성서가 말하는 문자적 기록에 따라서 판단할 문제가 아니라, 현대 의학과 과학 그리고 인권적인 시각으로 판단할 문제라고 생각하기 때문입니다.

레위기 19장은 레위기 전체를 통틀어 가장 귀하고 아름다운 장이라는 평가를 받습니다. 19장 전체를 아우르는 선언적인 말씀이 2절에 기록되어 있습니다. 1~2절을 보겠습니다.

여호와께서 모세에게 말씀하여 이르시되, 너는 이스라엘 자손의 온 회중에게 말하여 이르라. 너희는 거룩하라. 이는 나 여호와 너희 하나님이 거룩함이니라.

이 말씀은 레위기에서 가장 중요한 말씀이며, 레위기 전체를 규정짓는 말씀이라고 대부분의 신학자가 해석합니다. 하나님이 거룩하시니 그의 백성인 이스라엘도 거룩해야 한다는 것입니다.

그리고 오늘날에도 문자 그대로 적용해도 좋을 귀한 말씀들이 9~18절까지 이어집니다. 좀 길지만 읽어보겠습니다.

너희가 너희의 땅에서 곡식을 거둘 때에, 너는 밭 모퉁이까지 다 거두지 말고, 네 떨어진 이삭도 줍지 말며, 네 포도원의 열매를 다 따지 말며, 네 포도원에 떨어진 열매도 줍지 말고, 가난한 사람과 거류민을 위하여 버려두라. 나는 너희의 하나님 여호와이니라.

너희는 도둑질하지 말며, 속이지 말며, 서로 거짓말하지 말며, 너희는 내 이름으로 거짓 맹세함으로 네 하나님의 이름을 욕되게 하지 말라. 나는 여호와이니라.

너는 네 이웃을 억압하지 말며, 착취하지 말며, 품꾼의 삯을 아침까지 밤새도록 네게 두지 말며, 너는 귀먹은 자를 저주하지 말며, 맹인 앞에 장애물을 놓지 말고, 네 하나님을 경외하라. 나는 여호와이니라.

너희는 재판할 때에 불의를 행하지 말며, 가난한 자의 편을 들지 말며, 세력 있는 자라고 두둔하지 말고, 공의로 사람을 재판할지며, 너는 네 백성 중에 돌아다니며 사람을 비방하지 말며, 네 이웃의 피를 흘려 이익을 도모하지 말라. 나는 여호와이니라.

너는 네 형제를 마음으로 미워하지 말며, 네 이웃을 반드시 견책하라. 그러면 네가 그에 대하여 죄를 담당하지 아니하리라. 원수를 갚지 말며, 동포를 원망하지 말며, 네 이웃 사랑하기를 네 자신과 같이 사랑하라. 나는 여호와이니라.

하지만 19장 후반부에는 현대인으로서는 공감하기 어려운 내용이 다시 등장합니다. 27~28절을 보겠습니다.

머리 가를 둥글게 깎지 말며, 수염 끝을 손상하지 말며, 죽은 자 때문에 너희의 살에 문신을 하지 말며, 무늬를 놓지 말라. 나는 여호와이니라.

보수적인 교회에는 이런 구절 하나하나가 다 문화적인 제약으로 작용합니다. 특히 28절 말씀은 요즘 유행하는 문신을 타락한 문화로 보는 근거로 해석될 수 있습니다. 하지만 누군가에게 해를 끼치는 것이 아니라면 개인의 선택은 존중되어야 한다고 저는 생각하는데, 벗님들 생각은 어떠신지요?

레위기 20~27장, 땅은 하나님의 것

레위기 20장은 엄하게 다스려야 할 중죄에 대해 기록하고 있습니다. 구체적인 내용은 우상 숭배하는 자와 근친상간하는 자를 죽이라는 것으로 요약할 수 있습니다.

그런데 이 내용은 18장에서 이미 밝힌 내용을 다시 언급하고 있기도 하고, 출애굽기에 담긴 내용의 반복이기도 합니다. 중요한 내용이기에 다시 언급한 것이라고 볼 수도 있습니다.

저도 중요하다고 생각해서 반복할 때가 있습니다. 하지만 전에 했던 내용을 기억하지 못하여 마치 처음 하는 얘기처럼 착각하고 전할 때도 있습니다. 모세오경은 그런 여러 가지 상황과 환경을 뒤섞어서 기록하고 있습니다. 지난 강해들에서 모세오경에 대해 여러 차례 설명한 적이 있지만, 다시 한 번 정리하고 넘어가겠습니다.

히브리인들이 토라라고 부르는 모세오경은 여러 사람을 거쳐 전승된 단편적인 기억들을 어느 시점에서 단편적으로 기록하고, 그 단편적인 기록들을 모아서 문서를 여러 개 만들었고, 그 여러 개의 문서를 네다섯 개로 정리했다가, 최종적으로 하나의 토라로 모은 것입니다.

그런데 모세오경을 다섯 권의 책으로 나눈 것은 단순히 분량 때문입니다. 오늘날 같으면 한 권의 책 안에 다섯 개의 장으로 나누어 출간했을 텐데, 구약 시대에는 기술적으로 그렇게 할 수가 없었습니다. 그때는 양의 가죽을 모아서 두루마리 책을 만들었는데, 양의 가죽을 여러 장 이어 붙여도 최대한으로 쓸 수 있는 분량이 제한되었기에, 모세오경이라는 하나의 주제로 모은 문서를 다섯 권으로 나누어 기록할 수밖에 없었던 것입니다.

어쨌든 여러 단편들을 모아서 조합한 형태의 책이기에 모세오경에는 중복되는 내용이 많이 등장합니다. 게다가 중복된 본문들이 조금씩 내용이 다르거나 아예 충돌하는 것도 있습니다.

하여 오늘 강해하는 본문 중에도 전에 나왔던 내용의 반복이지만 현대 사회에까지 지속적인 영향을 끼치는 중요한 내용이기에 다시 한 번 짚고 넘어가야 할 말씀이 있습니다. 27절을 보겠습니다.

> 남자나 여자가 접신하거나 박수무당이 되거든 반드시 죽일지니 곧 돌로 그를 치라. 그들의 피가 자기들에게로 돌아가리라.

이런 말씀들이 있기에 성서의 기록을 오류 없는 하나님의 말씀으로 받아들이는 사람들은 우리의 전통 무속이나 이웃 종교를 문화적으로 인정하고 싶어도 받아들일 수 없을 것입니다. 하지만 진보 신학자들은 기독교를 절대적이고 유일한 종교로 보고 이웃 종교를 평가절하 하는 것 자체가 심각한 종교적 오류이고 오만이며, 사회 문제를 야기할 수밖에 없다고 봅니다.

이웃 종족을 배척하고 자기 종족끼리 뭉쳐서 살아가던 옛 성서 시대에는 그렇게 하는 것이 종족의 삶에 유익하고 필요하기도 했을 것입니다. 하지만 다원화된 현대 사회에서 그런 방식을 여전히 추구하는 것은 지구마을을 갈등으로 몰아가고 문화적 편협성에 갇혀 결국 그 공동체의 삶도 옥죈다는 것이 현대 신학자들의 결론입니다.

그러므로 성서의 이런 구절을 옛 시대의 한계 안에서 기록한 것으로 읽지 못한다면, 구약성서는 차라리 폐기하는 게 낫습니다.

10여 년 전에, 도올 김용옥 선생이 구약성서는 차라리 폐기하는 게 낫다는 주장을 편 적이 있습니다. 이에 대해 김경재 한신대 명예교수께서 구약을 폐기하면 사회정의를 강조한 예언자들의 외침도 사라진다며, 폐기가 아니라 제대로 읽는 법을 배워야 한다고 반론을 제기한 적이 있습니다.

두 분 주장이 다 옳습니다. 구약성서의 한계를 인지하지 못하고 문자에 매여 읽는 것보다는 차라리 폐기하는 게 낫습니다. 하지만 그건 인류 문화의 커다란 손실입니다.

결국 방법은 하나입니다. 구약성서, 아니 신약성서까지 포함하여 성서가 어떤 책이며, 어떻게 탄생했으며, 어떤 한계가 있으며, 어떤 가치가 있는지를 정확히 알고 읽어야 합니다.

레위기 21장에는 제사장들의 자격과 행동에 대한 규정이 기록되어 있습니다. 제사장은 거룩한 직임이니 거룩하게 행동하고 흠 없는 자격을 갖추어야 한다는 것입니다.

하지만 오늘날의 기준으로 볼 때는 편견으로 가득 차 있다고 볼 수밖에 없습니다. 문제가 되는 내용들을 보겠습니다. 먼저 7절입니다.

> 그들은 부정한 창녀나 이혼 당한 여인을 취하지 말지니, 이는 그가 여호와 하나님께 거룩함이니라.

이어서 16~21절도 보겠습니다.

> 여호와께서 모세에게 말씀하여 이르시되, 아론에게 말하여 이르라. 누구든지 너의 자손 중 대대로 육체에 흠이 있는 자는 그 하나님의 음식을 드리려고 가까이 오지 못할 것이니라. 누구든지 흠이 있는 자는 가까이 하지 못할지니 곧 맹인이나, 다리 저는 자나, 코가 불완전한 자나, 지체가 더한 자나, 발 부러진 자나, 손 부러진 자나, 등 굽은 자나, 키 못 자란 자나, 눈에 백막이 있는 자나, 습진이나 버짐이 있는 자나, 고환 상한 자나, 제사장 아론의 자손 중에 흠이 있는 자는 나와 여호와께 화제를 드리지 못할지니, 그는 흠이 있은즉 나와서 그의 하나님께 음식을 드리지 못하느니라.

제사장들에게 주는 말씀이긴 하지만, 이혼 당한 여자는 아내로 맞이하지 말라는 것이나 장애인은 제사장이 될 수 없다는 내용은 우리가 믿는 사랑의 하나님이 하실 말씀은 아닙니다. 여러 번 말씀 드린 대로, 그 시대의 한계 안에서 생각할 수밖에 없었던 고대 히브리인들이 인식한 하나님일 뿐입니다.

22장에는 제사장이 먹을 수 있는 음식에 대한 규정과 그 밖에 몇 가지 제사와 관련한 규정들이 기록되어 있습니다.

제사장들은 제사를 드리고 남은 음식이나 백성들이 가져다준 음식으로 먹고 살았습니다. 그런데 몸이 부정한 채로 먹으면 안 된다는 것입니다. 어떤 형식으로든 하나님께 바친 음식은 거룩한 것이므로 온전한 상태에서만 먹어야 한다는 것입니다.

그러니까 병을 앓고 있을 때는 부정한 상태이므로 반드시 치료해서 다 나은 후에야 제사장에게 배당된 거룩한 음식을 먹을 수 있다는 것입니다. 이런 규정 역시 현대인의 시각으로 보면, 병이 낫기 전에는 빌어먹어야 하느냐는 인권적인 문제에 부닥칠 수밖에 없습니다.

23장에는 절기에 대한 규정이 기록되어 있습니다.

가장 먼저 기록한 중요한 절기는 안식일입니다. 엿새 동안 일하고 일곱째 날은 아무 일도 하지 말고 쉬라는 것입니다. 십계명에도 들어 있는 계명이므로 더 이상 설명드리지 않아도 될 것 같습니다.

다음으로 유월절과 무교절에 대해 기록하고 있습니다. 5~8절을 읽어보겠습니다.

> 정월 십사일 저녁은 여호와의 유월절이요, 이 달 십오일은 여호와의 무교절이니, 칠일 동안 너희는 무교병을 먹을 것이요, 그 첫날에는 너희가 성회로 모이고 아무 노동도 하지 말지며, 너희는 칠일 동안 여호와께 화제

유대력으로 정월 14일이 유월절이고, 그 다음날인 15일부터 일주일 동안 무교절이 이어집니다. 그런데 유대력은 지금 우리가 사용하는 양력보다 두 달 반 정도 늦습니다. 그러니까 정월 14일이면 3월 말경이 됩니다. 그리고 유대인의 하루는 저녁에 해가 진 뒤 시작해서 다음날 해가 질 때까지입니다.

다음으로 초실절에 대한 규정이 이어집니다. 초실절은 첫 열매를 거두고 감사제를 드리는 날입니다. 보리를 제일 먼저 수확하는데, 이때 드리는 예물은 제사장들의 양식으로 사용했습니다.

다음으로 칠칠절이라고도 하고 오순절이라고도 하는 절기에 대한 규정이 이어집니다. 오순절은 초실절로부터 7일이 일곱 번 지난 다음날, 그러니까 초실절로부터 50일째 되는 날입니다. 이때 밀을 추수합니다. 밀을 추수하고 만든 빵으로 제물을 바쳐야 하는데, 이 빵 역시 제사장들의 양식으로 사용했습니다.

다음으로 우리의 설날과 같은 의미를 지니는 7월 1일 안식일에 대한 규정이 이어집니다. 과거 우리나라가 중국에서 사용하던 태음력을 기준으로 삼았던 것처럼, 히브리인은 당대의 선진국이었던 바벨론의 달력을 기준으로 삼았습니다.

그런데 그 이전, 그러니까 바벨론력을 도입하기 전에 7월 1일을 한 해의 시작으로 간주하던 때가 있었습니다. 그 전통이 이어져서 7월 1일을 기념하여 특별한 안식일로 지켰던 것입니다. 그러니까 7월 1일은 우리나라의 설날과 같은 의미가 있다고 할 수 있습니다.

다음으로 대속죄일에 대한 규정이 이어집니다. 7월 10일로 이

날은 아무 일도 하지 않고 오로지 근신하며 자신을 돌아보아야 합니다. 대제사장은 이날 지성소에 들어가서 자신과 백성들의 죄를 속죄하는 제사를 드렸습니다. 1년에 단 한 번, 이날에 오직 대제사장만이 지성소에 들어갈 수 있었습니다.

대제사장이 아닌 사람이 이곳에 들어가면 당연히 죽음을 피할 수 없었고, 대제사장이라도 이날이 아닌 다른 날에 이곳에 들어가면 죽음을 면치 못했습니다. 지성소라는 이름 그대로 지극히 거룩한 곳이기 때문입니다. 성서의 기록에 따르면 그렇다는 말입니다.

그런데 이런 규정을 무시하고, 아니 무시했다기보다 몰라서 그랬을 가능성이 큰데요, 대제사장도 아닌 사람이 대속죄일도 아닌 날에 지성소에 들어가는 사건이 벌어진 적이 있었습니다. 로마의 장군 폼페이우스가 시리아를 정벌하러 가는 길에 예루살렘에 들러 그 유명하다는 예루살렘 성전을 방문했습니다.

여기저기 뚜벅뚜벅 돌아다니던 폼페이우스는 지성소까지 거침없이 들어갔습니다. 그의 무례한 행동에 유대 관계자들은 크게 놀랐지만 그렇다고 그의 행동을 제어할 수는 없었습니다. 그는 천하를 호령하는 당대 최고의 권력자였기 때문입니다.

어쩌면 그가 지성소에 들어가자마자 피를 토하고 죽는 장면을 상상하며 고소해했을지도 모르겠습니다. 하지만 폼페이우스는 지성소를 돌아보고는 별 다른 표정 없이 걸어 나와 제 갈 길을 갔다고 역사는 말합니다.

마지막으로 초막절에 대한 규정이 이어집니다. 초막절은 7월 15일부터 7일 동안 지키도록 되어 있습니다. 유대력이 우리 달력보다 두 달 반 정도 늦다고 했으니까 7월 중순이면 우리 달력으로는 9

월 말이나 10월 초가 됩니다. 우리보다 더운 지방인 팔레스타인 지역에서는 가을 추수를 시작하는 때입니다. 곡식 대부분을 수확하면서 일주일 동안 축제를 벌였습니다.

특기할 만한 것은, 이 초막절 또는 장막절 축제 기간에는 장막에서 생활해야 한다는 것입니다. 그래서 장막절이라는 이름이 붙었습니다. 출애굽을 했던 선조들이 광야에서 장막을 치고 살며 겪었던 고초를 직접 체험하며, 그날이 있기까지 인도해주신 하나님께 감사드린다는 의미가 있습니다.

그런데 재미있는 사실은, 기독교가 구약의 제사나 절기를 따르지 않는데, 이 장막절만은 오늘날 추수감사절이라고 해서 미국 교회와 한국 교회가 부활절, 성탄절과 함께 교회의 3대 절기로 지키고 있다는 점입니다.

그나마 미국 교회는 청교도들이 죽음을 무릅쓰고 신대륙으로 건너가서 거친 한 해를 넘기고 무사히 추수하게 된 사건을 기념하는 의미가 있습니다. 하지만 농경 사회를 이미 한참 전에 지난 우리나라에서, 그것도 농촌뿐 아니라 도시에서까지 추수감사절을 꼬박꼬박 지키는 이유는 무엇일까요? 제가 말씀드리지 않아도 다들 짐작하실 줄 압니다.

24장에는 히브리인 어머니와 이집트인 아버지 사이에서 태어난 사람이 하나님을 저주하다가 백성들에게 잡혀 모세에게 끌려온 장면이 기록되어 있습니다.

하나님은 그를 진 밖으로 끌어내서 돌로 쳐 죽이라고 명령하셨고, 그대로 실행했다는 기록이 이어집니다. 오늘날로 말하자면, 다

문화인이 이스라엘의 종교 문화에 적응하지 못하고 실수한 것이 문제가 된 사건이라고 볼 수 있겠습니다. 제가 실수라고 말하는 것은 그의 죄가 하나님께 악담을 했다는 것인데, 뭐라고 악담을 했는지는 모르지만 돌로 쳐 죽이라는 건 너무 지나쳤다고 보기 때문입니다.

이런 본문을 대할 때마다 드는 생각이 있습니다. 당시 히브리 종교지도자들은 자기 종교에 그토록 자신이 없었나, 하는 생각입니다. 하나님의 이름을 모독하는 자는 돌로 쳐 죽이라는 말은 정말로 하나님께서 하신 말씀이 아니라, 자기 종교에 대한 도전을 용납하지 않으려는 제사장들의 자기 방어 심리에 따라 기록한 율법이라고 생각하기 때문입니다.

하나님에 대한 비판을 허용하면, 그 비판은 곧 자기들의 종교에 대한 비판으로 이어지고, 그 다음에는 제사장들에 대한 비판으로 이어질 수 있기 때문입니다. 그래서 자기에게 올 수 있는 비판을 원천적으로 차단하기 위해 하나님의 이름을 모욕하는 자는 사형에 처한다는 규정을 만든 것이라고 생각합니다.

오늘날 일부 엇나간 목사들이, 고대 히브리인들이 인식한 하나님이나 성서와 교리, 교회에 대한 비판을 받아들이지 못하고 온갖 공갈협박으로 교인들의 입을 막는 것과 다르지 않습니다.

비판을 허락하지 않는 조직이나 사회는 결국 썩을 수밖에 없습니다. 예수님은 그런 종교 지도자들을 향해 이렇게 말씀하셨습니다. 마태복음 23장 25~28절을 보겠습니다.

화 있을진저, 외식하는 서기관들과 바리새인들이여, 잔과 대접의 겉은 깨끗이 하되 그 안에는 탐욕과 방탕으로 가득하게 하는도다. 눈 먼 바리새 오늘날 한국 교회 목사들은 예수님 당시의 서기관들과 바리새인들의 위선을 거론하며 신랄하게 비판하는 설교를 자주 합니다. 하지만 저는 한국의 주류 교회, 특히 적지 않은 대형 교회 목사들과 예수님 당시의 서기관과 바리새인들이 어떻게 다른지 그 차이를 도무지 찾아내지 못하겠습니다.

교회 지도자라는 사람이 건전한 비판을 받기 싫어하고 반대 목소리를 잠재우면 당장은 편하겠지만 나중에는 회복할 수 없는 지경에 이르게 될 것입니다.

한 걸음 더 나아가서 생각해볼 점이 있습니다. 외국인이나 다문화인과의 갈등은 오늘날에도 지구마을 여기저기에서 벌어지고 있습니다. 우리나라도 예외는 아니고요.

좀 더 합리적으로 접근한다면, 다문화인이나 외국인들이 왜 그런 행위를 하는지에 대한 사회적인 고민이 필요해 보입니다. 당사자에게도 책임이 있겠지만, 그렇게 만들어가는 사회적인 책임은 없는지, 다문화인에 대한 국가적 돌봄에 문제는 없는지 등, 그런 접근이 현대 사회에서도 숙제로 남아 있습니다.

그러니 고대인들에게까지 그런 배려를 기대하는 건 무리한 일이겠지요. 하여 고대 히브리인들이 인식한 하나님은 자비를 베풀지 않고 그저 돌로 쳐 죽이라고 명령할 수밖에 없었을 것입니다.

25장에는 어쩌면 구약성서에서 가장 큰 가치를 인정받을 수도 있는 내용이 담겼습니다. 안식년과 희년에 대한 규정인데요, 먼저 3~5절을 보겠습니다.

> 너는 육년 동안 그 밭에 파종하며 육년 동안 그 포도원을 다스려 그 열매를 거둘 것이나, 제 칠년에는 땅으로 쉬어 안식하게 할찌니, 여호와께 대한 안식이라. 너는 그 밭에 파종하거나 포도원을 다스리지 말며, 너의 곡물의 스스로 난 것을 거두지 말고, 다스리지 아니한 포도나무의 맺은 열매를 거두지 말라. 이는 땅의 안식년임이니라.

이어서 8~10절도 보겠습니다.

> 너는 일곱 안식년을 계수할찌니, 이는 칠년이 일곱 번인즉, 안식년 일곱 번 동안 곧 사십 구년이라. 칠월 십일은 속죄일이니 너는 나팔 소리를 내되 전국에서 나팔을 크게 불찌며, 제 오십년을 거룩하게 하여 전국 거민에게 자유를 공포하라. 이 해는 너희에게 희년이니, 너희는 각각 그 기업으로 돌아가며 각각 그 가족에게로 돌아갈찌며

7년째 되는 해에는 땅도 쉬게 하고, 7년씩 일곱 번이 지난 다음해, 그러니까 50년째 되는 해의 대속죄일에는 땅도 사람도 모두 본래의 자리로 돌아가게 하라는 겁니다. 종살이하던 사람도 자유민으로 돌려주고, 산 땅도 원주인에게 돌려주라는 것입니다. 23절도 보

겠습니다.

토지의 이용권을 잠시 팔고 살 수는 있지만 영원히 팔지는 말라는 이 말씀은, 토지가 거래 대상이 될 수 없다는 뜻입니다. 땅은 하나님의 것이고, 사람이 소유할 수 있는 대상이 아니라는 말씀입니다.

우리 사회는 최근 몇 년 사이에 엄청난 부동산 폭등 문제로 몸살을 앓았습니다. 10년 정도의 주기로 반복되는 이 부동산 문제를 해결하는 방법은 없을까요? 교회는 이런 사회 문제에 침묵하는 것이 옳을까요? 죄악으로 가득 찬 이 땅은 어차피 죄와 악이 판을 칠 수밖에 없는 곳이니, 그저 예수 믿고 천국에 가라고 전도만 하면 될까요?

많은 진보 신학자들은 성서의 바로 이와 같은 내용들에서 사회정의와 공정한 세상에 대한 답을 찾아야 한다고 주장합니다. 땅은 사람이, 더구나 개인이 소유할 수 있는 것이 아니라는 본문의 가르침에 주목해야 한다는 것입니다.

땅은 하나님의 것이라는 말씀, 다른 말로 하면 땅은 자연의 것이며 모든 생명체가 공유하는 것이지, 사람이 값을 주고 사는 것이 아니라는 뜻입니다. 그러므로 땅에 대해서는 사용권만 주고 소유권은 주지 말라는 것이 본문의 가르침이라는 말입니다.

이 말씀은 현대 사회에 그대로 적용해도 좋을 것 같습니다. 아니, 저는 반드시 적용해야 한다고 생각합니다. 미국의 경제학자 중에서 이 말씀을 토대로 땅에 대한 경제 이론을 세운 분이 있습니다. 헨리 조지라는 분입니다.

그는 1879년에 『진보와 빈곤』이라는 책을 출간해서 토지 단일세를 주장했습니다. 토지 공개념을 도입해서 토지를 공동체의 공동소유로 하는 대신 다른 모든 세금을 없애고 토지세로 단일화하자고 주장했습니다.

무리한 주장 같지만 그렇게 해도 충분히 경제가 돌아간다고 믿는 분들이 지금도 그 뜻을 실현하기 위해 활동하고 있습니다. 대부분의 경제학자로부터 정책적인 지지를 받고 있지는 못하지만, 그 기본 정신에 대해서는 뜻을 같이하는 분이 많습니다.

제가 아쉬워하는 부분은 따로 있습니다. 강남의 대형 교회에서 이런 본문을 주제로 부동산 투기를 하지 말자고 설교하면 우리 사회의 분위기가 많이 달라질 것 같은데, 왜 그런 설교는 도무지 들을 수 없을까요? 분명히 성서 안에 있는 말씀인데, 왜 교회는 이런 문제에는 침묵할까요?

저는 현대 사회에서 교회가 반드시 해야 할 역할이 있다면 바로 이런 정의사회 구현에 앞장서는 것이라고 생각합니다. 예수님께서 가르쳐주신 하나님의 나라는 하늘 위에 있는 저 어떤 나라가 아니라, 공평하고 공정하여 억울한 사람이 없는 세상이라고 믿기 때문입니다.

레위기 26장에는, 순종했을 때 받을 복과 순종하지 않았을 때 받을 저주에 대해 기록되어 있습니다.

하나님께 순종하면 사람이 상상할 수 있는 모든 복을 받지만, 불순종할 경우에는 상상 가능한 모든 벌을 받게 됨을 자세한 예를 들어가며 경고하고 있습니다.

복과 저주에 관한 자세한 내용들은, 이스라엘 민족이 아시리아와 바벨론에 의해 멸망할 때 실제로 벌어졌던 여러 가지 사례들이었다고 신학자들은 말합니다. 모세오경을 편집하고 최종적으로 완성한 때는 서기전 5세기, 그러니까 바벨론 포로기 이후였으니까요.

레위기는 원래 26장에서 끝났습니다. 그래서 26장 마지막 절인 46절에 이렇게 기록되어 있습니다.

이상은 여호와께서 시나이산에서 자기와 이스라엘 자손 사이에 모세로 세우신 규례와 법도와 율법이니라.

그런데 27장이 또 이어집니다. 그러니까 27장은 레위기를 다 마친 후에 부록으로 첨부한 것입니다. 다 완성해놓고 나니까 뭔가 부족하고 아쉬운 것이 있어서 보충했다고 생각하시면 됩니다. 이 부록에는 하나님께 바치기로 서약한 것에 대해서 기록하고 있습니다.

사람을 바치기로 서약한 경우에는 돈으로 환산해서 그 값을 치르게 되어 있는데, 노동력에 따라 그 값을 달리했습니다. 20세에서 60세 사이의 장정이 가장 값이 비쌌고, 여자의 경우는 그 반값이었습니다.

가축이나 집 또는 밭으로 드리겠다고 서약한 경우에도 그 값을 따져서 바치게 되어 있습니다. 하나님께 바친 것은 제사장들의 몫이 되었지만, 돈으로 환산해서 바칠 수 없는 경우도 있었습니다. 28~29절을 보겠습니다.

나중에 사사기를 강해할 때 나오겠습니다만, 사사 중에서 암몬 족속과의 전쟁에서 승리하게 해주시면 자기 집에서 제일 먼저 환영하러 나오는 자를 제물로 바치겠다고 하나님께 서원한 사사가 있었습니다. 입다라는 사사였는데요, 승리하고 돌아오는 입다를 제일 먼저 맞으러 나온 사람은 무남독녀 외동딸이었습니다. 그래서 입다는 옷을 찢으며 딸을 제물로 바쳤다는 기록이 사사기에 나옵니다.

그런데 예수님은 이런 서원 문제에 대해 이렇게 말씀하셨습니다. 마태복음 5장 33~37절을 보겠습니다.

성서 안에서 제가 가장 좋아하는 말씀으로 열 손가락 안에 꼽을 수 있는 말씀입니다. 특히 '오직 너희 말은 옳다 옳다, 아니라 아니라 하라, 이에서 지나는 것은 악으로부터 나느니라' 이 말씀은 제 평생의 좌우명으로 삼는 말씀이기도 합니다.

옛 사람에게 말한 바, 이런저런 말씀을 들었으나, 나는 너희에게 이르노니, 라고 말씀하시면서 율법을 정면으로 뒤집어엎으시는 예수님. 당시 종교 지도자들이 이 예수님을 얼마나 증오했을까요. 죽으실 수밖에 없는 길을 우리 예수님은 그렇게 걸어가셨습니다.

이제 레위기는 땅이건 가축이건 사람이건, 십분의 일은 다 하나님의 것이라는 기록으로 끝을 맺습니다.

IV
민수기 강해

민수기 1~9장, 가나안을 향하여

민수기라는 제목이 가진 뜻은 '백성의 수에 대한 기록'입니다. 두 번에 걸쳐 인구를 조사한 기록을 담았기 때문에 붙은 이름입니다.

민수기 1장에는 가나안 땅을 정복하기 위해서 싸움에 나설 장정들이 얼마나 되는지 그 수를 헤아리는 내용이 기록되어 있습니다. 첫 번째 인구조사인 셈입니다. 1~3절을 보겠습니다.

이스라엘 자손이 애굽 땅에서 나온 후 둘째 해 둘째 달 첫째 날에 여호와께서 시내 광야 회막에서 모세에게 말씀하여 이르시되, 너희는 이스라엘 자손의 모든 회중 각 남자의 수를 그들의 종족과 조상의 가문에 따라 그 명수대로 계수할지니, 이스라엘 중 이십 세 이상으로 싸움에 나갈 만한 모든 자를 너와 아론은 그 진영별로 계수하되 전쟁을 앞두고 부대를 편성한다는 느낌이 확연하게 드는 표현입니다. 출애굽을 한 지 1년 1개월이 지난 시점이었다고 본문은 말하고 있습니다. 인구조사는 20세 이상의 남자들만 했습니다.

옛날 이스라엘에서는 사람의 수를 셀 때 특별한 경우를 제외하고는 항상 성인 남자만 기준으로 했고, 어린아이와 여자는 세지 않았다고 여러 차례 말씀드린 바 있습니다.

인권 의식이 없거나 약했던 옛날에는 동서양을 막론하고 대부분 오직 병력 동원과 세금 징수, 이 두 가지 목적으로 인구조사를 했기 때문입니다. 이스라엘도 예외는 아니었습니다.

조사는 지파별로 했습니다. 12지파에서 조사한 총인원은 60만 3,550명이었다고 본문은 말합니다. 하지만 레위 지파는 계수하지 않았습니다. 그들은 제사와 관련된 특별한 일을 맡았기 때문에 오직 그 일에만 전념해야 한다는 것이 이유였습니다.

그러면 12지파에서 레위 지파가 빠지니까 11지파가 되어야 하지 않느냐는 의문을 가질 수 있습니다. 레위 지파를 빼도 여전히 12지파가 되는 이유는 요셉의 아들인 에브라임과 므낫세가 각각 한 지파씩을 차지했기 때문입니다. 12지파라고 하면 야곱의 열두 아들이 그 기원인데, 요셉 지파라는 말이 성서에 잘 나오지 않는 이유이기도 합니다.

또 하나의 의문은 정말로 60만 명이 넘는 장정을 그 당시 이스라엘이 보유했는가라는 점입니다. 이에 대해서는 앞에서도 말씀드렸지만 좀 더 자세히 설명하겠습니다.

60만 명이라는 숫자에 대해 보수적인 학자들은 기록한 그대로 보아야 한다고 주장하지만, 진보적인 학자들은 생각을 달리합니다.

출애굽을 역사적 사실로 보지 않고 설화로 보는 학자들은 출애굽 이야기 자체가 사실이 아니므로 당연히 숫자도 사실이 아니기에, 이런 부분적인 문제에는 관심을 기울이지도 않습니다.

그런데 진보적인 신학자들 가운데에도 출애굽 자체는 역사적 사실일 가능성이 크다고 보는 학자들이 있습니다. 그분들 또한 60만 명이 넘는다는 숫자에는 동의하지 않습니다.

60만 명이라는 숫자는 장정만 센 것인데, 그렇다면 딸린 식구들까지 포함하면 거의 200만 명 이상으로 보아야 합니다. 옛날에는 지금보다 자식을 훨씬 많이 낳았으니까요.

그 시대에 200만 명이라는 큰 종족이 40년에 걸쳐 시나이 반도를 통과해서 가나안까지 갔다면 반드시 고고학적인 흔적이 남아야 합니다. 하지만 지금까지 고고학자들이 시나이 전역을 샅샅이 뒤졌지만 그런 대규모의 종족 이동 흔적은 어디에서도 발견되지 않았습니다.

그러니까 출애굽이 정말로 있었다 하더라도 매우 적은 소규모의 이동이었을 것이라는 게 대부분의 진보 신학자들이 가진 생각입니다.

민수기 2장에는 부대 편성과 행군 순서에 대한 기록이 나옵니다. 1~2절을 보겠습니다.

> 여호와께서 모세와 아론에게 말씀하여 이르시되, 이스라엘 자손은 각각 자기의 진영의 군기와 자기의 조상의 가문의 기호 곁에 진을 치되 회막을 향하여 사방으로 치라.

회막을 향하여 사방으로 진을 치라는 것은 진지 전체의 중앙에 회막을 두고 동서남북 네 방향으로 빙 둘러서 진을 치라는 것입니다. 그러니까 회막과 그 안에 거처하는 레위지파 사람들이 사령부를 구성하고 있는 셈이 됩니다.

그 시대에는 일반적으로 그렇게 진지를 편성했습니다. 그러다 전투를 하게 되면 사령부가 전면에 나서는 경우도 있었지만, 보통은 후면에 배치되어 전체 부대를 지휘하는 경우가 많았습니다.

민수기 3장에는 아론과 레위인들의 직무와 인구조사에 대한 기록이 나옵니다. 5~8절을 보겠습니다.

> 여호와께서 또 모세에게 말씀하여 이르시되, 레위 지파는 나아가 제사장 아론 앞에 서서 그에게 시종하게 하라. 그들이 회막 앞에서 아론의 직무와 온 회중의 직무를 위하여 회막에서 시무하되 곧 회막의 모든 기구를 맡아 지키며 이스라엘 자손의 직무를 위하여 성막에서 시무할지니

레위 지파 사람들이 하는 일은 제사장의 지시를 받아서 제사 의식과 관련된 모든 일을 보좌하는 것입니다. 오늘날로 말하면 행정부서의 공무원이라고 할 수 있겠습니다. 그런데 레위 지파 사람들만은 20세 이상의 장정이 아니라 1개월 이상 된 남자를 계수했습니다. 14~15절을 보겠습니다.

> 여호와께서 시내 광야에서 모세에게 말씀하여 이르시되, 레위 자손을 그들의 조상의 가문과 종족을 따라 계수하되 일 개월 이상된 남자를 다 계

수하라.

계수한 결과는 39절에 이렇게 기록하고 있습니다.

모세와 아론이 여호와의 명령을 따라 레위인을 각 종족대로 계수한즉 일
개월 이상 된 남자는 모두 이만 이천 명이었더라.

하지만 레위의 자손 세 부족을 각각 계수한 숫자가 22절과 28절, 34절에 나오는데, 이 숫자를 합하면 실제 인원은 2만 2,300명이 됩니다.

지금 구약의 히브리어 원본은 존재하지 않습니다. 신약도 마찬가지입니다만 현존하는 가장 오래된 판본도 사본일 뿐입니다. 그러니까 사본이 필사되는 과정에서 300명이 빠졌을 가능성이 있고, 그게 아니라면 원본에서부터 기록자가 계산을 잘못했거나 실수로 300명의 숫자를 빼먹었을 가능성도 있습니다.

단순한 실수나 착오라고 할 수 있겠습니다만, 이런 부분도 성서가 성령에 따라 일점일획의 오차 없이 기록한 책이 아니라는 것을 스스로 증명하고 있습니다.

어쨌든 1개월 이상 된 남자를 모두 계수한 것은 전투원도, 세금 징수 대상도 아닌 레위인들을 유능한 공무원으로 키우기 위해서는 어릴 때부터 관리할 필요가 있었기 때문일 것입니다.

지금 제가 출애굽을 역사가 아닌 설화로 보면서도 마치 역사적 사실인 것처럼 말하는 것을 느끼셨는지 모르겠습니다. 모세오경에 기록한 출애굽이 실제 역사적 사건이건 아니면 설화건 간에, 그 안

에 기록한 율법이나 행정 조직들은 이스라엘이 가나안 땅에 자리 잡은 후의 실제 상황을 거의 그대로 담았기 때문입니다.

그러니까 이스라엘의 군대 조직이 지파별로 구성되어 있다거나, 레위인들은 전투에 참가하지 않고 제사 의식과 관련한 일을 전담했다거나 하는 기록들은, 출애굽 후에 실제로 시나이 광야에서 벌어진 일이 아니라 하더라도 이스라엘이 가나안 땅에 국가를 세운 이후에는 실제로 시행했던 정책들인데, 그 정책들이 출애굽 설화에 반영되어 있다는 것입니다.

민수기 4장에는 레위 지파 내에서 부족별로 해야 할 일이 기록되어 있습니다. 1~3절을 보겠습니다.

> 또 여호와께서 모세와 아론에게 말씀하여 이르시되, 레위 자손 중에서 고핫 자손을 그들의 종족과 조상의 가문에 따라 집계할지니, 곧 삼십 세 이상으로 오십 세까지 회막의 일을 하기 위하여 그 역사에 참가할 만한 모든 자를 계수하라.

3장에서는 1개월 이상 된 모든 남자를 계수했는데, 4장에서는 30세에서 50세까지의 남자를 계수하라고 합니다. 그러니까 레위인들의 전체 관리는 1개월 이상 된 남자부터 하되, 실제로 회막에서 일을 하는 나이는 30세부터 50세까지라는 것입니다.

하지만 이 규정도 절대적인 것은 아니었습니다. 8장에 가면, 25세부터 50세까지라고 되어 있습니다. 이런 기록들은 고대 이스라엘이 국가를 세운 이후 공무원들의 시무 기간에 대한 규정이 항상 같지는 않았고, 시기에 따라 조정되었다는 것을 의미합니다.

마치 우리나라의 군대 복무 기간이 수십 년 전에는 육군의 경우 36개월이었는데 지금은 18개월로 줄어든 것과 같다고 하겠습니다.

민수기 5장에는 부정한 사람을 처벌하는 일에 대한 기록을 담았습니다.

먼저 문둥병에 걸렸거나 유출병에 걸렸거나 사체를 만진 사람은 진 밖으로 내보내라는 기록이 나오는데, 전염병이 퍼지는 걸 막기 위한 조치였을 것입니다.

이어서 누군가에게 손해를 입혔을 때는 손해를 끼친 금액에 5분의 일을 더해서 보상을 하되, 가족이나 친척이 없으면 그 죗값을 제사장에게 바치라는 규정을 기록했습니다. 오늘날로 말하자면, 어떤 경제적인 범죄가 발생했을 경우 피해자에게 보상을 해주는 게 원칙인데, 당사자나 가족이 모두 없으면 국고로 환수하는 것과 같다고 이해하시면 되겠습니다.

다만 오늘날과 같은 국가적 체계가 갖추어지지 않은 상태에서 공무원 역할을 했던 제사장이 직접 죗값을 받았다는 것이 현대인들의 눈에는 안 좋게 보일 수도 있겠습니다. 하지만 공정하고 객관적인 기준에 따라 엄격하게 집행되었다면 문제될 일은 아니라고 저는 이해하고 싶습니다.

그런데 민수기 5장 후반부에는 시대의 한계 안에 갇힌 본문이기에 현대인이 문자 그대로 받아들여서는 안 될 내용을 기록하고 있습니다. 좀 길지만 11~31절까지의 본문을 공동번역으로 보겠습니다.

야훼께서 모세에게 말씀하셨다.

"너는 이스라엘 백성에게 일러라. 네가 그들에게 전할 말은 이렇다. 누구든지 아내가 자기를 배신하고 자기 몰래 외간남자와 잠자리를 같이하여 몸을 더럽히고 숨기고 있는데도 아무 증인이 없고, 또 현장에서 붙들리지도 않았을 경우 남편이 자기 아내가 몸을 더럽혔으므로 질투심에 사로잡혀 아내를 질투하게 되거나, 아내가 몸을 더럽히지 않았는데도 질투심에 사로잡혀 아내를 질투하게 되면, 그 남편은 자기 아내를 사제에게 데리고 가서 아내를 위하여 보릿가루 십분의 일 에바를 예물로 드려야 한다. 그것은 질투 때문에 바치는 곡식예물이요, 죄를 생각하여 고백하게 하는 곡식예물이므로 그 위에 기름을 따르거나 향을 얹어서는 안 된다.

사제는 그 여인을 가까이 오게 하여 야훼 앞에 세워라. 그리고 거룩한 물을 오지그릇에 떠놓고 성막 바닥에 있는 먼지를 긁어서 그 물에 탄 다음, 그 여인을 야훼 앞에 세운 채 머리를 풀게 하여라. 그리고 나서 질투 때문에 바치는 곡식예물, 곧 죄를 고백하게 하는 곡식예물을 여인의 두 손바닥에 들려주어라. 그리고 사제는 저주를 내려 고통을 주는 물을 손에 들고 여인에게 다음과 같이 말하며 맹세를 시켜라. '외간남자와 한자리에 든 일이 있느냐? 네가 유부녀로서 남편을 배신하고 몸을 더럽힌 일이 있느냐? 만일 그런 일이 없다면 저주를 내려 고통을 주는 이 물이 너를 해롭게 하지 못할 것이다. 너는 유부녀로서 남편을 배신하고 몸을 더럽힌 일이 있느냐? 외간남자와 한자리에 든 적이 있느냐?'

그리고 사제는 그 여인에게, 저주를 받아도 좋다는 맹세를 하게 하고 나서 이렇게 일러라. '그렇다면 주께서 너의 겨레 가운데서 맹세하신 대로 너를 저주받는 본보기로 삼아 네 허벅지가 말라 비틀어지고 배가 부어오르게 하실 것이다. 저주를 내리는 이 물이 네 뱃속에 들어가면 배가 부어

오르고 허벅지가 말라 비틀어질 것이다.' 여인이 '좋습니다, 좋습니다.' 하고 대답하면, 사제는 그 저주를 글로 써서 그 저주를 내리는 물에 씻어라. 그리고 그 저주를 내려 고통을 주는 물을 여인에게 주어 마시게 하면 저주를 내리는 물이 그의 뱃속에 들어가서 고통을 겪게 할 것이다.

사제는 그 여인의 손에서 질투 때문에 바치는 곡식예물을 받아, 주 앞에 흔들어 바치고 제단으로 가져가거라. 사제는 그 곡식예물을 바친다는 표시로 한 움큼 집어내어 제단에서 사르고 나서 그 물을 여인에게 주어 마시게 하여라. 그 물을 여인에게 마시게 하였을 때, 그 여인이 정말 몸을 더럽혀서 남편을 배신한 일이 있었다면, 그 저주를 내리는 물이 들어가면서 여인은 배가 부어오르고 허벅지가 말라 비틀어질 것이다. 그리하여 제 겨레 가운데서 저주를 받은 여인의 본보기가 되리라. 그러나 만일 그 여인이 몸을 더럽힌 일이 없어 깨끗하다면, 아무런 해를 입지 않고 자식을 낳을 수 있을 것이다.

이 법은 유부녀가 남편을 배신하여 몸을 더럽혀서 남편이 질투심을 일으켰을 경우와, 남편이 공연히 질투심이 생겨 아내를 질투할 경우에 적용하는 법이다. 남편이 아내를 야훼 앞에 내세우면 사제는 이 모든 법에 따라 그 여인을 다스려야 한다. 어쨌든 남편에게는 죄가 없고 아내에게 죄가 있으면 아내가 그 책임을 져야 한다."

〈로마의 휴일〉이라는 오래된 영화가 있습니다. 그 영화에 로마의 명물로 알려진 '진실의 입'이라는 유물이 나오는데 주인공 남녀가 그곳을 방문합니다.

원래는 하수구 덮개였다는 말이 있는데, 맹수의 얼굴처럼 생겼고 눈과 코와 입이 뚫려 있어서 그 구멍으로 물이 빠지게 만들었다는 설이 있습니다. 그런데 그 입에 손을 넣은 상태에서 거짓말을 하면 플루비우스라는 강의 신이 손을 잘라버렸다는 전설이 전해져왔답니다.

영화에서는 남자 주인공이 그 입에 손을 넣고는 물린 척 연기를 하는 장면이 나오는데요, 현대인이라면 대부분 아무 망설임 없이 그 입에 손을 넣은 채 기념사진을 찍어갑니다만 그 전설을 들은 옛날 사람들은 결코 거기에 손을 넣을 엄두를 내지 못했을 것입니다.

본문은 아마도 그런 효과를 노렸을 것입니다. 성범죄는 오늘날에도 과학적으로 증명할 수 없는 경우가 허다합니다. 하물며 그 옛날이라면 그런 경우에 증거 없이 처벌할 수도 없고, 그렇다고 방관할 수도 없는 난처한 상황에서 당시 사회의 지도자들이 만들어낸 꾀였을 것입니다.

오늘날 경찰이나 검찰이 이런 방식으로 수사를 하거나 그런 수사 자료를 근거로 판결을 내리는 판사가 있다면 크게 처벌을 받거나 언론과 시민사회의 엄청난 비난에 직면하겠지만 당시는 2,000~3,000년 전입니다.

가정이 파괴되기 시작하면 사회도 무너지기 쉽습니다. 그래서 성범죄를 엄하게 다스릴 수밖에 없었다는 점은 충분히 이해합니다. 하지만 여자에게만 가혹한 율법을 적용한 건 변명의 여지없이 시대의 한계이자 무지입니다.

본문이 강조하는 문제의 핵심은 아내가 남편 몰래 외간 남자와 잠자리를 했느냐에 있는데, 얼마 전까지 우리나라에도 있었지만 지금은 폐지된 간통죄에 해당합니다.

오늘날 소위 선진국으로 분류되는 나라 대부분에서 이 간통죄를 폐지한 것은, 이런 문제는 형법으로 다스릴 문제가 아니라 민사 소송으로 다루어야 한다는 사회적 합의가 있었기 때문입니다.

성서 본문 중에는, 시대의 한계 안에서 기록한 것이기에 문자 그 대로 받아들이면 안 되고, 반드시 재해석해야 하는 내용이 많습니다. 그 시대에는 일반적으로 그렇게 생각했고, 그것이 정당하다고 거의 모든 사람이 받아들였지만, 오늘날의 기준으로 보면 미성숙한 시대의 편견이 낳은 차별적인 규정이 많기 때문입니다.

이 본문도 그런 경우입니다. 우선 이 본문은 여자가 바람을 피운 경우만 문제 삼고 있는데, 왜 남자가 바람을 피운 경우에는 문제를 삼지 않는 겁니까. 이것 하나만으로도 이 내용은 현대인들이 결코 받아들일 수 없는, 그러니까 오늘날로 말하자면 악법일 수밖에 없 다는 것을 스스로 증명합니다.

게다가 본문의 흐름으로 볼 때, 남편의 의심이 근거 없는 것으로 드러나도 남자는 처벌을 받지 않습니다. 마지막 31절을 다시 한 번 보겠습니다.

> 어쨌든 남편에게는 죄가 없고 아내에게 죄가 있으면 아내가 그 책임을 져 야 한다.

조금 전에 읽은 것과 같은 공동번역성서의 표현인데요. 같은 구 절을 개역개정본으로 읽어보겠습니다.

> 남편은 무죄할 것이요 여인은 죄가 있으면 당하리라.

어떻습니까? 분위기가 좀 다르지 않습니까? 공동번역 성서가 일반적으로 번역이 잘 되었고 이해하기도 쉽고 분명해서 저는 개신교에서 사용하는 성서 번역본들보다 공동번역성서를 더 좋아하기는 합니다. 아쉽게도 공동번역 성서의 단점도 있습니다.

그중 매우 큰 단점은, 성서가 안고 있는 명백한 오류나 결점을 은근히 가리려는 경향이 있다는 것입니다. 위의 본문이 그런 경우입니다. '남편은 무죄할 것이요 여인은 죄가 있으면 당하리라'라는 이 구절은 '남편은 죄가 없는데 여인이 죄가 있으면'이라고 잘못 읽을 수 있습니다. 표준새번역으로 같은 31절을 읽어보겠습니다.

> 남편이 아내에게 이렇게 하여도 남편에게는 잘못이 없다. 그러나 아내에게 죄가 있으면 아내는 그 책임을 져야 한다.

이 부분에 대한 번역은 표준새번역이 가장 잘 되어 있다고 볼 수 있습니다. 공동번역이나 개역개정본에도 그런 의미가 담겨 있지만, 표현의 명백성은 표준새번역이 분명한 데 비해서 공동번역은 오해의 소지가 많게 번역되어 있는 것입니다.

참고로 영어성경 CEV는 어떻게 번역했는지 같은 민수기 5장 31절을 CEV로 보겠습니다.

> If the husband is wrong, he will not be punished, but if his wife is guilty, she will be punished.

'만약에 남편이 틀렸더라도 그는 처벌받지 않을 것이다. 그러나 그의 아내에게 죄가 있다면 처벌받게 될 것이다.' 이렇게 되어 있습니다. 남편의 의심과 오해는 무죄가 되고, 그 때문에 여성이 당하는 말할 수 없는 고통과 치욕은 고스란히 감내할 수밖에 없도록 만들어놓은 것입니다.

오늘날의 기준으로 볼 때 너무나도 불합리하고 잔인한 이 법은 당시 사회의 기득권자인 남자들이 오로지 자신들의 편의만을 생각하고 여성의 고통은 외면한 잔인한 '갑질'이라는 말 외에는 다른 말로 이 본문을 설명할 방도를 저는 찾지 못하겠습니다.

민수기 6장에는 나실인에 관한 법이 기록되어 있습니다. '나실'이라는 말은 '헌신한' 또는 '바친'이라는 뜻을 갖고 있습니다. 그러니까 나실인이란 하나님께 헌신한 사람을 뜻합니다. 일정 기간이나 평생에 걸쳐서 하나님만을 위해 살겠다고 서원한 사람입니다. 오늘날 가톨릭 수사나 수녀 같은 수도사들을 생각하면 이해하기 쉬우실 것입니다.

나실인은 세 가지 금령을 지켜야 했습니다. 우선 독한 술이나 포도주는 물론이고 포도로 만든 어떤 음식도 먹지 못하게 했습니다. 그리고 서원한 기간 동안에는 머리카락을 일절 자르지 말아야 했고 시신도 가까이 하지 말아야 했는데, 부모가 돌아가셨더라도 예외가 없었습니다.

성서에 등장하는 가장 유명한 나실인은 아마도 삼손일 것입니다. 사무엘과 세례 요한도 나실인이었고요. 나중에 사사기에 가면 삼손이 델릴라에게 속아 머리카락을 잘려서 힘을 잃어버리고 블레셋 사람에게 체포되는 비극을 겪는 기록이 나옵니다. 삼손이 나실인이었기 때문에 일어난 일입니다.

하지만 나실인이라도 서원한 기간이 지나면 제사장에게 가서 의식을 치르고 예물을 바친 후에 본래의 평범한 일반 시민으로 돌아와서 일상생활을 할 수 있었습니다.

민수기 7장부터 9장까지는 출애굽기와 레위기에 나왔던 내용을 거의 반복하고 있습니다. 간단히 짚고 넘어가겠습니다.

7장에는 회막을 다 지은 후에, 봉헌식을 치르면서 하나님께 예물을 드리는 내용이 기록되어 있습니다. 레위기 9장에 나오는 내용의 반복이라고 볼 수 있습니다. 차이점이 있다면 레위기 9장은 전체 이스라엘이 예물을 드리는 장면을 간단히 묘사하고 있는데, 민수기 7장에서는 그 장면을 지파별로 자세히 기록하고 있다는 차이가 있습니다.

일종의 세금을 낸 목록이나 증명서 같은 것이어서 당시에는 중요한 공식 문서일 수 있겠지만 현대인에게는 어떤 의미를 주는 내용이 아니므로 이런 기록들은 그냥 무시하고 넘어가셔도 됩니다.

이런 본문들은 일부 그릇된 목사들이 이용하는 경우가 많습니다. 이런 본문들을 인용하면서 과거 하나님의 백성들은 이렇게 전 재산을 바치며 헌신했는데 여러분은 어떻게 할 것이냐며 건축 헌금을 강요하는 목사들이 꽤 있습니다.

교회 건축을 위해서건 어떤 목적을 위해서건, 지나치게 헌금을 강조하는 목사를 만나시면 마르틴 루터가 한 이 말을 기억하시기 바랍니다. '교회는 십일조와 자발적으로 내는 헌금 이외에는 어떤 헌금도 강요해서는 안 된다.'

하지만 저는 마르틴 루터의 말에도 동의하지 않습니다. 교회는 십일조를 포함해서 어떤 헌금도 강요해서는 안 된다고 생각하기 때문입니다.

만일 벗님들이 다니시는 교회 중에 십일조 헌금을 내지 않는 것은 하나님의 것을 도둑질하는 것이라고 말하거나 헌금을 내지 않으면 큰 벌을 받을 것처럼 협박하는 목사가 있다면 가능한 빨리 그 교회를 떠나시기 바랍니다. 그런 목사는 목사가 아니라 사기꾼이기 때문입니다.

민수기 8장에는 레위인을 성별하라는 하나님의 명령이 기록되어 있고, 그 말씀대로 따랐다는 내용이 함께 담겨 있습니다. 23~26절을 보겠습니다.

> 여호와께서 또 모세에게 말씀하여 이르시되, 레위인은 이같이 할지니, 곧 이십오 세 이상으로는 회막에 들어가서 복무하고 봉사할 것이요, 오십 세부터는 그 일을 쉬어 봉사하지 아니할 것이나 그의 형제와 함께 회막에서 돕는 직무를 지킬 것이요 일하지 아니할 것이라. 너는 레위인의 직무에 대하여 이같이 할지니라.

특이한 점은 레위인이 공무원으로 근무하는 기간이 4장에서는 30~50세였지만, 여기서는 25세부터 근무하도록 되어 있다는 점입니다. 양쪽 내용을 비교하기 위해 4장 46~48절을 보겠습니다.

> 모세와 아론과 이스라엘 지휘관들이 레위인을 그 종족과 조상의 가문에

따라 다 계수하니, 삼십 세부터 오십 세까지 회막 봉사와 메는 일에 참여하여 일할 만한 모든 자 곧 그 계수된 자는 팔천오백팔십 명이라.

이런 차이는 4장을 강해할 때 말씀드린 대로, 가나안 땅에 정착한 이후에 시대에 따라 복무 기간이 다르게 조정된 흔적이라고 볼 수 있겠습니다.

민수기 9장에는 출애굽 후 1년이 지난 시점에서, 유월절을 해마다 잘 지켜야 한다는 하나님의 명령과 그 해에 이스라엘 민족이 하나님의 말씀대로 잘 지켰다는 내용이 기록되어 있습니다.

후반부에는 모든 준비를 마친 이스라엘 민족이 시나이산을 떠나서 가나안 땅을 향해 여정을 출발했다는 내용과 하나님께서 구름기둥과 불기둥으로 인도하셨다는 내용이 기록되어 있는데, 이 본문도 출애굽기의 마지막 장인 40장에 나오는 내용의 반복입니다.

민수기 10장에는 이스라엘 민족이 시나이산을 떠나 가나안을 향해 행진하기 시작했다는 내용이 기록되어 있습니다. 어느 지파의 군대는 누가 이끌었고, 어느 지파의 군대는 누가 이끌었다는 내용이 12지파를 모두 거론하며 지루하게 이어집니다.

우리나라와 비교해서 예를 든다면, 임진왜란 때 경상도의 군대는 어느 가문의 장수 누가 이끌었고, 전라도 군대는 어느 가문의 장수 누가 이끌었다는 식으로 팔도의 장수를 모두 거론한 것과 같습니다.

당시의 조선인이라면 당연히 그렇게 하는 것이 옳고, 어느 한 가문이라도 제외하거나 틀려서는 안 되는 중요한 기록이지만, 오늘날 한국사를 학문적으로 전공하는 사람이 아니라 한국의 역사를 개괄적으로 이해하고 싶어서 공부하는 외국인이 그 자료를 읽는다면 지루하기 짝이 없을 뿐 아니라, 임진왜란이라는 조선 전쟁사를 이해하는 데도 별로 의미 있는 자료라고 할 수는 없을 것입니다. 그러므로 이런 식으로 반복되는 족보성 이야기는 전문적인 신학자나 성서 연구자가 아니라면 그냥 넘기셔도 됩니다.

어쨌든 출정을 알리는 나팔 소리와 함께 지파별로 행진을 시작하여 사흘 만에 바란 광야라는 곳까지 도달했습니다. 행진의 맨 앞에는 법궤가 자리했고, 하나님의 구름기둥이 무리를 인도했다고 본문은 말합니다.

11장에는 광야 생활에 지칠 대로 지친 백성들이 불평을 늘어놓자, 두 번에 걸쳐 하나님의 징계가 내리는 장면이 묘사되어 있습니다. 백성들이 불평하자 하나님께서 불을 내려 진지의 끝부분을 살랐고, 백성들이 모세에게 부르짖고, 모세는 하나님께 기도하여 사태가 진정되었다고 짧게 기록되어 있습니다.

하지만 곧 이어 본격적인 재난이 일어납니다. 출애굽 때 함께했던 일부 외국인들이 먼저 불평을 시작했는데, 그 부분을 공동번역으로 보겠습니다. 4~6절입니다.

그들 가운데 섞여 살던 외국인들이 먹을 것이 없다고 불평을 하자, 이스라엘 백성도 다시 우는 소리를 했다. "아, 고기 좀 먹어봤으면. 이집트에서는 공짜로 먹던 생선, 오이, 참외, 부추, 파, 마늘이 눈앞에 선한데, 지금 우리는 먹을 것이 없어 죽는구나. 보기만 해도 지긋지긋한 이 만나밖에 없다니."

광야 생활을 하는 동안 백성들이 먹던 주식은 만나였습니다. 만나도 하나님께서 내려주시는 선물이었지만 계속 먹다보니 질릴 대로 질렸다는 것입니다. 그래서 이집트에서 먹던 고기와 다양한 음식이 생각나 불평을 해댔다는 것입니다.

이런 백성들의 불평에 하나님은 크게 화를 내셨다고 본문은 말합니다. 10~12절을 보겠습니다.

> 백성의 온 종족들이 각기 자기 장막 문에서 우는 것을 모세가 들으니라. 이러므로 여호와의 진노가 심히 크고, 모세도 기뻐하지 아니하여 모세가 여호와께 여짜오되, 어찌하여 주께서 종을 괴롭게 하시나이까, 어찌하여 내게 주의 목전에서 은혜를 입게 아니하시고 이 모든 백성을 내게 맡기사 내가 그 짐을 지게 하시나이까, 이 모든 백성을 내가 배었나이까, 내가 그들을 낳았나이까, 어찌 주께서 내게 양육하는 아버지가 젖 먹는 아이를 품듯 그들을 품에 품고 주께서 그들의 열조에게 맹세하신 땅으로 가라 하시나이까.

당황한 모세가 하나님께 기도하면서 저는 도저히 이 백성을 감당하기 어려우니 차라리 죽여달라고 애원합니다. 그러자 본문의 하나님께서 두 가지 처방을 제시해주십니다. 제가 왜 그냥 '하나님'이라고 하지 않고 '본문의 하나님'이라고 하는지 이제는 충분히 이해하실 줄 압니다. 본문의 하나님과 실제 하나님은 다를 수 있습니다.

본문의 하나님이 제시해주시는 첫 번째 처방은 장로 70인을 세워 역할을 분담하라는 것입니다. 이의를 제기할 것 없는 합리적 처방이지요.

두 번째 처방은 백성들이 그토록 원하니 원 없이 고기를 주겠다는 것입니다. 그것도 하루 이틀이 아니라, 열흘 스무 날도 아니라, 한 달 내내 고기만 먹게 해주겠다는 것입니다. 코에서 냄새가 나서 구역질이 날 때까지 먹게 해주겠다는 것입니다. 심술도 이런 심술이 없습니다. 진짜 하나님 말고 본문의 하나님 말입니다.

어쨌든 모세는 하나님의 명령대로 합니다. 장로 70인을 세웠더니 하나님께서 모세에게 주셨던 영을 그들에게도 주어 70인의 장로가 예언을 했노라고 본문은 말합니다.

이어서 하나님께서 바람을 일으키셔서 바다 쪽에서 바람이 불어 메추라기를 몰아 진지 주변 사방에 가득 떨어지도록 해주셨다는 것입니다. 그 다음에는 어떻게 되었을까요? 31~34절을 공동번역으로 보겠습니다.

야훼께서 바람을 일으키시어 바다 쪽에서 메추라기를 몰아다가 진지 이쪽과 저쪽으로 하루 길 될 만한 사이에 떨어뜨리시어, 땅 위에 두 자 가량 쌓이게 되었다.

백성들은 몰려나와 그 날 밤과 낮 동안, 또 다음날 종일 메추라기를 모아서 진지 주위에 널어놓았다. 아무리 적게 모은 사람도 열 섬은 모았다.

백성들이 고기를 한창 뜯고 있는데 야훼의 진노가 그들에게 내렸다. 야훼께서 극심한 재앙으로 백성을 치신 것이다. 욕심 사나운 백성을 거기에 묻었으므로 그 곳 이름을 키브롯하따아와라고 부르게 되었다.

'키브롯하따아와'라는 말은 '탐욕의 무덤'이라는 뜻입니다. 당시 그쪽 지방에서는 철새가 대규모로 이동하다가 지쳐서 떨어지는 일이 자주 있었는데, 그런 체험이 이 메추라기 설화가 만들어진 배경이 되었을 거라고 학자들은 추측합니다.

이쯤에서 벗님들과 함께 깊이 고민하며 생각해보고 싶은 문제가 있습니다. 사람이 배고파서 우는 것을 죄라고 할 수는 없습니다. 하지만 먹을 것이 있는데도 반찬 타령을 한다면 야단을 맞을 만도 합니다.

그런데 본문의 경우는 어떻게 보아야 할까요? 먹을 것은 있지만 출애굽 하고 광야 생활에 들어간 지 1년이 넘었습니다. 하나님께서 가끔 메추라기를 보내주기도 하셨지만 주식은 만나였습니다.

입장을 바꿔놓고 한번 생각해보기로 하지요. 어쩌다 한 번, 그러니까 몇 달에 한 번 정도 고기를 먹을 때도 있었지만 1년 내내 오직 쌀밥만 먹고 살았다고 가정해봅시다. 이걸 반찬 타령 정도로 볼 수 있을까요? 쌀밥에 김치만 있는 게 아니라 맨 쌀밥만 거의 1년 내내 먹었다면 견뎌낼 사람이 있을까요?

역사적 사실이 아니라 설화의 기록이지만 이런 가정을 해보는 이유는, 모세오경의 기록자들이 당시 최상위 계급인 종교 지도자들, 요즘 말로 하면 소위 성직자들이고 그들이 자신들과는 처지가 다른 소시민들의 삶을 어떻게 이해하고 있으며, 과연 그들의 고통에 함께 아파하고 있었는가를 들여다볼 수 있는 본문이기 때문입니다.

게다가 이 모든 문제를 백성들의 부당한 불평과 그에 따른 하나님의 무지막지한 징계로 해석하여 백성들이 더 이상 불평하지 못하도록 입을 막고 자신들의 입지를 더욱 굳건히 하는 데 이용했다는 점을 저는 먼저 짚어내고 싶습니다.

그리고 그 과정에서 하나님은 그저 무지막지하고 잔인하기 짝이 없는 하나님이 되어버리고 말았는데도 그들은 아랑곳하지 않고 자기들의 기득권을 유지하는 데만 혈안이 되어 있지 않는가 하는 점도 짚고 싶습니다. 그리고 그들의 행태가 오늘날 한국 교회에서 여전히 반복되고 있다는 점 또한 지적하고 싶은 부분입니다.

이것이 기독교라는 종교, 아니 지금까지 세계 종교로 위상을 떨쳐온 유일신 종교 삼형제, 그러니까 유대교와 기독교, 이슬람교가 처한 현실이라는 점 또한 세상에 고발하고 싶습니다.

민수기 12장에는 모세의 누이인 미리암이 나병에 걸린 이야기가 수록되어 있습니다. 하세롯이라는 곳에서 생긴 일이라고 본문은 말하고 있습니다.

하세롯이라든가 바란 광야라든가 시나이산도 마찬가지인데요, 이스라엘 백성들이 지나갔다는 곳이 어디인지는 정확히 알기 어렵습니다. 보수적인 학자들은 여기다 저기다 단정적인 말도 하지만 진보적인 학자들은 그렇게 단정 짓는 걸 싫어합니다.

왜냐하면 기본적으로 출애굽 이야기는 역사적 사건이라기보다 설화적 성격이 강하고, 혹시 역사적으로 일어났던 일이라고 하더라도 대규모의 민족 이동이 아니라 소규모의 일부 종족이나 가문의 이동일 가능성이 크다고 보기 때문입니다.

어쨌든 본문의 갈등은 모세의 결혼 문제로 시작합니다. 이미 본처인 십보라가 있었지만, 당시 사회에서는 일부다처제가 자연스러운 것으로 여겼기에 아내를 또 얻었다는 것 자체로 문제가 되지는 않았습니다. 구스 여인, 그러니까 지금의 에티오피아 여인을 아내로 맞이했다는 것이 문제였습니다.

강력한 단일 민족 사상으로 무장한 고대 이스라엘 사회에서 최고 지도자가 이방 여인을 아내로 맞이했으니 문제가 될 만한 일이기는 한데, 감히 모세에게 이의를 제기할 사람이라고는 모세의 형인 아론과 누이인 미리암 외에는 없었을 것입니다.

그래서 아론과 미리암이 문제를 제기하는데요, 해당 본문을 보겠습니다. 1~3절입니다.

> 모세가 구스 여자를 취하였더니, 그 구스 여자를 취하였으므로 미리암과 아론이 모세를 비방하니라. 그들이 이르되, 여호와께서 모세와만 말씀하셨느냐 우리와도 말씀하지 아니하셨느냐 하매, 여호와께서 이 말을 들으셨더라. 이 사람 모세는 온유함이 지면의 모든 사람보다 더하더라.

이 미리암 설화는 고대 이스라엘이 가나안 땅에 정착한 이후 어느 시점에서 권력 투쟁이 있었다는 점을 암시합니다.

이 이야기는 모세와 아론을 정점으로 구축된 정통 지배계급에 반기를 든 어느 개혁 세력을 진압하거나 진압한 후에 다시는 이런 쿠데타가 일어나지 않도록 방지하기 위해 지도자들이 의도적으로 만들었을 가능성이 큽니다. 지배계급, 물론 당시에는 종교 지도자들이 정치권력을 함께 쥐고 있던 제정일치 시대였지요.

그래서 3절에서 이렇게 결정적인 판단을 내리고 있습니다. '이 사람 모세는 온유함이 지면의 모든 사람보다 더하더라'라고 말입니다. 그러니까 모세와 아론의 후예인 우리에게 덤비지 마라, 덤비면 미리암처럼 된다, 이런 얘기인 것입니다.

오늘날 못된 목사들이 이 본문을 즐겨 사용하는 이유이기도 합니다. 어쨌든 이 사건은 온유함이 지면의 모든 사람보다 승한 모세의 기도로 일주일 만에 막을 내렸노라고 본문은 말합니다.

민수기 13장에는, 정복 목표인 가나안 땅을 정탐하러 첩자를 보내는 이야기가 수록되어 있습니다.

열두 지파에서 족장을 한 명씩 뽑아 파견했는데 여기서도 지파별로 열두 명의 대표 이름이 모두 기록되어 있습니다. 고대 이스라엘은 12지파로 구성되었고, 각 지파에 여러 부족이 있었고, 부족 안에 여러 가문이 있었습니다.

성서 본문에는 부족을 종족이라고 주로 표현했는데요, 종족이라는 표현보다 부족이라는 표현이 더 적절하다고 저는 생각합니다. 그 부족의 대표자인 부족장 가운데 한 명을 지파별로 뽑아서 파송했다는 것입니다.

40일 동안 가나안 땅을 정탐하고 돌아온 부족장들의 보고 내용을 보겠습니다. 25~33절입니다.

사십 일 동안 땅을 정탐하기를 마치고 돌아와 바란 광야 가데스에 이르러, 모세와 아론과 이스라엘 자손의 온 회중에게 나아와 그들에게 보고하고 그 땅의 과일을 보이고 모세에게 말하여 이르되, 당신이 우리를 보낸 땅에 간즉 과연 그 땅에 젖과 꿀이 흐르는데 이것은 그 땅의 과일이니이다, 그러나 그 땅 거주민은 강하고 성읍은 견고하고 심히 클 뿐 아니라 거기서 아낙 자손을 보았으며 아말렉인은 남방 땅에 거주하고 헷인과 여부스인과 아모리인은 산지에 거주하고 가나안인은 해변과 요단 가에 거주하더이다.

갈렙이 모세 앞에서 백성을 조용하게 하고 이르되, 우리가 곧 올라가서 그 땅을 취하자 능히 이기리라 하나, 그와 함께 올라갔던 사람들은 이르되, 우리는 능히 올라가서 그 백성을 치지 못하리라 그들은 우리보다 강하니라 하고, 이스라엘 자손 앞에서 그 정탐한 땅을 악평하여 이르되, 우리가 두루 다니며 정탐한 땅은 그 거주민을 삼키는 땅이요 거기서 본 모든 백성은 신장이 장대한 자들이며 거기서 네피림 후손인 아낙 자손의 거인들을 보았나니 우리는 스스로 보기에도 메뚜기 같으니 그들이 보기에도 그와 같았을 것이니라.

두 가지 상반된 보고를 접한 백성들과 하나님의 반응이 14장으로 이어집니다. 백성들이 원망을 쏟아내자 여호수아와 갈렙이 나서서 확신에 찬 웅변을 합니다. 14장 6~9절을 보겠습니다.

그 땅을 정탐한 자 중 눈의 아들 여호수아와 여분네의 아들 갈렙이 자기들의 옷을 찢고 이스라엘 자손의 온 회중에게 말하여 이르되, 우리가 두루 다니며 정탐한 땅은 심히 아름다운 땅이라. 여호와께서 우리를 기뻐하시면 우리를 그 땅으로 인도하여 들이시고 그 땅을 우리에게 주시리라. 이는 과연 젖과 꿀이 흐르는 땅이니라. 다만 여호와를 거역하지는 말라. 또 그 땅 백성을 두려워하지 말라. 그들은 우리의 먹이라. 그들의 보호자는 그들에게서 떠났고 여호와는 우리와 함께 하시느니라. 그들을 두려워하지 말라 하나

그러나 백성들은 설득되지 않았습니다. 오히려 돌을 들어 여호수아와 갈렙을 치려고 하자 하나님께서 모세에게 나타나셔서 아무

래도 이 백성은 가망이 없으니 모두 없애버리는 게 낫다고 말씀하십니다.

모세는 시나이산에서 십계명을 받는 동안 백성들이 금송아지를 만들며 반란을 일으켰을 때와 거의 똑같은 기도를 다시 합니다. 하나님이 이 백성을 몰살시키시면 주변 종족들이 뭐라고 하겠습니까, 저렇게 하려고 백성들을 광야로 데려온 것이었다고 얼마나 놀려대며 고소해하겠습니까, 그러니 진정하십시오, 라는 내용입니다.

그러자 하나님은 조금 마음을 바꾸셔서 이렇게 말씀하십니다. 29~35절을 공동번역으로 보겠습니다.

바로 이 광야에 너희의 시체가 즐비하게 뒹굴 것이다. 너희 가운데 스무 살이 넘어 병적부에 오른 자로서 나에게 불평한 자는 그 누구도 내가 정착시켜 주겠다고 손들어 맹세한 그 땅으로 들어가지 못하리라. 여분네의 아들 갈렙과 눈의 아들 여호수아만이 들어가리라. 또한 너희가, 포로가 되어 끌려가면 어쩌나 하고 걱정하던 너희 어린 아이들은 너희가 거부한 땅으로 내가 데리고 들어가리라. 그 땅은 그들의 차지가 되리라. 그러나 너희들은 죽어 시체가 되어 이 광야에 쓰러지고 말리라. 그리고 너희의 자식들은 너희의 배신죄를 짊어지고 너희의 시체가 썩어 없어질 때까지 사십 년 동안 광야에서 헤매야 한다. 너희가 사십 일 동안 그 땅을 정탐하였으니, 그 하루를 한 해로 쳐서 사십 년 동안 너희는 너희의 죄의 짐을 져야 한다. 그제야 나를 배반하는 일이 어떤 일인지 너희는 알게 되리라. 나 야훼가 말한다. 한 무리가 되어 나를 거역한 이 고약한 자들을 내가 반드시 이렇게 다루고야 말리라. 이 광야에서 하나도 남지 않고 모두 죽으리라."

그 뒤에 이어지는 본문은 뒤늦게 잘못을 뉘우친 일부 사람들이 모세의 말을 듣지 않고 만용을 부려 진격했다가 가나안 본토인들에게 크게 패했다는 기록이 이어집니다.

사실 이집트에서 가나안 땅, 지금의 이스라엘이 있는 팔레스타인까지 가는 길은 그렇게 먼 거리는 아닙니다. 지중해 해변을 따라가면 서울에서 부산 가는 거리보다도 가깝습니다. 소규모 인원이면 걸어가도 한 달이면 충분합니다. 200만 명이 넘는 대규모 민족 이동이므로 훨씬 더 오래 걸리겠지만, 이런 일만 없었더라면 1년이나 2~3년이면 충분하고, 아무리 길어도 4년 이상 걸리지는 않았을 것입니다.

하지만 이렇게 하나님을 믿지 못하고 두려워했다는 이유로 20세 이상의 성인은 여호수아와 갈렙을 빼고는 모세까지 포함해서 가나안 땅에 들어가기 전에 모두 죽어야 했다는 것입니다.

고대 이스라엘 사람들이 인식한 하나님, 좀 더 정확히 말하면 당시 종교 지도자들이 인식한 하나님의 잔인성에 대해서는 앞에서 여러 차례 충분히 설명하였으므로 더 말씀드리지 않겠습니다.

민수기 15장에는 14장의 이야기가 계속 이어지지 않고 갑자기 율법에 대한 이야기가 삽입되어 나타납니다. 이야기 중간 중간에 이렇게 좀 엉뚱하다 싶을 정도로 갑자기 율법을 끼워 넣는 이유는 오늘날 드라마 중간 중간에 광고를 끼워 넣는 것과 같은 방식이라고 저는 생각합니다.

종교 지도자들이 모세오경을 만든 이유는, 좋게 말하면 백성들로 하여금 하나님 앞에 투철한 신앙을 갖게 하는 것입니다. 하지만 본심을 들여다보면 그렇게 하여 자신들의 위치를 확고히 세우는 것이라고 할 수 있습니다. 그러니 이야기 중간 중간에 율법을 재차 강조하는 것이 이상하지 않습니다. 그리고 같은 내용이 반복되는 것 또한 이상할 게 없습니다.

15장에 등장하는 율법 규정들은 출애굽기와 레위기에 기록된 내용이 거의 반복되고 있기에 자세히 설명하지는 않겠습니다. 다만 눈에 띄는 부분 한 군데는 자세히 살펴볼 필요가 있습니다. 32~36절을 보겠습니다.

> 이스라엘 자손이 광야에 거류할 때에 안식일에 어떤 사람이 나무하는 것을 발견한지라. 그 나무하는 자를 발견한 자들이 그를 모세와 아론과 온 회중 앞으로 끌어왔으나 어떻게 처치할는지 지시하심을 받지 못한 고로 가두었더니, 여호와께서 모세에게 이르시되, 그 사람을 반드시 죽일지니 온 회중이 진영 밖에서 돌로 그를 칠지니라. 온 회중이 곧 그를 진영 밖으로 끌어내고 돌로 그를 쳐죽여서 여호와께서 모세에게 명령하신 대로 하니라.

이스라엘 자손이 광야에 거류할 때에, 라고 32절 본문이 말하고 있는데요, 어색하지 않습니까? 광야에서 일어난 일을 한창 말하고 있는 도중인데, 이스라엘 자손이 광야에 거류할 때라니요.

그러니까 이 본문은 광야 시대 이후 어느 시점에서 과거를 회상하면서 하는 말임을 나타내고 있는 것입니다. 어쨌든 본문의 하나님은 안식일에 일을 했다는 이유로 나무꾼을 돌로 쳐 죽이게 했습니다.

비슷한 사례를 신약에서 예수님은 어떻게 하셨는지 공동번역으로 살펴보겠습니다. 마가복음 2장 23~28절입니다.

어느 안식일에 예수께서 밀밭 사이를 지나가시게 되었다. 그 때 함께 가던 제자들이 밀 이삭을 자르기 시작하자 바리사이파 사람들이 예수께 "보십시오, 왜 저 사람들이 안식일에 해서는 안 될 일을 하고 있습니까?" 하고 물었다.

예수께서는 이렇게 반문하셨다. "너희는 다윗의 일행이 먹을 것이 없어서 굶주렸을 때에 다윗이 한 일을 읽어본 적이 없느냐? 에비아달 대사제 때에 다윗은 하느님의 집에 들어가서 제단에 차려놓은 빵을 먹고 함께 있던 사람들에게도 주었다. 그 빵은 사제들 밖에는 아무도 먹을 수 없는 빵이 아니었더냐?"

예수께서는 이어서 이렇게 말씀하셨다. "안식일이 사람을 위하여 있는 것이지, 사람이 안식일을 위하여 있는 것은 아니다. 따라서 사람의 아들은 또한 안식일의 주인이다."

이어서 3장 1~6절도 보겠습니다.

안식일이 되어 예수께서 다시 회당에 들어가셨는데 마침 거기에 한쪽 손이 오그라든 사람이 있었다. 그리고 예수께서 안식일에 그 사람을 고쳐주시기만 하면 고발하려고 지켜보고 있는 사람들도 있었다.

예수께서 손이 오그라든 사람에게는 "일어나서 이 앞으로 나오너라." 하시고 사람들을 향하여는 "안식일에 착한 일을 하는 것이 옳으냐? 악한 일을 하는 것이 옳으냐? 사람을 살리는 것이 옳으냐? 죽이는 것이 옳으냐?" 하고 물으셨다. 그들은 말문이 막혔다.

예수께서는 그들의 마음이 완고한 것을 탄식하시며 노기 띤 얼굴로 그들을 둘러보시고 나서 손이 오그라든 사람에게 "손을 펴라." 하고 말씀하셨다. 그가 손을 펴자 그 손은 이전처럼 성하게 되었다. 그러나 바리사이파 사람들은 나가서 즉시 헤로데 당원들과 만나 예수를 없애버릴 방도를 모의하였다.

예수님 시대의 종교 지도자들이 예수님을 그토록 증오하고 죽이려 했던 이유가 무엇인지 본문에 잘 드러나 있습니다. 속셈은 앞서 말씀드린 것처럼 자기들의 기득권을 해쳤기 때문입니다. 하지만 그들이 내세운 표면적인 이유는 예수님이 하나님께서 허락하신 율법 체계를, 오늘날로 말하자면 유일무이한 진리의 종교인 유대교의 교리를 감히 뿌리째 흔들었기 때문입니다.

안식일이 사람을 위하여 있는 것이지, 사람이 안식일을 위하여 있는 것은 아니다, 라는 예수님의 말씀. 이런 말씀이 바로 성서에 담겨 있는 정금 같은 하나님의 말씀입니다. 시간과 공간을 초월하여 어느 시대 누구에게나 적용되는 옳은 말씀, 그것이 바로 진리의 말씀이요 정금 같은 하나님의 말씀입니다.

종교는 사람의 행복을 위해 존재합니다. 그러니까 사람의 행복을 위한 수단으로 존재하지 않고 그것 자체가 목적이 되어서 사람을 수단으로 전락시킨다면 그것이 종교건, 율법이건, 경전이건, 그 무엇이건 간에 존재할 필요가 없다는 말씀입니다.

그래서 독일의 신학자 디트리히 본회퍼 목사님은 이런 말씀을 하셨습니다. "예수님은 우리를 새로운 종교로 부르신 것이 아니다.

새로운 삶으로 부르신 것이다."

종교가 우리를 새로운 삶으로 인도한다면 그 종교는 인류를 위해 살아남아야 할 것입니다. 그러나 종교가 우리를 새로운 삶으로 인도하기는커녕 또 다른 율법에 매이게 하고 우리의 자유를 빼앗는다면 그 종교는 역사 속으로 사라지는 게 나을 것입니다. 그게 기독교라도 말입니다.

민수기 16장에는 모세와 아론에 대항해서 반란을 일으킨 무리를 하나님께서 벌하시는 내용이 기록되어 있습니다. 1~2절을 공동번역으로 보겠습니다.

레위의 증손 코라가 반기를 들었다. 그의 아비는 이스할이요 할아버지는 크핫이었다. 엘리압의 아들 다단과 아비람, 또 르우벤의 손자요 벨렛의 아들인 온도 따라 일어났다. 그들이 모세에게 반기를 들고 일어나자 이스라엘 백성 가운데서 이백오십 명이 따라 일어났다. 그들은 대회에서 뽑힌 회중의 대표들로서 이름 있는 사람들이었다.

레위 지파 사람인 코라가 주동자 역할을 하고 다단과 아비람, 그리고 온, 이렇게 네 사람이 합세해서 반란을 일으킨 건데요, 주목할 점은 반란에 동참한 250명이 이스라엘 총회에서 뽑힌 백성의 대표들이었다는 점입니다. 이들의 주장이 무엇이었는지 3절을 보겠습니다.

> 그들이 모세와 아론에게 모여와서 항의하였다. "당신들은 지나치오. 야훼께서 온 회중 가운데 계시어 온 회중이 다 거룩한데, 어찌하여 당신들만이 야훼의 회중 위에 군림하오?"

온 회중이 다 거룩한데, 이 부분이 개역개정본에는 '회중이 다 각각 거룩하고'라고 되어 있습니다. 백성 한 사람 한 사람이 다 거룩한데 왜 백성들의 뜻은 무시하고 당신들 둘이서만 모든 일을 결정하냐는 것입니다.

이들의 본심이 어디에 있는지는 알기 어렵습니다. 본문이 그것까지 자세히 말하지는 않으니까요. 하지만 백성들이 총회에서 뽑은 대표자 250명이 지지했다는 것은 주목할 만한 부분입니다.

그러면 모세는 이들의 반란을 어떻게 해석했을까요? 8~10절까지 역시 공동번역으로 보겠습니다.

> 모세가 코라에게 말하였다. "그대, 레위의 후손이라는 분들은 내 말을 들어라. 이스라엘의 하느님께서 그대들을 이스라엘 회중 가운데서 구별하시어, 당신 앞에 나와 야훼의 성막에서 섬기고 회중 앞에 나서서 그들을 돌보게 하셨는데도 불만이냐? 하느님은 그대에게 그대의 일족인 레위인들을 모두 거느리고 하느님 앞에 나와 섬기는 특권을 주시었다. 그런데 이제 그대들은 사제직마저 요구하는가?

그러니까 모세는 코라가 반란을 일으킨 것이 성전 관리인의 신분에 만족하지 않고 사제 계급이 되려는 권력욕 때문이라고 본 것입니다. 반면에 코라는 이렇게 항변합니다. 13~14절입니다.

> "우리를 젖과 꿀이 흐르는 땅에서 데려내다가 이 광야에서 죽이는 것만으로도 부족해서 이젠 우리 위에 군림하여 호령까지 하려 드시오? 당신은 우리를 젖과 꿀이 흐르는 땅으로 데려가지도 못했고 우리가 차지할 밭이나 포도원을 나누어주지도 못하였소. 이 백성들을 장님으로 만들 셈이오? 우리는 못 가오."

신앙의 눈으로 보면 아무리 좋게 보아도 코라는 믿음이 없는 사람입니다. 게다가 권력욕에 사로잡히기까지 한 사람이라고 본문은 말합니다. 그래서 이 본문은 오늘날에도 교회에서 목사들이 자신의 권위에 도전하거나 교회에서 불평불만을 늘어놓는 사람들을 책망할 때 자주 인용하는 내용이기도 합니다.

하지만 역사는 승자의 기록이라는 말이 있지요. 나중에 예언서로 가면 얘기가 달라지기도 합니다만, 모세오경은 사제들이 중심이 된 당시 지배계급이 최종적으로 편집하고 완성한 책입니다.

그러면 백성들의 눈에서 보면 어떨까요? 저는 우선 반란군 지도자들이 한 이 말에 주목하고 싶습니다. '야훼께서 온 회중 가운데 계시어 온 회중이 다 거룩한데 어찌하여 당신들만이 야훼의 회중 위에 군림하오?'

온 회중이 다 거룩한데, 즉 백성들 한 사람 한 사람이 다 거룩하다는 말입니다. 요즘에는 너무나 당연한 말이지만 2,000~3,000년 전에 이런 말을 했다는 건 놀라운 일입니다. 그러면 이 반란은 어떻게 끝났을까요? 28~35절을 역시 공동번역으로 보겠습니다.

> 모세가 입을 열었다. "너희는 이제 일어나는 일을 보고 내가 여태껏 한 모든 일이 내가 멋대로 한 일이 아니라 야훼께 보내심을 받아 한 일임을 알게 되리라. 이 사람들이 보통 사람들이 죽는 것처럼 죽는다면, 야훼께서 나를 보내신 것이 아니다. 이제 야훼께서는 여태껏 너희가 들어본 적이 없는 일을 하실 것이다. 땅이 입을 벌려 이들과 그 딸린 식구들을 함께 삼켜 모두 산 채로 지옥에 떨어뜨릴 것이다. 그러면 너희는 과연 이들이 야훼를 업신여겼다는 것을 알게 되리라."
> 이 말을 마치자마자 그들이 딛고 서 있던 땅이 갈라졌다. 땅은 입을 벌려 그들과 집안 식구들을 삼켜버렸다. 코라에게 딸린 사람과 재산을 모조리 삼켜버렸다. 그들이 식구들과 함께 산 채로 지옥에 떨어진 다음에야 땅은 입을 다물었다. 이렇게 그들은 이스라엘 회중 가운데서 사라져버렸다. 그들의 아우성 소리를 듣고 주변에 서 있던 이스라엘 사람들은 "땅이 우리도 삼키겠구나." 하며 달아났다. 향을 피워가지고 나왔던 이백오십 명도 야훼에게서 나온 불이 살라버렸다.

이 본문에 나타난 하나님의 처사에 심각하게 문제가 있다고 말할 수밖에 없는 이유는, 그 잔혹성도 잔혹성이지만 무엇보다 저항하는 반대파를 숙청하려면 당사자들만 죽이는 것으로 끝냈어야 하는데 가족들까지 몰살시켜서입니다.

하지만 다시 한 번 말씀드립니다. 이런 본문들에 나타난 하나님은 실제 하나님이 아닙니다. 2,000~3,000년 전의 고대 히브리인들이, 더 정확히 말하면 그때의 종교 지도자들이 인식하고 이용한 하나님입니다. 실제로 하나님이 하신 일이라면 이런 신은 인류의 이름으로 도태되어야 합니다.

그러니까 이 잔혹한 살해 사건의 주범은 하나님의 입을 빌어 자기들이 하고 싶은 말을 대신한 당시 종교 지도자들입니다. 물론 당시 사회는 여러 번 말씀드린 대로 종교와 정치가 하나이니까 종교 지도자들이 곧 정치 지도자들이기도 하지요.

그런데 개신교에서 사용하는 개역개정본이나 개역한글본, 그리고 표준새번역은 16장이 50절까지 있는데, 가톨릭에서 사용하는 공동번역은 16장이 35절까지만 있고 그 이후의 내용은 17장에 들어가 있습니다.

개신교에서 16장 뒷부분 그리고 공동번역에서는 17장 앞부분에 담긴 부분은 모두 15절인데, 그 부분에는 백성들이 반역을 일으킨 사람들의 죽음을 두고 모세와 아론에게 항의하자 하나님이 염병을 보내 그들도 죽게 만들었다는 내용이 기록되어 있습니다.

그 부분, 개신교에서 사용하는 성서로는 16장 49절, 공동번역으로는 17장 14절을 공동번역으로 보겠습니다.

코라의 일로 죽은 사람은 제외하고 이번 병으로 죽은 사람만 만 사천칠백 명이나 되었다.

개신교에서 사용하는 성서들과 공동번역 성서의 장 구분이 이렇게 다른 이유에 대해서는, 지난 강해에서 몇 차례 말씀드렸으므로 더 설명드리지 않겠습니다.

개역개정본으로 17장 전체, 공동번역으로 17장 16절 이후의 내용은 기존의 지도자인 모세와 아론, 그리고 반역을 일으킨 세력 중에서 어느 쪽이 하나님께서 택하신 진정한 지도자인지 가리는 기적 사건이 묘사되어 있습니다.

각 지파별로 지팡이를 하나씩 제출해서 열두 개의 지팡이에 족장들의 이름을 써서 법궤 앞에 두었는데, 그 결과가 어떻게 되었는지 공동번역으로 7장 23절을 보겠습니다.

> 이튿날 모세가 증거의 장막 안에 들어가 보니 레위 가문을 대표한 아론의 가지에 싹이 돋고 꽃이 피었으며 감복숭아 열매가 이미 익어 있었다.

이것으로 반란 사건의 결말은 마무리되었습니다. 반란군은 제압되었고 모세와 아론이 옳았다는 것이 증명되었다는 것입니다.

18장에는 제사장과 레위인의 권리와 의무에 대한 기록이 다시 나옵니다.

제사장은 오직 아론의 후손만 대를 이어서 할 수 있고 나머지 레위인은 성전 관리인으로서의 일을 해야 한다는 것과, 그들에게는 다른 지파처럼 땅을 주지 않는 대신 백성들이 바치는 예물과 십일조로 생활할 권리를 준다는 내용입니다.

레위인은 백성들이 내는 십일조로 생활을 했고, 제사장은 레위인들이 다시 구별해서 바치는 십일조로 생활해야 한다는 내용이 담겨 있습니다.

19장에는 부정을 탄 사람을 깨끗하게 하는 정결수를 만들라는 지시와 부정을 탄 사람에게 정결수를 어떻게 사용해야 하는지에 대한 규정이 기록되어 있습니다. 16~19절을 공동번역으로 보겠습니다.

들에서 칼에 맞아 죽은 사람이나 저절로 죽은 사람이나 사람의 뼈나 무덤에 몸이 닿은 사람이면 누구든지 칠 일간 부정하다. 이렇게 부정을 탄 사람에게서 부정을 벗기려면 죄를 씻는 재를 그릇에 담고 거기에 샘물을 부은 다음 부정타지 않은 사람이 우슬초를 가져다가 그 물에 적셔서 장막과 그릇들과 거기에 있던 사람에게 뿌려야 한다. 또 뼈에 닿았거나 맞아 죽은 사람이나 저절로 죽은 사람에게 닿았거나 무덤에 닿은 사람에게도 뿌려야 한다. 정한 사람이 그 부정을 탄 사람에게 삼 일째 되는 날과 칠 일째 되는 날에 이 잿물을 뿌리고, 칠 일째 되는 날 그에게서 죄를 벗겨주고 나면 그는 옷을 빨고 목욕을 하여야 한다. 그렇게 해도 그는 저녁때가 되어야 부정을 벗는다.

지금도 완전히 극복된 건 아니지만 옛날에는 동서양을 막론하고 죽은 사람의 영혼에 어떤 힘이 있다는 생각을 했습니다. 그래서 어떤 경로로든 사체에 손을 댄 사람은 부정을 탔다고 생각했고, 그 부정을 씻기 위해서는 정결 예식을 해야 한다고 생각했습니다.

19장 본문은 그런 미신적인 문화의 영향으로 만들어진 규정이라는 것이 오늘날 진보적인 신학자들의 해석입니다. 물론 보수적인 신학자들은 성서를 이런 식으로 해석하는 것을 싫어하고 인본주의적인 해석이라며 비난합니다.

20장에는 모세의 누이인 미리암과 형 아론의 죽음에 대한 기록과 먹을 물이 없어서 원망하는 백성들에게 모세와 아론이 지팡이로 바위를 쳐서 마시게 했다는 기록, 그리고 히브리 백성을 이끌고 가나안 가까이 도착한 모세가 에돔 왕에게 에돔 땅을 통과하여 가나안으로 들어갈 수 있도록 허락해달라고 요청했다가 거절당하는 내용이 혼재되어 있습니다.

전에도 성서의 글들이 별로 논리적이지 못하고 세련되지도 못하며 앞뒤가 안 맞는 부분이 많다는 말씀을 드린 적이 있습니다. 그 이유는 2,000~3,000년 전이라는 시대적 한계도 있지만, 구전으로 이어지던 단편적인 이야기들이 어느 시점에서 단편적으로 기록되기 시작했고, 그 기록들이 모아져서 네댓 뭉치의 글로 전해지다가, 서기전 5세기경에야 모세오경이라는 하나의 주제를 가진 문서로 결합되었기 때문이라고 말씀드렸습니다.

그러니까 모세오경은 모세의 글이 아닐뿐더러, 한 사람의 작품도 아니고 오랜 시간 전해져온 여러 전승들의 조합입니다. 그래서 문학적으로 조잡한 단편 글도 있고 앞뒤가 맞지 않는 비논리적인 글도 있으며, 요셉 이야기처럼 어느 정도 체계를 갖춘 긴 이야기도 있습니다.

민수기 20장은 그런 단편적인 글들의 모음이라고 할 수 있습니다. 그래서 글의 연결이 매끄럽지 않고 논리성도 빈약합니다. 1절을 보겠습니다.

첫째 달에 이스라엘 자손, 곧 온 회중이 신 광야에 이르러 백성이 가데스에 머물더니, 미리암이 거기서 죽으매 거기에 장사되니라.

첫째 달에, 라고 했는데 어느 해의 첫째 달인지 알 수가 없습니다. 출애굽 후 첫째 달인지, 시나이산을 떠난 후 첫째 달인지, 아니면 10년이나 20년 또는 30년이 지난 시점인지를 기록했어야 하는데, 본문에는 나오지 않습니다. 많은 학자가 출애굽 후로 이미 40년이 지난 시점이라고 생각하고 있습니다.

만약 그런 학자들의 주장이 사실이라면 그 사이에 많은 사건이 있었을 것이고, 그 전승들에 대한 기록도 제법 있었을 듯한데 그에 대한 언급은 전혀 없습니다. 그러니까 성서는 광야 생활 초기의 1~2년과 마지막 1~2년에 대해서만 말하고 있다는 얘기가 됩니다. 출애굽을 실제로 있었던 역사로 보기 어려운 또 하나의 이유가 되겠습니다.

민수기 20장은 이렇게 역사적으로도 그렇고, 문학적으로도 좀 미흡한 기록이라고 말할 수밖에 없습니다. 7~8절을 보겠습니다.

> 여호와께서 모세에게 말씀하여 이르시되, 지팡이를 가지고 네 형 아론과 함께 회중을 모으고 그들의 목전에서 너희는 반석에게 명령하여 물을 내라 하라. 네가 그 반석이 물을 내게 하여 회중과 그들의 짐승에게 마시게 할지니라.

모세가 그 명령대로 따랐다는 내용이 9~11절에 이렇게 기록되어 있습니다.

> 모세가 그 명령대로 여호와 앞에서 지팡이를 잡으니라. 모세와 아론이 회중을 그 반석 앞에 모으고 모세가 그들에게 이르되, 반역한 너희여 들으

라, 우리가 너희를 위하여 이 반석에서 물을 내랴, 하고 모세가 그의 손을 들어 그의 지팡이로 반석을 두 번 치니, 물이 많이 솟아나오므로 회중과 그들의 짐승이 마시니라.

그런데 하나님께서 갑자기 모세와 아론을 책망합니다. 12절을 보겠습니다.

여호와께서 모세와 아론에게 이르시되, 너희가 나를 믿지 아니하고 이스라엘 자손의 목전에서 내 거룩함을 나타내지 아니한 고로, 너희는 이 회중을 내가 그들에게 준 땅으로 인도하여 들이지 못하리라 하시니라.

너희가 나를 믿지 못했다, 라고 말씀하시는데 무엇을 믿지 못했다는 것인지 그 이유가 분명하지 않습니다. 백성을 책망한 것을 나무라는지, 바위에 말로만 명령하지 않고 지팡이로 쳤다는 것을 문제 삼는 것인지, 하나님의 능력이 아니라 마치 자기 능력으로 물을 낸 것처럼 했다고 문제 삼는지, 아니면 그 모든 것이 문제라는지 명확하지가 않습니다.

역사를 기록하는 사람이라면 이유를 명확하게 밝혀야 이렇게 모호하게 기록하면 곤란합니다. 하지만 본문의 기록자는 그런 논리적인 문제는 인지하지 못한 것 같습니다.

어쨌든 그 이유가 무엇이든 하나님은 이 사건에 대한 책임을 물어 40년 동안 백성의 지도자로서 최선을 다해 순종한 모세와 아론을 약속의 땅으로 들어가지 못하게 했습니다.

그리고 20장 이후의 민수기 본문은 급작스럽게 분위기가 바뀌어 가나안 입성을 앞둔 40년 광야 생활의 끝부분으로 와 있습니다.

21장에는 히브리 민족이 가나안 동쪽 지방을 점령하는 이야기가 수록되어 있습니다. 요단강 동편 지역에 사는 종족을 차례로 정복해서 가나안 동쪽 지역을 거의 다 점령한 것으로 보입니다.

그 과정에서 백성들이 또 하나님을 원망하자 하나님이 불뱀을 보내 닥치는 대로 물려 죽게 하는 징계를 내리시는데, 백성들이 회개하자 모세에게 놋으로 뱀을 만들게 해서 그 뱀을 쳐다보는 사람은 살게 했다는 기록이 나옵니다. 4~9절을 공동번역으로 보겠습니다.

그들은 에돔 지방을 피해 가려고 호르 산을 떠나 홍해 쪽으로 돌아갔다. 길을 가는 동안 백성들은 참지 못하고 하느님과 모세에게 대들었다. "어쩌자고 우리를 이집트에서 데려내왔습니까? 이 광야에서 죽일 작정입니까? 먹을 것도 없고 마실 물도 없습니다. 이 거친 음식은 이제 진저리가 납니다." 그러자 야훼께서는 백성에게 불뱀을 보내셨다. 불뱀이 많은 이스라엘 백성을 물어 죽이자, 백성들은 마침내 모세에게 와서 간청하였다. "우리가 야훼와 당신께 대든 것은 잘못이었습니다. 뱀이 물러가게 야훼께 기도해 주십시오." 모세가 백성을 위하여 기도를 드리자, 야훼께서 모세에게 대답하셨다. "너는 불뱀을 만들어 기둥에 달아놓고 뱀에게 물린 사람마다 그것을 쳐다보게 하여라. 그리하면 죽지 아니하리라." 모세는 구리로 뱀을 만들어 기둥에 달아놓았다. 뱀에게 물렸어도 그 구리 뱀을 쳐다본 사람은 죽지 않았다.

신약 시대에 와서 요한복음 기록자는 이 본문의 구리뱀을 십자가에 달리신 예수님을 상징하는 것으로 인용합니다. 요한복음 3장 13~15절을 보겠습니다.

> 하늘에서 내려온 사람의 아들 외에는 아무도 하늘에 올라간 일이 없다. 구리뱀이 광야에서 모세의 손에 높이 들렸던 것처럼 사람의 아들도 높이 들려야 한다. 그것은 그를 믿는 사람은 누구나 영원한 생명을 누리게 하려는 것이다.

모세 시대에 하나님의 말씀을 믿지 못하고 원망하던 사람이 뱀에 물려 죽게 되었을 때 모세가 만들어 기둥에 달아놓은 구리뱀을 쳐다본 사람들은 죽음을 면했듯이, 십자가에 달리신 예수님을 바라보는 사람은 누구나 구원을 받는다고 요한 공동체 사람들은 해석한 것입니다.

보수적인 성서학자들은 영적으로 깊은 의미를 담은 말씀으로 해석하는 것이 일반적이지만, 진보적인 성서학자들 중에는 비합리적이고 무리한 연결이라고 비판하는 사람도 적지 않습니다.

22장부터 24장까지는 하나님께서 발람이라는 이방인 선지자를 통해서 장차 이루어질 일을 예언하게 했다는 설화가 수록되어 있습니다. 예언의 내용은 하나님께서 이스라엘에 복을 내리셔서 주변의 모든 종족을 점령하고 큰 국가를 이루게 하신다는 것입니다.

발람이라는 인물은 유프라테스강 상류 지역에 사는 사람이었는데, 그에 대한 자세한 설명은 없지만 어쨌든 하나님을 경외하는 사람이었다고 본문은 말합니다.

이스라엘이 가나안 동쪽 지방을 차례로 점령해 들어가자, 위협을 느낀 모압 왕 발락이 발람에게 사절을 보냈습니다. 이스라엘을 저주해달라는 요청을 받은 발람은 당연히 하나님이 두려워 그 요청을 거절합니다. 하지만 모압의 사절단이 다시 찾아왔을 때, 하나님은 발람에게 자신이 명하는 말만 하라는 당부를 하시고 사절들과 함께 가기를 허락하십니다.

그런데 갑자기 길 떠난 발람을 하나님의 사자가 막아서고 발람이 탄 나귀가 그 사자를 피해 밭으로 들어갑니다. 영문을 모르는 발람이 나귀에게 채찍질을 하자, 발람이 왜 때리느냐는 식으로 말을 했다는 얘기가 이어집니다. 22장 27~30절까지 공동번역으로 보겠습니다.

> 나귀가 야훼의 천사를 보고 발람을 태운 채 털썩 주저앉자 발람은 화가 나서 지팡이로 나귀를 때렸다. 마침내 야훼께서 나귀의 입을 열어주시니 나귀가 발람에게 항의하였다. "내가 무슨 못할 짓을 했다고 이렇게 세 번씩이나 때리십니까?"
> 발람이 나귀에게 "네가 이렇게 나를 놀리지 않았느냐? 내 손에 칼만 있었으면 당장 쳐죽였을 것이다." 하고 말하자 나귀가 발람에게 말했다. "나는 당신의 나귀가 아닙니까? 오늘날까지 당신은 나를 줄곧 타고 다니셨는데 내가 언제 주인께 이런 일을 한 일이 있었습니까?" 그가 대답하였다. "없었다."

어린이를 위한 동화 같은 수준의 글인데, 이 얘기가 교회에서 하나님께서 실제로 베푸신 기적적인 사건으로 해석되는 걸 보면 웃음이 납니다.

어쨌든 나귀의 말을 들은 발람은 눈이 열려 하나님의 사자를 봅니다. 이번에는 하나님의 사자가 했다는 말을 공동번역으로 보겠습니다. 22장 32~35절입니다.

> 야훼의 천사가 입을 열었다. "어찌하여 너는 네 나귀를 이렇게 세 번씩이나 때렸느냐? 너는 지금 내 눈에 거슬리는 길을 가고 있다. 그래서 내가 이렇게 나와 너를 막아 선 것이다. 나귀가 나를 보고 세 번이나 내 앞을 피했기에 망정이지, 그러지 않았더라면 나는 나귀만 살려주고 너는 이미 죽였을 것이다."
> 발람이 야훼의 천사에게 아뢰었다. "제가 잘못하였습니다. 당신께서 저의 길을 막아 서셨으리라고는 꿈에도 생각하지 못했습니다. 당신 눈에 거슬리는 길이라면 당장 돌아가겠습니다."
> 야훼의 천사가 발람에게 "이 사람들을 따라가거라. 그러나 너는 내가 시키는 말만 해야 한다." 하고 말하자 발람은 발락이 보낸 고관들을 따라 발길을 옮겼다.

그런데 본문을 쭉 따라 읽어 내려가는 독자들은 이 부분을 이해하기 어렵습니다. 발람은 그저 하나님의 명령에 순종했을 뿐인데 갑자기 발람이 큰 잘못을 한 것처럼 내용이 전개되기 때문입니다.

이 내용을 제대로 이해하기 위해 발람이 길 떠나기 전 하나님이 발람에게 하셨다는 20~22절까지의 본문을 역시 공동번역으로 보겠습니다.

논리적으로 문제가 있다는 것을 느끼셨는지요? 발람은 하나님의 말씀대로 순종해서 길을 떠났을 뿐입니다. 혹 그가 길을 가는 도중에 뭔가 잘못한 게 있다면 그 내용을 밝히고 나서 발람의 잘못을 책망하는 이야기가 이어져야 합니다.

그런데 본문의 흐름으로 볼 때, 발람이 무엇을 잘못했는지에 대한 언급이 전혀 없습니다. 오히려 그가 길을 나서는 것 때문에 하나님이 크게 노하셨다고 되어 있습니다. 그러니까 이건 하나님의 문제가 아니라 기록자들의 문제입니다. 본문에 나타난 하나님은 실제 하나님이 아니라 당시 기록자들이 인식한 하나님이라는 것입니다.

제가 이렇게 성서의 실상을 밝혀내는 게 불편한 분들도 계실 것입니다. 하지만 성서를 읽는 사람은 성서의 진실을 알고 읽어야 합니다. 하나님의 말씀은 정금과 같다는 말들을 합니다. 하지만 그것은 성서에 기록된 모든 내용이 정금과 같다는 말이 아닙니다. 성서에는 불순물도 있고 심지어 쓰레기도 있습니다.

그러니까 하나님의 말씀이 정금이라면, 성서는 정금이 아니라 금광석입니다. 금광석은 금을 품고 있지만 불순물도 섞여 있고 결국엔 버려야 할 쓰레기도 많이 포함하고 있습니다. 금광석에서 순금의 비율은 1퍼센트도 안 됩니다. 정금을 1퍼센트 담고 있는 금광석이라면 매우 훌륭한 비율이지요.

성서도 마찬가지입니다. 성서에서 정금 같은 하나님의 말씀을 들으려면 금광석을 용광로에 넣고 펄펄 끓여야 합니다. 그래서 불순물을 모두 걸러내야 정금을 얻을 수 있습니다.

그 용광로의 역할을 하는 것이 바로 신학이고 성서 비평학입니다. 그런데 그런 과정과 노력 없이 무턱대고 성서 자체가 하나님의 말씀이라고 주장하는 것은 금광석을 정금이라고 우기는 것과 다르지 않습니다.

이게 성서의 진실입니다. 이 진실을 알아야 성서를 통해서 정금 같은 하나님의 말씀을 들을 수 있습니다. 그럴 자신이 없다면 차라리 성서를 멀리하고 기독교도 떠나는 것이 좋습니다.

맹목적 교리 신앙으로는 인생에 도움이 되기는커녕 교리 기독교라는 종교의 노예가 될 수밖에 없기 때문입니다. 자기만 노예가 되면 그래도 좀 나은데, 다른 사람까지 노예로 만들기 위해 평생을 바치는 사람이 수없이 많습니다.

한 가지 더 말씀드릴 것이 있습니다. 하나님의 말씀은 기독교 성서만 담고 있는 것이 아닙니다. 불교 경전에도, 힌두교 경전에도, 이슬람 경전에도, 『논어』와 『도덕경』에도 담겨 있습니다. 하나님의 말씀을 어느 특정 종교의 경전만 담고 있다고 믿는 것은 무지일 뿐만 아니라 교만이기도 하며, 심지어 우주 만물을 섭리하시는 하나님의 역사를 기독교라는 종교 안에 제한하는 것이기도 합니다.

어쨌거나 하나님의 사자를 만난 발람은 모압의 왕 발락의 기대와는 반대로 모압 땅 곳곳을 다니며 이스라엘에 복을 내리시는 하나님의 말씀을 전했다는 내용이 민수기 23장과 24장을 채우고 있습니다.

그 가운데 한 부분을 보겠습니다. 24장 1~9절, 공동번역의 본문입니다.

발람은 이스라엘에게 복을 빌어주는 것을 야훼께서 기뻐하신다는 것을 알고는, 전처럼 징조를 찾아 나서지를 아니하고 그대로 광야 쪽으로 얼굴을 돌렸다. 발람의 눈에 이스라엘 백성이 지파별로 자리 잡고 있는 것이 보였다.

그 때 하느님의 영이 그에게 내렸다. 그는 푸념하듯이 이렇게 읊었다. "브올의 아들 발람의 말이다. 천리안을 가진 사내의 말이다. 하느님의 말씀을 듣고 하는 말이다. 전능하신 하느님을 환상으로 뵙고 엎어지며 눈이 열려 하는 말이다. 야곱아, 너의 천막들이 과연 좋구나! 이스라엘아, 네가 머문 곳이 참으로 좋구나! 굽이굽이 뻗은 계곡과 같고 강물을 끼고 꾸며진 동산 같구나. 야훼께서 손수 심으신 느티나무와 같고 물가에서 자라는 송백 같구나. 물통에서는 물이 넘쳐나 땅에 뿌린 씨가 물을 듬뿍 먹는구나. 임금은 아각을 누르리니 국위를 널리 떨치겠구나. 이집트에서 고생하던 것들을 이끌어내신 하느님께서 들소 뿔처럼 지켜주시어 적국을 집어삼키고 그 뼈들을 짓부수고 옆구리를 찌르는구나. 사자처럼 웅크리고 있는데 그 사자 같은 자들을 누가 감히 건드리랴! 누구든지 너에게 복을 빌어주면 복을 받고 너를 저주하면 저주를 받으리라."

장차 일어날 일에 대한 예언처럼 기록되어 있지만, 이 본문은 가나안 땅을 정복하기 이전에 이방인 선지자가 실제로 했던 예언이 아닙니다. 서기전 5~6세기 바벨론으로 끌려간 이스라엘의 지식인들이 다윗과 솔로몬 시대의 이스라엘의 영화를 회상하며 이방인 선지자의 입을 빌어 예언의 형식으로 기록한 것입니다.

25장은 이스라엘 백성이 모압 여자들과 음행을 했다는 기록으로 시작합니다.

고대 종교 의식 가운데는 여성 사제가 음행을 통해 신에게 제사하는 의식이 유행했습니다. 본문에서도 모압 여자들이 부족신인 바알브올에게 제사할 때 히브리 남자들을 초대했는데, 그에 응한 히브리인들이 성적인 타락과 우상숭배를 함께 저지른 것이 문제가 되었습니다.

하나님은 이들을 목매달아 죽이라고 명령하셨고, 그대로 사형이 집행된 어수선한 상황에서 겁 없이 이방 여인을 데리고 온 사람이 있었습니다. 이 여인은 모압과 동맹을 맺은 미디안 족장의 딸이었고, 데리고 온 사람도 이스라엘의 족장이었기에 문제가 더욱 커졌습니다.

이 일로 이스라엘에 염병이 번져 2만 4,000명이 죽었는데, 아론의 손자인 비느하스라는 제사장이 창 하나로 두 사람을 찔러 죽이자 염병이 그쳤다는 기록이 담겨 있습니다. 1~9절을 공동번역으로 보겠습니다.

이스라엘이 시띰에 머물러 있을 때에 백성들이 모압 여인들과 놀아나는 음탕한 사건이 생겼다. 여인들은 자기들의 신에게 드리는 제사에 그들을 초청하였고 이스라엘 백성은 그 초청을 받아 함께 먹으며 그들의 신을 예배하였다. 이처럼 이스라엘이 브올 지방의 바알 신과 어울리게 되자 야훼께서 이스라엘에 진노를 내리셨다.

야훼께서 모세에게 말씀하셨다. "백성의 수령들을 모두 잡아내어 야훼 앞에서 죽이고 백일하에 효시하여라. 그래야 야훼의 진노가 이스라엘에서 떠나리라."

모세는 브올 지방의 바알 신과 어울린 자를 모두 찾아내어 죽이라고 이스라엘의 판관들에게 명령하였다. 이스라엘 백성이 만남의 장막 문 어귀에서 통곡하고 있을 때, 이스라엘 사람 하나가 모세와 온 회중이 보는 앞에서 미디안 여인을 데려다가 일가 사람들에게 인사를 시켰다.

아론의 손자이자 엘르아잘의 아들인 비느하스 사제가 이것을 보고 회중 가운데서 일어나 창을 집어 들고 그 이스라엘 사람을 뒤쫓아 그의 방으로 들어가 그 이스라엘 사람과 여인의 배를 찔러 죽였다. 그제야 이스라엘 백성을 덮쳤던 염병이 물러갔다. 그 재앙으로 죽은 사람은 이만 사천 명이나 되었다.

이쯤에서 벗님들과 차분히 생각해보고 싶습니다. 이스라엘 백성 중에 모압의 여성 사제들과 음행을 한 사람이 얼마나 되었을까요? 본문이 정확히 말하고 있지 않으니 몇 명 정도라고 단정 지을 수는 없겠지만 2만 4,000명까지는 아니었을 것입니다.

그런데 우리가 사랑의 하나님이라고 고백하는 그분이 이스라엘에 염병을 보내 2만 4,000명을 죽였다는 것입니다. 그들 중에 철모르는 아이들은 없었을까요? 아니면 사랑의 하나님이시니까 우상숭배와 음행을 한 사람만 가려서 죽게 하셨을까요?

혹 그렇다 치더라도 이렇게 많은 수의 백성을 죽이는 신을 오늘날 우리가 사랑의 하나님이라고 불러도 되는 것일까요? 이런 내용이 어떻게 정금 같은 하나님의 말씀이 될 수 있겠습니까. 이런 내용이 금광석에서 나온 불순물이 아니면 무엇이겠습니까.

민수기 26장에는 출애굽 이후 두 번째로 실시한 인구조사에 대한 기록이 담겨 있습니다.

광야 생활의 중간 단계와 관련한 기록은 생략된 채 갑자기 광야 40년의 막바지에 와 있는 것입니다. 민수기 본문의 기록에 따르면, 첫 번째 인구조사는 40년 전에 했지만 그들은 광야 생활을 하면서 거의 죽었습니다.

본문은 인구조사의 결과를 지파별로 나타내고 있는데, 족보에 대한 기록이 늘 그랬듯이 어느 지파 어느 부족이 몇 명인데 그 수를 합하면 모두 몇 명이었다, 라는 식의 기록이 지루하게 반복됩니다.

이런 기록들은 오늘날 우리에게는 별로 중요한 내용이 아니므로 전문적인 성서 연구자가 아니라면 그냥 지나쳐도 된다고 여러 차례 말씀드렸습니다.

고대에 인구조사를 하는 목적은 보통 두 가지였습니다. 전쟁이 일어났을 때를 대비해서 징집할 수 있는 장정의 숫자를 파악하기 위한 것과 세금 징수를 목적으로 하는 경우가 대부분입니다.

이스라엘이 이때 실시했다는 인구조사도 마찬가지입니다. 가나안 입성을 앞두고 새로운 병력을 편성하기 위해 인구조사가 필요한 시점이었습니다. 물론 세금 징수를 위해서도 필요했을 것입니다.

하지만 이 두 가지 목적 말고도 매우 중요한 한 가지 목적이 더 들어가 있습니다. 가나안 땅을 정복한 후에 지파별로 땅을 분배하기 위한 목적입니다. 52~56절을 보겠습니다.

> 여호와께서 모세에게 말씀하여 이르시되, 이 명수대로 땅을 나눠 주어 기업을 삼게 하라. 수가 많은 자에게는 기업을 많이 줄 것이요, 수가 적은 자에게는 기업을 적게 줄 것이니, 그들이 계수된 수대로 각기 기업을 주되, 오직 그 땅을 제비 뽑아 나누어 그들의 조상 지파의 이름을 따라 얻게 할지니라. 그 다소를 막론하고 그들의 기업을 제비 뽑아 나눌지니라.

가나안 입성을 앞둔 히브리 민족의 총합은 60만 1,730명이었다고 본문은 말합니다. 63~65절을 보겠습니다.

> 이는 모세와 제사장 엘르아살이 계수한 자라. 그들이 여리고 맞은편 요단 가 모압 평지에서 이스라엘 자손을 계수한 중에는 모세와 제사장 아론이 시내 광야에서 계수한 이스라엘 자손은 한 사람도 들지 못하였으니, 이는 여호와께서 그들에게 대하여 말씀하시기를 그들이 반드시 광야에서 죽으리라 하셨음이라. 이러므로 여분네의 아들 갈렙과 눈의 아들 여호수아

외에는 한 사람도 남지 아니하였더라.

그러니까 이 숫자에 출애굽 했을 때 살아 있던 성인 남자는 여호수아와 갈렙, 그리고 모세, 이렇게 세 사람만 포함되었고 나머지는 모두 광야 생활 도중에 죽었다는 것입니다.

27장 전반부에는 땅을 상속받을 때 아들이 죽고 없으면 딸에게 주어야 한다는 규정이 기록되어 있습니다. 지파별로 인구수에 따라 공평하게 분배한 땅이므로 세월이 흐르면서 지파 사이에 불균형이 발생하지 않도록 한 조치입니다.

후반부에는 하나님께서 모세에게 가나안 땅에 들어가지 못할 것이라고 말씀하는 부분과 모세의 청에 따라 여호수아를 모세의 후계자로 지명하는 내용이 기록되어 있습니다. 12~20절을 보겠습니다.

여호와께서 모세에게 이르시되 너는 이 아바림 산에 올라가서 내가 이스라엘 자손에게 준 땅을 바라보라. 본 후에는 네 형 아론이 돌아간 것 같이 너도 조상에게로 돌아가리니, 이는 신 광야에서 회중이 분쟁할 때에 너희가 내 명령을 거역하고 그 물 가에서 내 거룩함을 그들의 목전에 나타내지 아니하였음이니라. 이 물은 신 광야 가데스의 므리바 물이니라.

모세가 여호와께 여짜와 이르되, 여호와, 모든 육체의 생명의 하나님이시여, 원하건대 한 사람을 이 회중 위에 세워서 그로 그들 앞에 출입하며 그들을 인도하여 출입하게 하사 여호와의 회중이 목자 없는 양과 같이 되지 않게 하옵소서.

여호와께서 모세에게 이르시되, 눈의 아들 여호수아는 그 안에 영이 머무

는 자니, 너는 데려다가 그에게 안수하고 그를 제사장 엘르아살과 온 회
중 앞에 세우고 그들의 목전에서 그에게 위탁하여 네 존귀를 그에게 돌려
이스라엘 자손의 온 회중을 그에게 복종하게 하라.

28장과 29장에는 제사에 대한 규정이 나오는데, 이미 출애굽기
와 레위기에서 충분히 설명했던 내용이 반복되고 있습니다.

28장에는 매일 드리는 번제와 안식일에 대한 규정, 새 달의 시
작을 알리는 월삭에 대한 규정, 그리고 유월절과 무교절에 대한 규
정에 이어, 칠칠절에 대한 규정까지 기록되어 있습니다.

29장에는 한 해의 시작을 알리는 7월 1일절과 대속죄일인 7월
10일절, 그리고 오늘날의 추수감사절에 해당하는 초막절에 대한
규정이 이어집니다.

28장과 29장의 이 본문들은 이미 여러 번 반복된 내용이므로
더 설명드리지 않겠습니다. 이 부분에 대해 자세히 알고 싶은 분은
출애굽기 12장과 레위기 23장 강해를 참고하시면 되겠습니다.

30장에는 여자가 하나님 앞에 어떤 서원을 했을 경우에 대한 규
정이 담겨 있습니다.

서원은 하나님 앞에 무언가를 바치거나 어떻게 살겠다고 다짐
하는 것을 말하는데, 예수님은 이런 서원을 달가워하지 않으셨다고
앞에서 말씀드린 적이 있습니다.

어쨌든 하나님 앞에 서원을 했으면 반드시 지켜야 했는데, 여자
가 결혼하기 전에 서원을 했을 경우에는 아버지의 허락을 받아야
효력이 있고, 아버지가 승낙하지 않으면 서원을 했더라도 무효가

된다는 내용입니다. 결혼한 뒤에는 남편이 허락을 해야 서원을 유효한 것으로 간주했습니다. 하지만 남편이 죽었거나 이혼한 경우에는 여자의 서원을 그대로 유효한 것으로 인정했습니다.

여자를 독립적인 인격체로 보지 않고 어렸을 때는 아버지에게, 성인이 되어서는 남편에게 복속된 존재로 보았던 고대 사회의 문화에서 이스라엘도 자유롭지 못했다는 것을 보여주는 증거입니다.

이렇게 성서도 시대의 한계 안에 있다는 점을 이해하고, 비판적으로 읽어야 한다고 여러 차례 말씀드렸습니다.

민수기 31장은 미디안과의 전쟁에서 대승을 거둔 일에 대해 기록하고 있습니다. 이스라엘 12지파에서 1,000명씩 모두 1만 2,000명을 뽑아 전쟁터로 보내 대승을 거두었다는 내용입니다. 7~11절을 공동번역으로 보겠습니다.

> 그들은 야훼께서 모세에게 명령하신 대로 미디안을 쳐서 남자는 모조리 죽였다. 이렇게 군사만 무찔러 죽였을 뿐 아니라 미디안의 왕들도 죽였는데 에위, 레켐, 수르, 후르, 레바 등 다섯 미디안 왕을 죽였고 브올의 아들 발람도 칼로 쳐죽였다.
> 이스라엘 백성은 미디안 여인들과 아이들을 사로잡고 가축과 양떼 등 재산을 모두 약탈하고는 그들이 살던 촌락들과 천막촌들에 불을 질러버렸다. 그들은 사람이고 짐승이고 닥치는 대로 노략질하여 전리품으로 삼았다.

남자는 다 죽였고 여자와 아이들은 포로로 잡아왔다고 본문은 말합니다. 가축과 재산은 모두 약탈하고 마을과 집은 모두 불태웠답니다. 너무 잔인하다고 생각할 수 있겠습니다만 여기까지는 그래도 이해할 수 있는 여지가 있습니다.

당시는 군인이 따로 있었던 것이 아니라 평소에 농사를 짓거나 목축을 하다가 전쟁이 일어나면 성인 남자가 군인으로 징발되어 싸웠으니까 성인 남자를 모두 죽였다는 건 전쟁에 나선 군인을 전멸시켰다는 것과 다르지 않았으니까요.

다만 여자와 아이들을 어떻게 다루었느냐에 따라 그 잔인성 여부를 따질 수 있었는데, 여자와 아이를 죽이지 않고 포로로 잡아왔으니 당시의 시대 상황에서 평가한다면 최악의 결과라고 할 수는 없습니다.

그런데 본문에 다소 의외의 상황이 담겨 있습니다. 브올의 아들 발람이 미디안족과 함께 있었다는 것과 그도 죽였다는 내용입니다. 앞에서 공부했던 이방인 선지자 발람을 말하는 것입니다. 이어지는 내용을 보면 미디안 여자들이 발람의 말을 듣고 이스라엘 백성을 꾀었다고 되어 있는데, 논리적인 연결이 부족합니다.

이스라엘을 위한 발람의 예언 활동은 민수기 22장에서 24장까지 차지할 정도로 많은 부분에 걸쳐 상세히 기록되어 있습니다. 그리고 그가 예언 활동을 마치고 고향으로 돌아갔다는 말로 그에 대한 기록이 마감되었습니다.

그런데 그가 왜 갑자기 미디안과의 전쟁에 등장하게 되었는지, 어떻게 이스라엘에 해가 되는 활동을 했는지에 대해 납득할 만한 설명이 기록되어 있지 않습니다. 그저 미디안 여자들이 발람의 말을 듣고 이스라엘 백성을 꾀었다는 것이 전부입니다.

발람의 생애와 활동을 그렇게나 자세히 기록한 사람이 정작 그가 죽어야 했던 이유에 대해서는 왜 그렇게 소홀히 했는지 이해하기 어렵습니다. 비록 이방인이었지만 이스라엘에 큰 공헌을 남긴 중요 인물의 처단에 대한 전쟁 보고서로서는 매우 빈약하다고 말할 수밖에 없는 부분입니다.

그건 그렇고 미디안과의 전쟁 결과와 그 후의 처리 문제에 대해 보고를 받은 모세의 반응이 예상 밖입니다. 14~18절을 공동번역으로 보겠습니다.

> 그러나 모세는 싸움터에서 돌아오는 군대 지휘관들, 천인대장, 백인대장들을 보고 화가 나서 야단쳤다. "어찌하여 이렇게 여자들을 모두 살려주었느냐? 브올에서 그 사건이 일어났을 때 이것들이 바로 발람의 말을 듣고 이스라엘 백성을 꾀지 않았느냐? 야훼를 배신하게 한 것들이 바로 이것들이 아니냐? 야훼의 회중에 염병이 내린 것도 이것들 때문이 아니냐? 아이들 가운데서도 사내 녀석들은 당장 죽여라. 남자를 안 일이 있는 여자도 다 죽여라. 다만 남자를 안 일이 없는 처녀들은 너희를 위하여 살려두어라…

이 본문에 등장하는 모세가 지금까지 우리가 알고 있던 모세가 맞는지 적지 않게 놀라신 분이 많을 것 같습니다. 본문의 모세는 지금 여자와 아이들을 살려준 것을 문제 삼고 있습니다. 여자는 처녀 외에는 다 죽였어야 했고, 아이도 사내아이는 다 죽였어야 했다는 것입니다.

이 내용은 모세가 정말로 이런 명령을 내렸다기보다 그 옛날 이

민족과의 전쟁에서 이렇게 처리했던 경우의 정당성을 확보하기 위해 기록자들이 모세의 입을 빌렸을 가능성이 높습니다. 인권 의식이 부족하거나 없었던 옛날에는 전후 처리를 이렇게 하는 경우가 많았기 때문입니다.

사내아이를 살려두면 그 아이들이 커서 반란을 일으킬 수 있습니다. 어린 사내아이까지 죽인 이유입니다. 여자라고 살려주었다가 전염병에 걸려서 정복한 종족이 오히려 몰살을 당하는 경우도 있었습니다. 세균의 존재를 몰랐던 옛날에는 살려둔 여자들이 주술을 걸어서 그렇게 됐다고 생각하기도 했으니까요.

살려준 여자들이 이스라엘 백성을 꾀어 재난을 가져왔다는 모세의 말, 아니 모세의 입을 빌린 기록자들의 말일 가능성이 큰 본문의 기록이 그럴 가능성을 암시해줍니다. 옛날에 일어난 일에 대해 오늘날의 잣대로만 재단해서는 안 되는 이유입니다.

어쨌든 미디안과의 전쟁에서 대승을 거둔 이스라엘은 엄청난 전리품을 챙긴 상태에서 당분간 먹고살 걱정 없이 가나안 입성을 준비할 수 있게 되었습니다.

민수기 32장은 르우벤 지파와 갓 지파 그리고 므낫세 지파의 절반이 요단강 동쪽에 정착하게 된 이유를 설명하고 있습니다.

본문에서 이스라엘은 모두 요단강 동쪽에서 가나안 입성을 준비하고 있는 상태입니다. 그런데 가나안 동쪽 지역의 땅이 목축을 하는 데 더없이 좋은 조건이어서 가축을 많이 거느린 갓 지파와 르우벤 지파의 지도자들이 그 땅에 정착하게 해달라고 모세에게 요청합니다.

모세는 그들이 전쟁을 두려워한다고 생각하고 나무라는데, 그들 두 지파의 지도자들이 가나안 입성을 위한 전쟁에는 자기들이 앞장 설 것이고 가나안 땅을 모두 정복하여 나머지 지파가 안착하기 전 까지는 돌아오지 않겠다고 약속함으로써 이 문제는 해결됩니다.

민수기 33장에는 이스라엘 민족이 출애굽 할 때부터 가나안 동 쪽 모압 평지에 이르기까지의 여정이 기록되어 있습니다. 어디에서 출발해 어디까지 가서 진을 쳤는지 등의 기록이 또 지루하게 반복 됩니다.

그런데 장소는 정확하게 밝히고 있지만, 시기는 거의 언급되어 있지 않습니다. 정월 15일에 라암셋을 떠났다는 것과 40년째 되는 날 오월 초하루에 아론이 죽었다는 것만 기록되어 있고 나머지는 기록에 없습니다.

그러니까 그 사이, 약 38년에 대한 기록이 없는 것입니다. 광야 생활이 정말로 40년이었는지 의문이 생길 수밖에 없는 부분입니 다. 출애굽을 설화를 보는 진보적인 신학자들에게는 이 문제가 별 게 아니지만, 이를 역사적 사실로 보는 보수적인 학자들 입장에서 는 설명하기 어려운 부분일 것입니다.

그러면 왜 40년일까요? 아니 왜 40년이어야 할까요? 이스라엘 은 숫자 철학에 능한 민족입니다. 3은 하나님의 수고, 4는 사람의 수라고 그들은 생각했습니다. 하나님의 수인 3과 사람의 수인 4를 합한 7은 완전함을 의미하는 수입니다. 그래서 제7일은 거룩한 안 식일이 됩니다.

6은 7에 하나 모자라는 수입니다. 하지만 7에 가장 가깝게 접근

해가는 수입니다. 그래서 6은 하나님을 침범하는 사탄의 수를 나타냅니다. 요한계시록의 666을 생각하시면 이해하기 쉬우실 것입니다.

3과 4를 곱한 12는 하나님께서 당신의 뜻을 이루는 데 사용하시는 중요한 수입니다. 이스라엘이 12지파로 구성된 이유입니다. 예수님의 제자도 열두 명인 이유가 되겠습니다. 가룟 유다가 자살하자 사도들이 한 명을 새로 뽑아 기어코 열두 명을 채운 것도 그 이유입니다.

사람의 수인 4에 10을 곱한 40도 매우 중요한 수입니다. 어떤 수에 10을 곱한다는 것은 강조의 의미가 있습니다. 예수께서 1,000년 동안 왕이 되어 다스린다는 계시록의 말씀은 강조의 숫자인 10을 세 번이나 곱했습니다. 문자 그대로 1,000년이 아니라 그렇게 오랫동안, 영원히, 왕이 되어 다스린다는 의미입니다.

사람의 수인 4에 강조의 의미가 있는 10을 곱한 40은 하나님께서 당신의 뜻을 이루고자 사람을 선택하셨을 때 충분하고 완전하다는 의미를 가진 수입니다. 그래서 광야 생활을 40년으로 설정한 것입니다. 하나님의 백성으로서 겪어야 할 훈련 기간을 충분히 다 채웠다는 의미가 되겠습니다.

재미있는 사실은, 이후 지도자들의 통치 기간도 40년씩 딱딱 맞추어져 있다는 점입니다. 우선 모세의 일생은 40년씩 세 번 중요한 기간으로 나뉘어 있고, 120세에 별세한 것으로 되어 있습니다. 첫 40년은 이집트의 궁궐에서 자라며 선진 학문을 익혔습니다. 그러다 40세가 되었을 때 동족을 괴롭히는 이집트 관리를 죽이고 미디안 광야로 도망가서 40년 동안 지냅니다. 영적인 성숙의 기간이었다고 보수적인 학자들은 말합니다. 80세가 되었을 때 하나님의 부르심을 받아 40년 동안 이스라엘의 영도자로 활동합니다.

성서에 따르면, 초대 왕 사울의 통치 기간은 40년이었다고 합니다. 다윗의 통치 기간 역시 40년이었습니다. 솔로몬의 통치 기간 역시 40년이었다고 성서는 말합니다. 정말로 세 왕이 모두 꼭 40년씩 통치했을까요? 아니면 40년이라는 의미의 기간을 초기 왕들에게 적용한 것일까요?

대답은 분명합니다. 이렇게 역사적 사료가 없거나 부족한 전설의 시대를 기록한 문서를 읽을 때는 그것이 사실의 기록이 아니라 의미의 기록이라는 것을 이해하고 읽어야 하는 것입니다. 진보적인 신학자들 중에는 모세는 물론이고 다윗과 솔로몬의 역사성까지 의심하는 분도 적지 않게 있습니다. 심지어 역사적 예수의 실존성까지 의심하는 학자도 있습니다.

성서를 이해한다는 것이 이렇게 쉽지 않습니다. 그런데 그런 사전 이해 없이 성경을 100독 했다느니 1,000독을 했다고 자랑하는 사람들이 있습니다. 위험하고 무모한 짓입니다.

성서를 어떻게 읽어야 하는지를 배우지 못한 상태에서, 그러니까 혼자서는 절대로 알 수 없는 성서 시대의 역사와 기록 의도를 이해하지 못한 상태에서, 수백 독을 하면서 문자 그대로 읽고 사실로 받아들인다는 것은, 합리성과 분별력이 이미 파괴되었음을 의미하는 것입니다. 이런 사람은 십중팔구 무서운 맹신자가 될 수밖에 없습니다. 그런 사람이 다시 건전한 상식인으로 되돌아오려면 그동안 읽어서 알고 있었던 성서에 대한 지식을 비우는 것부터 시작해야 합니다.

지식 비우기가 어느 정도 된 후에 성서가 어떤 책이며 어떻게 읽어야 하는지, 성서 시대의 역사와 성서의 기록 의도가 무엇인지 등을 배우고 나서, 그러니까 평신도를 위한 기초 신학을 충분히 공부하고 나서 다시 성서를 읽어야 합니다. 다시 성서를 읽을 때는, 그냥 성서 본문만 나와 있는 성서보다, 기초적인 이해를 위해 설명을 함께 담아놓은 해설판 성서를 읽는 게 좋습니다.

제가 두 권의 해설판 성서를 추천한다면, 독일성서공회에서 해설해놓은 성서본을 한글로 번역한 『해설관주성경전서』나 『굿뉴스 스터디 바이블』을 추천하고 싶습니다. 이 해설판 성서들은 모두 대한성서공회에서 발행한 것들인데, 너무 진보적이지도 않고 너무 보수적이지도 않고 중도적인 입장에서 해설해놓은 해설판 성서이므로, 교우님들이 보시기에는 그나마 괜찮다고 생각됩니다.

물론 이 해설판 성서에도 부족한 부분이 많습니다. 진보적인 신학을 가진 제 입장에서는 솔직히 답답하게 느껴지는 부분이 많습니다. 이 사람들이 정말로 이렇게 생각하는 것일까, 라는 의구심이 드는 부분도 많습니다. 차마 자기 생각을 그대로 드러낼 수 없어서 교회가 받아들일 수 있는 한계 안에서 말하고 있다는 생각이 드는 것입니다.

그럴 수밖에 없을 것입니다. 조직 안에 있는 사람은 그 조직의 입김에서 자유롭지 못하니까요. 저처럼 쫓겨난 사람이야 자유롭게 말할 수 있지만, 조직에서 녹을 받아야 가족들과 함께 살아갈 수 있는 사람은 말하고 싶은 대로 말할 수는 없는 것이 현실이니까요.

성서가 어떤 책이며 어떻게 읽어야 하는지를 제대로 공부하지 않은 상태에서 무조건 성서 자체만 들고 씨름하는 것이 얼마나 무모하고 위험한지를 시적으로 지적한 가톨릭 영성가가 있는데, 그분의 글을 소개드리겠습니다.

탐험가가 고향으로 돌아오자, 사람들은 신바람이 나서 아마존에 관한 모든 것을 샅샅이 알고 싶어 했다. 그러나 탐험가가 거기서 기막히게 아름다운 꽃을 보았을 때나, 한밤에 숲속의 소리를 들었을 때에 가슴에 용솟음치던 그 때의 그 느낌을 어찌 말로 다 옮길 수 있겠는가?

혹은 야수의 위협을 알아차렸을 때, 혹은 변덕스런 물살을 가로질러 쪽배를 저어갈 적에 마음 졸이던 그 절박감을 무슨 재주로 전달할 수 있었겠는가?

"몸소 찾아들 가 보시지요. 이 경우야말로 백 번 듣는 것이 한 번 보는 것보다 못하다는 경우입니다."

그리고는 아무튼 길잡이 삼을 수 있도록 하기 위해 아마존 지도를 한 장 그려주었다. 그런데 사람들은 그 지도를 붙들고 늘어졌다. 그것을 액자에 넣어 마을 회관 벽에 걸었고, 제각기 사본을 떠가기도 했다. 사본을 가진 사람은 누구나 아마존 전문가로 자처했다. 아마존 강의 이 굽이와 저 소용돌이는 어디이고, 이곳 너비와 저곳 깊이는 얼마이며, 급류는 어디 있고 폭포는 어디 있는지, 아닌 게 아니라 어느 것 한 가지인들 모른다는 게 없었다.

탐험가는 지도를 그려준 일을 평생 내내 후회했다. 아무것도 그려주지 않았던들 차라리 나았을 것을…

엔소니 드 멜로 신부님이 지으신 『종교 박람회』라는 책에 나오는 글을 소개드렸습니다. 이런 책은 한 권 사서 시간이 날 때마다 조금씩 음미하면서 읽으시면 좋을 것 같습니다. 분도출판사에서

1983년도에 나온 책인데, 교보문고에 검색해보니까 지금도 팔고 있는 것 같습니다.

민수기 34장에는, 가나안 땅을 정복한 후에 어떻게 지파별로 나눌지 그 경계에 대한 기록이 나옵니다. 1~12절을 보겠습니다.

> 여호와께서 모세에게 말씀하여 이르시되, 너는 이스라엘 자손에게 명령하여 그들에게 이르라. 너희가 가나안 땅에 들어가는 때에 그 땅은 너희의 기업이 되리니 곧 가나안 사방 지경이라.
>
> 너희 남쪽은 에돔 곁에 접근한 신 광야니, 너희의 남쪽 경계는 동쪽으로 염해 끝에서 시작하여 돌아서 아그랍빔 언덕 남쪽에 이르고, 신을 지나 가데스바네아 남쪽에 이르고, 또 하살아달을 지나 아스몬에 이르고, 아스몬에서 돌아서 애굽 시내를 지나 바다까지 이르느니라.
>
> 서쪽 경계는 대해가 경계가 되나니, 이는 너희의 서쪽 경계니라.
>
> 북쪽 경계는 이러하니, 대해에서부터 호르 산까지 그어라. 호르 산에서 그어 하맛 어귀에 이르러 스닷에 이르고, 그 경계가 또 시브론을 지나 하살에난에 이르나니, 이는 너희의 북쪽 경계니라.
>
> 너희의 동쪽 경계는 하살에난에서 그어 스밤에 이르고, 그 경계가 또 스밤에서 리블라로 내려가서 아인 동쪽에 이르고, 또 내려가서 긴네렛 동쪽 해변에 이르고, 그 경계가 또 요단으로 내려가서 염해에 이르나니, 너희 땅의 사방 경계가 이러하니라.

매우 상세한 내용의 이 본문은 가나안 입성 전에 하나님께서 지파별로 차지할 땅을 미리 정해주신 것으로 기록되어 있지만, 후대에 이스라엘이 실제 차지했던 땅에 대한 기록이라고 이해하는 것이 합리적일 것입니다. 서쪽 경계로 지목된 대해는 지중해를 말하는 것입니다.

35장에는 레위인을 위한 성읍을 지파별로 마련해주라는 것과 레위 지파의 성 안에 도피성을 만들어서 실수로 누군가를 죽인 사람이 일정 기간 동안 피할 수 있게 하라는 내용이 담겨 있습니다.

레위인은 각 지파에 들어가서 공무원 역할을 해야 하기 때문에 다른 지파처럼 땅을 주지는 않고, 그 대신 각 지파 안에 들어가서 성을 짓고 성곽 바깥으로 사방 2,000큐빗, 그러니까 사방 900미터 정도 되는 땅을 지파별로 마련해주라는 것입니다.

모두 마흔여덟 개의 성읍을 마련해주도록 했는데, 지파별로 똑같이 네 개씩이 아니라 지파에 속해 있는 사람의 수에 비례해서 마련해주도록 했습니다. 그 성읍 중에서 여섯 개는 도피성으로 지정하여 고의성이 없이 실수로 누군가를 죽인 사람이 일정 기간 지낼 수 있도록 하라는 규정입니다. 22~25절을 보겠습니다.

악의가 없이 우연히 사람을 밀치거나, 기회를 엿봄이 없이 무엇을 던지거나, 보지 못하고 사람을 죽일 만한 돌을 던져서 죽였을 때에, 이는 악의도 없고 해하려 한 것도 아닌즉, 회중이 친 자와 피를 보복하는 자 간에 이 규례대로 판결하여, 피를 보복하는 자의 손에서 살인자를 건져내어 그가 피하였던 도피성으로 돌려보낼 것이요, 그는 거룩한 기름 부음을 받은 대제사장이 죽기까지 거기 거주할 것이니라.

이 기록대로라면 실수로 누군가를 죽인 사람은 오늘날의 교도소 역할을 하는 도피성 안에 가두어서 제사장이 죽을 때까지 수감 생활을 하다가 제사장이 죽으면 석방하라는 것입니다.

만일 그 형기를 채우기 전에 도피성을 탈출하여 돌아다녔다가 피해자의 인척들에게 들켜서 죽임을 당하더라도 그를 죽인 사람들에게는 죄를 묻지 말라는 기록도 함께 담겨 있습니다. 고대 근동 지방에서는 피해자의 가족이 살인자를 찾아내어 죽이는 것은 정당한 것일 뿐 아니라 당연히 해야 할 가족의 의무로 간주했습니다.

민수기 36장에는 아들이 없어서 딸이 부모의 유산을 상속받은 경우에는 다른 지파 사람과 결혼할 수 없다는 규정이 기록되어 있습니다.

이 규정은 땅을 가진 딸이 다른 지파 사람에게 시집을 가면 그 땅이 시가의 땅이 되기 때문에 지파별로 불균형해지는 현상을 막기 위한 조치였습니다. 1~9절을 공동번역으로 보겠습니다.

요셉 후손의 갈래 가운데 므나쎄의 손자이자 마길의 아들인 길르앗이라는 사람이 있었다. 그 후손이 되는 각 갈래의 가문 어른들이 나서서 모세와 이스라엘 백성의 대표들인 각 가문 어른들에게 물었다.

"나리께서는 주사위를 던져 이스라엘 백성에게 이 땅을 유산으로 나누어 주라는 명령을 야훼께 받지 않으셨습니까? 나리께서는 또 우리의 동기 슬롭핫의 유산을 그의 딸들에게 주라는 명령을 야훼께 받지 않으셨습니까? 그런데 그들이 이스라엘 백성 중 어느 다른 지파 사람과 결혼하게 되면, 그들의 유산은 우리 가문의 유산에서 떨어져 나가 그들이 시집간 지파의 유산에 보태질 것입니다. 결국 우리의 몫으로 돌아온 유산은 그만큼 줄어들게 됩니다. 이스라엘 백성에게 희년이 돌아오면 그들의 유산은 그들이 시집간 지파의 유산에 붙고 말 것입니다. 그러면, 우리 가문 지파의 유산은 결국 그만큼 잃어버리는 셈입니다."

모세가 야훼의 명을 받들어 이스라엘 백성에게 일렀다. "요셉의 후손 지파들이 하는 말을 듣고 보니 과연 그렇다. 야훼께서 슬롭핫의 딸들의 문제는 이렇게 해결하라고 명을 내리셨다. 그들은 마음에 드는 사람이면 누구하고나 결혼할 수 있지만, 자기 가문 지파 사람하고만 결혼할 수 있다. 이스라엘 백성의 유산은 이 지파에서 저 지파로 옮기지 못한다. 이스라엘 백성은 아무도 선조에게서 물려받은 자기 지파의 유산을 떠나지 못한다. 그러므로 이스라엘 백성의 지파 가운데서 딸이 유산을 물려받았을 경우에는 그 딸은 자기 지파에 속한 사람하고만 결혼할 수 있다. 그리하여 이스라엘 백성은 누구든지 자기 가문의 유산을 그대로 상속하도록 해야 한다. 유산은 이 지파에서 저 지파로 옮기지 못한다. 이스라엘 백성은 어느 지파든지 물려받은 유산을 떠나지 못한다."

결국 이 집안의 딸들은 모두 사촌오빠들에게 시집을 갔다고 본문은 말합니다. 오늘날 여성 인권적인 측면에서 볼 때는 나름 문제가 있지만, 땅을 지파별로 보존해주겠다는 의지는 확고하게 읽힙니다.

전 세계적으로 부동산 폭등이 문제가 되어 가난한 사람들이 고통 받고 있는 현대 사회에서 참고할 만한 기록이라고 할 수 있겠습니다.

V
신명기 강해

신명기는 영어로 듀터라너미Deuteronomy, 라틴어로
는 듀테로노미움Deuteronomium이라고 하는데, 두 번째 율법이라는
뜻입니다.

모세오경에 따르면, 출애굽 후에 모세가 시나이산에서 십계명을
비롯해서 첫 번째 율법을 하나님께 받았습니다. 그리고 40년 광야
생활의 끝자락에 가나안 땅 입성을 앞두고, 요단강 동쪽에 있는 모
압 광야에서 두 번째로 율법을 확약받는 장면이 그려져 있기에 두
번째 율법이라는 제목이 붙은 것입니다.

신명기는 형식상으로는 모세의 설교로 이루어져 있습니다. 그러
나 내용상으로는 이미 출애굽기와 레위기에 나와 있는 율법을 거의
되풀이하고 있습니다. 그래서 신명이라는 우리말의 말뜻도 '명령을
되풀이한다'라는 뜻인데, 출애굽기와 레위기의 율법이 거의 반복되

고 있기 때문에 붙여진 이름입니다.

시나이산에서 첫 번째 율법을 전해 들었던 당시 20세 이상의 기성세대들은 광야 생활 40년 동안 거의 다 죽었고, 남아 있는 사람들은 그때 20세가 채 안 되었던 신세대들이었기 때문에 하나님의 명령을 다시 알려줄 필요가 있다는 것이 신명기의 기록 의도라고 할 수 있겠습니다.

하지만 시나이산 율법을 그대로 반복한 것은 아니고 더욱 발전되고 완성된 내용이라는 것이 전통적으로 유대교 지도자들이 가졌던 생각입니다. 그래서 지금도 유대교인들은 모세오경 중에서도 특히 신명기를 중요하게 여깁니다.

그러나 신명기의 율법은 출애굽기와 레위기의 율법보다 발전했거나 완성되었다기보다, 광야 생활 40년이 아니라 이스라엘의 역사를 수백 년 거치면서 현실에 맞게 조정된 내용이 담겨 있다고 보아야 옳을 것입니다.

그러니까 출애굽기와 레위기에 담긴 율법이 이스라엘 역사의 초기에 전승되고 기록된 율법이라면, 신명기의 율법은 그 초기의 율법 규정들이 수세기 동안 지나오면서 이스라엘 역사의 후대에 이르러 당시 이스라엘의 현실에 맞게 조정되고 첨가된 것이라고 보아야 한다는 말입니다.

신명기 1장은 요단강 동쪽에 있는 모압 평지에서 가나안 입성을 앞두고 모세가 백성들을 모아놓고 설교하는 내용의 첫머리, 그러니까 신명기 전체에 이르는 긴 설교의 서론이라고 할 수 있는 부분입니다. 1~8절을 보겠습니다.

이는 모세가 요단 저쪽 숩 맞은편의 아라바 광야, 곧 바란과 도벨과 라반과 하세롯과 디사합 사이에서 이스라엘 무리에게 선포한 말씀이니라. 호렙 산에서 세일 산을 지나 가데스 바네아까지 열 하룻길이었더라.

마흔째 해 열한째 달 그 달 첫째 날에 모세가 이스라엘 자손에게 여호와께서 그들을 위하여 자기에게 주신 명령을 다 알렸으니, 그 때는 모세가 헤스본에 거주하는 아모리 왕 시혼을 쳐죽이고, 에드레이에서 아스다롯에 거주하는 바산 왕 옥을 쳐죽인 후라.

모세가 요단 저쪽 모압 땅에서 이 율법을 설명하기 시작하였더라. 일렀으되 우리 하나님 여호와께서 호렙 산에서 우리에게 말씀하여 이르시기를, 너희가 이 산에 거주한 지 오래니 방향을 돌려 행진하여 아모리 족속의 산지로 가고, 그 근방 곳곳으로 가고, 아라바와 산지와 평지와 네겝과 해변과 가나안 족속의 땅과 레바논과 큰 강 유브라데까지 가라. 내가 너희의 조상 아브라함과 이삭과 야곱에게 맹세하여 그들과 그들의 후손에게 주리라 한 땅이 너희 앞에 있으니 들어가서 그 땅을 차지할지니라.

'마흔째 해 열한째 달 그 달 첫째 날에'라고 되어 있는데, 출애굽한 지 40년째 되는 해 11월 1일에 가나안 땅을 건너기 직전, 요단강을 사이에 두고 모세가 설교를 시작했다는 것입니다.

그런데 1절을 보면 모세가 요단 저쪽, 이런저런 지역 사이에서 이스라엘 무리에게 선포한 말씀이라고 되어 있습니다. '요단 저쪽에서'라는 말씀은, 이 내용을 기록하는 사람이 지금 요단강 이쪽, 곧 가나안 땅에 살고 있다는 뜻이 됩니다.

예를 들어서, '이것은 태평양 바다 저쪽 미국과 캐나다에서 선포한 말씀이다'라는 기록이 있다면, 기록자가 있는 곳은 결코 미국이나 캐나다일 수 없다고 보아야 합니다.

그러니까 이 본문은, 혹 신명기의 설교는 모세가 직접 했다 하더라도, 극단적인 보수주의자들이 주장하는 것처럼 모세오경의 저자가 모세일 수는 없다는 강력한 증거가 되는 말씀입니다.

이런 말씀들이 신명기 본문에 자주 나오기에 요즘은 보수적인 신학자들 중에서도 모세오경은 모세가 직접 기록했다는 과거의 오랜 통설에 더 이상 동조하지 않는 학자가 많지만, 극단적인 보수주의 신학자들 중에는 여전히 모세 저작설을 고수하는 사람이 일부 남아 있습니다.

그러니까 창세기, 출애굽기, 레위기, 민수기까지는 서기전 10세기 이전부터 서기전 6세기까지 오랫동안 이어져온 단편 설화와 기록들의 조합일 수 있지만, 신명기만큼은 고대 이스라엘 역사의 후반기에 아마도 북왕국 이스라엘이 멸망한 이후, 남왕국 유다의 요시야왕 시대를 전후한 시점에 기록되어서 모세오경의 앞선 문서들과 결합된 것이라고 보아야 한다는 해석이 대부분의 신학자들이 내린 결론입니다.

그래서 7절에 '가나안 족속의 땅과 레바논과 큰 강 유브라데까지 가라'는 말씀이 나오는데, 이 말씀은 다윗과 솔로몬이 유프라테스강에 이르기까지 그 영향력을 확대했을 때의 상황을 담은 것이라고 학자들은 말합니다.

1장의 나머지 부분에는 출애굽 초창기에 이스라엘이 불순종으로 벌을 받았던 일을 기록하고 있습니다. 특히 열두 명의 부족장들이 가나안 땅을 정탐한 후에 그 땅 거민들을 두려워하고 하나님을 불신하는 보고를 했을 때, 백성들이 원망하며 불순종한 데 대한 대가로 무려 40년에 이르는 긴 광야 생활을 하게 되었다고 회고하고 책망하면서, 다시는 그런 불신의 죄에 빠지지 말라고 경고하는 내용이 담겨 있습니다. 이 부분은 민수기를 강해하면서 충분히 살펴본 내용이므로 더 이상 설명드리지 않겠습니다.

신명기 2장은 모압 광야에 이르기까지의 여정을 회상하면서, 그동안 있었던 일들을 모세가 신세대들에게 설명하는 내용입니다.

세일 산지를 지나면서 에돔 족속을 만났는데, 그들은 야곱의 형에서의 후손이라 하나님께서 싸움을 하지 말고 통과하라고 하여 그렇게 했고, 모압 족속과 암몬 족속도 아브라함의 조카인 롯의 후손이므로 마찬가지로 싸움을 하지 않고 통과했고, 헤스본 왕이 다스리는 시혼은 무력으로 정복했다고 본문의 모세는 설교하고 있습니다.

이 신명기 2장에서 함께 생각해보고 싶은 부분이 두 가지 있습니다. 먼저 13~15절을 보겠습니다.

> 이제 너희는 일어나서 세렛 시내를 건너가라 하시기로 우리가 세렛 시내를 건넜으니, 가데스 바네아에서 떠나 세렛 시내를 건너기까지 삼십팔 년 동안이라. 이 때에는 그 시대의 모든 군인들이 여호와께서 그들에게 맹세하신 대로 진영 중에서 다 멸망하였나니 여호와께서 손으로 그들을 치사 진영 중에서 멸하신 고로 마침내는 다 멸망되었느니라.

광야 생활 40년 가운데 초기와 말기 2년 정도를 빼고 나머지 38년에 대한 설명인데, 하나님을 믿지 못한 대가로 기성세대를 그 기간에 모두 죽게 했다는 것 말고는 그 38년을 어떻게 지냈는지 다

373

른 설명이 더 이상 없습니다.

이런 부분도 출애굽 설화를 역사적 사실로 볼 수 없는 또 하나의 이유가 된다는 말씀을 전에도 드렸습니다. 다음으로 30절 말씀을 보겠습니다.

- 헤스본 왕 시혼이 우리가 통과하기를 허락하지 아니하였으니, 이는 네 하나님 여호와께서 그를 네 손에 넘기시려고 그의 성품을 완강하게 하셨고 그의 마음을 완고하게 하셨음이 오늘날과 같으니라.

하나님께서 시혼의 왕 헤스본을 우리에게 넘기시려고 그의 마음을 완강하게 하셨답니다. 출애굽기를 강해할 때 하나님께서 파라오의 마음을 완강하게 하셨다고 기록된 본문에서도 살펴본 내용인데, 이렇게 되면 책임이 누구에게 있느냐는 문제가 발생합니다.

본문에 따르면 시혼의 왕 헤스본은 자유의지가 없습니다. 그의 마음을 부리는 존재는 이스라엘의 하나님 야훼입니다. 그런데 징계는 시혼의 왕 헤스본과 그 백성들이 받습니다.

논리적으로 부당할 수밖에 없는 이런 기록들은 유대교에 유일신 신앙이 정착되면서 하나님이 모든 만물을 주관하신다는 교리에 따라 본문의 기록자가 스스로 논리의 함정에 빠진 것을 나타냅니다. 그러므로 우리는 '아무리 구약 시대지만 우리 하나님이 이렇게 잔인한 분이었나'라는 고민에 빠질 필요가 없습니다. 이런 본문은 사실의 언어가 아니라 고백의 언어로 기록된 것이니까요.

사실의 언어와 고백의 언어가 어떤 차이가 있는지 예를 들어서 설명해 보겠습니다. '오드리 헵번이라는 여자 배우가 있었는데 그

미모가 뛰어나서 영화 〈로마의 휴일〉에 주인공으로 캐스팅되었다'
라는 말은 사실의 언어라고 할 수 있습니다.

하지만 '오드리 헵번보다 내 딸이 훨씬 더 이쁘다'라고 누군가
가 진실로 그렇게 믿고 말한다면, 이 말은 사실의 언어가 아니라 고
백의 언어로 봐야 합니다. 말하는 당사자와 그 가족들에게는 진실
로 그렇게 보일 수 있겠지만, 객관적 사실로 누구에게나 인정받을
가능성은 매우 적기 때문입니다.

그렇다고 그 말을 거짓이라고 할 수도 없습니다. 아빠 눈에는 정
말로 자기 딸이 오드리 헵번보다 더 이쁘게 보일 수 있으니까요. 그
러니까 고백의 언어를 거짓말이라고 단정해서는 안 됩니다. 사실의
언어는 아니지만 거짓말도 아닙니다. 고백의 언어는 진실의 언어입
니다.

성서의 언어는 기본적으로 고백의 언어이고 또한 진실의 언어
입니다. 물론 사실의 언어도 있습니다. '예루살렘이 바벨론 군대에
함락됐다'는 성서의 기록은 사실의 언어입니다. 서기전 587년에 바
벨론 군대가 예루살렘을 점령했다는 것은 분명한 역사적 사실이니
까요.

사실의 언어는 객관적인 것이고 진실의 언어는 주관적인 것입니
다. 이 객관적 사실의 언어와 주관적 고백의 언어의 차이를 아는 것
이 성서를 이해하는 데 매우, 매우 중요합니다. 사도행전 4장 12절
에 이런 말씀이 나옵니다.

다른 이로써는 구원을 받을 수 없나니, 천하 사람 중에 구원을 받을 만한
다른 이름을 우리에게 주신 일이 없음이라 하였더라.

베드로가 예루살렘에서, 그것도 서기관과 제사장들이 있는 자리에서 담대히 선포한 설교의 핵심 부분입니다. 많은 기독교인이 이 말씀에 따라 다른 종교에는 구원이 없고 오직 기독교에만 구원이 있다고 확신합니다.

사실의 언어와 고백의 언어의 차이를 이해하기 전에는 저 역시 그렇게 확신했습니다. 하지만 이 말은 자기 아내를 깊이 사랑하는 신랑이 '이 세상에서 내 아내보다 더 아름다운 여자는 없다'라고 말하는 고백과 같은 것입니다.

그 신랑의 말이 객관적 사실일 가능성이 전혀 없다고 말할 수는 없을 것입니다. 미적 기준이 사람마다 다를 수 있는 이런 문제를 수치로 따진다는 것이 웃기는 일이지만, 신랑의 말이 객관적 사실일 가능성을 굳이 따져본다면 70억 인구의 절반인 35억 분의 1 정도의 확률은 된다고 말할 수도 있을 것입니다. 그러니까 그 신랑의 말은 거짓말이 아니라 가슴 속에서 우러나오는 고백의 언어이며 진실의 언어로 이해해야 하는 것입니다.

마찬가지입니다. 저는 베드로의 고백이 진실이라는 것을 믿습니다. 객관적 사실이 아니라 절절한 체험을 통해 가슴 속에서 우러나오는 진실 말입니다. 다시 말씀드리지만 종교의 언어, 성서의 언어는 기본적으로 고백의 언어입니다.

신명기 3장에는 바산 왕 옥과 그 백성을 정복한 일, 그리고 요단강 동쪽 땅을 르우벤 지파와 갓 지파, 므낫세 반 지파에게 분배한 일에 대해 회고하는 모세의 설교가 이어집니다. 이 내용도 민수기 32장에 나오는 이야기의 반복이므로 더 설명드리지 않겠습니다.

신명기 4장은 가나안 땅에 정착하면 절대로 우상숭배에 빠지지 말라고 경고하는 내용입니다. 시나이산에서 주신 율법, 특히 십계명의 제1계명과 제2계명을 언급하면서 우상을 만들거나 섬기지 말라는 강력한 경고를 내립니다.

사람의 형상이건 짐승의 형상이건 새의 형상이건 땅에 기는 곤충이나 물속에 사는 어떤 생물의 형상도 만들지 말고, 하늘 위 해와 달과 별까지 그 어떤 형상도 만들지 말라고 매우 구체적인 사례를 들어가면서 우상숭배를 멀리할 것을 간곡하면서도 엄하게 경고합니다.

그리고 말씀대로 순종하면 강하고 큰 나라가 될 것이지만, 불순종하면 그 땅에서 쫓겨나게 될 것이라는 경고가 함께 이어집니다. 23~31절을 공동번역으로 보겠습니다.

> 정신을 차리고 너희 하느님 야훼께서 너희와 맺은 계약을 잊지 않도록 하여라. 그리고 너희 하느님 야훼께서 분부하신 대로 어떤 모습을 본떠서든지 우상을 새겨 모시지 않도록 하여라. 너희 하느님 야훼께서는 삼키는 불길이시요 질투하는 신이시다. 너희가 자식을 낳고 그 자식들이 또 자식을 낳아 그 땅에 자리 잡은 지 오래 된 후에도 그 짓만은 하지 마라. 무슨 모양으로든지 우상을 새겨놓아 너희 하느님 야훼의 눈에 거슬리는 일은 없도록 하여라.
>
> 너희가 만일 그의 마음을 상하게 한다면, 내가 오늘 하늘과 땅을 증인으로 삼아 너희에게 다짐해 둔다. 요르단 강을 건너가서 차지할 그 땅에서 너희는 삽시간에 없어지리라. 너희는 거기에서 오래 살지 못하고 멸절될 것이다. 야훼께서 너희를 여러 민족들 사이에 흩으시리니 이렇게 야훼께

서 너희를 쫓아내시면 쫓겨간 그 곳에 살아남아 그 민족들 가운데 끼여
살 사람이 얼마 되지 못할 것이다.

거기에서 너희는 나무와 돌을 가지고 사람이 손으로 만든 신, 보지도 못
하고 듣지도 못하며 먹지도 못하고 냄새도 맡지 못하는 신을 예배하게 되
리라. 그러나 너는 거기에서도 너희 하느님 야훼를 찾아야 한다. 애타고
목마르게 찾기만 하면 그를 만날 것이다. 이 모든 일로 오래 곤경을 당한
후에라도 너희 하느님 야훼께 돌아오면, 너는 그의 목소리를 듣게 될 것
이다. 너희 하느님 야훼께서는 자비로우신 신, 너를 버리지도 멸망시키지
도 않으시는 신, 맹세로써 너희의 선조들과 맺으신 계약을 잊지 않으시는
신이시다.

하느님은 삼키는 불길이요 질투하는 신이랍니다. 그러니 절대
로 우상숭배에 빠지지 말라고 경고합니다. 그런데 결국 이스라엘이
하나님을 배반하고 말 것이라고 본문의 모세는 예언합니다. 그래서
가나안에서 쫓겨나 이방 민족의 땅으로 끌려가겠지만 하나님께서
다시 그들을 인도하셔서 본향으로 돌아오시게 할 것이라는 예언도
이어집니다.

모세가 설교를 통해 예언하는 형식으로 기록된 이 본문의 내용
은 한 치의 오차도 없이 이후 이스라엘 역사에서 정확하게 이루어
졌습니다.

하지만 이 본문은 북왕국 이스라엘이 서기전 722년에 아시리아
에게 멸망한 이후, 그리고 남왕국 유다도 신흥 강대국 바벨론에 의
해 풍전등화의 위기를 겪던 시기, 또는 그 이후에 기록된 것으로 보
아야 한다는 것이 진보적인 신학자들이 내린 결론입니다. 예언이

아니라 지난 역사를 회상하면서 신명기를 기록한 이스라엘의 종교 지도자들이 모세의 입을 빌려 기록했다는 것입니다.

신명기 5장에는, 출애굽기 20장에 기록된 십계명, 그러니까 시나이산에서 하나님께서 모세에게 직접 써서 주셨다는 그 십계명이 거의 그대로 다시 반복되어 나타납니다.

이 부분도 다시 설명드리지 않겠습니다. 십계명에 대한 자세한 설명이 필요하신 분은 출애굽기 19장과 20장을 강해한 내용을 참고해주시기 바랍니다.

신명기 6장에는 유대교인들이 평생에 걸쳐 외우고 간직하는 아주 중요한 내용이 담겨 있습니다. 4절부터 9절까지 읽어보겠습니다.

> 이스라엘아 들으라. 우리 하나님 여호와는 오직 유일한 여호와이시니, 너는 마음을 다하고 뜻을 다하고 힘을 다하여 네 하나님 여호와를 사랑하라. 오늘 내가 네게 명하는 이 말씀을 너는 마음에 새기고, 네 자녀에게 부지런히 가르치며, 집에 앉았을 때에든지 길을 갈 때에든지, 누워 있을 때에든지 일어날 때에든지, 이 말씀을 강론할 것이며, 너는 또 그것을 네 손목에 매어 기호를 삼으며, 네 미간에 붙여 표로 삼고, 또 네 집 문설주와 바깥 문에 기록할지니라.

마음과 뜻과 힘을 다하여 하나님을 사랑하라는 것인데, 언제 어디서나 그 말씀을 강론하고, 손목과 이마에 붙이고, 집에 있는 문의 기둥과 대문에도 써 붙이라는 것입니다.

이 신명기 6장 4~5절 말씀을 '쉐마'라고 하는데, '들으라'라는 뜻입니다. 그래서 정통 유대교인들은 팔에는 팔찌 모양으로, 머리에는 두건 모양으로 띠를 만들고 그 띠 가운데는 상자를 달아서 그 상자 안에 쉐마를 적은 종이를 넣어 항상 손목과 이마에 차고 다녔고, 집의 오른쪽 문기둥에도 이 내용을 적은 작은 상자를 붙여놓았습니다.

신명기 6장의 쉐마는 예수님도 인용하셨습니다. 마가복음 12장 28~31절을 보겠습니다.

> 서기관 중 한 사람이 그들이 변론하는 것을 듣고 예수께서 잘 대답하신 줄을 알고 나아와 묻되, 모든 계명 중에 첫째가 무엇이니이까.
> 예수께서 대답하시되, 첫째는 이것이니, 이스라엘아 들으라 주 곧 우리 하나님은 유일한 주시라 네 마음을 다하고 목숨을 다하고 뜻을 다하고 힘을 다하여 주 너의 하나님을 사랑하라 하신 것이요, 둘째는 이것이니, 네 이웃을 네 자신과 같이 사랑하라 하신 것이라. 이보다 더 큰 계명이 없느니라.

예수님도 쉐마가 모든 율법의 으뜸이며 기준이라는 데 동의하신 것입니다. 그러나 예수님이 인식하신 하나님과 당시 이스라엘의 종교 지도자들이 인식한 하나님은 엄청난 차이가 있습니다.

예수님이 인식하신 하나님은 이스라엘 민족만 사랑하시는 독선과 배타의 하나님이 아닙니다. 이방인과 여자, 아이까지 모두 사랑하고 존중해주시며, 약한 자와 포로가 된 자를 더욱 어여삐 여기시는 사랑의 아버지였습니다.

하지만 당시 종교 지도자들이 인식한 하나님은 이스라엘 민족만 사랑하시는 하나님이고, 그중에서도 20세 이상의 성인 남자만 인정하시는 하나님이며, 신체가 성하지 못한 장애인은 차별하시는 하나님이었습니다.

같은 하나님을 믿어도 이렇게 인식의 차이에 따라 전혀 다른 하나님을 믿고 있었다는 사실은 오늘날 기독교인들에게 매우 중요한 숙제를 안겨줍니다. 하여 저는 벗님들에게, 벗님들은 과연 어떤 하나님을 믿고 계신지 자문해보실 것을 권하고 싶습니다.

어떤 면에서 우리는 모두 우리 각자가 인식한 하나님, 그러니까 우리가 만든 하나님을 믿고 있습니다. 절대객관의 하나님을 믿고 있다고 생각하지만, 절대객관의 하나님을 믿는 사람은 지구상에 한 사람도 없습니다. 모든 사람이 자기가 인식한 하나님을 믿고 있는 것입니다. 물론 저도 마찬가지고요. 그래서 끊임없이 자신을 성찰하며 내가 과연 하나님을 제대로 믿고 있는지 자문하는 것이 필요합니다.

특히 확신이라는 말을 함부로 하지 않는 것이 중요합니다. 확신하는 사람은 더 이상 성장할 수 없기 때문입니다. 성장은 변화를 전제로 합니다. 확신하는데 어떻게 변화가 이루어질 수 있겠습니까. 그러므로 확신하는 신앙을 경계하십시오. 신앙인은 끊임없이 하나님 앞에 겸손해야 합니다.

신명기 7장에는 이웃 민족과 교류하지 말라는 내용이 담겨 있습니다. 우리가 흔히 말하는 일종의 국수주의, 강력한 배타적 민족주의를 주장하는 내용입니다. 1~5절을 보겠습니다.

> 네 하나님 여호와께서 너를 인도하사, 네가 가서 차지할 땅으로 들이시고, 네 앞에서 여러 민족, 헷 족속과 기르가스 족속과 아모리 족속과 가나안 족속과 브리스 족속과 히위 족속과 여부스 족속, 곧 너보다 많고 힘이 센 일곱 족속을 쫓아내실 때에, 네 하나님 여호와께서 그들을 네게 넘겨 네게 치게 하시리니, 그 때에 너는 그들을 진멸할 것이라.
> 그들과 어떤 언약도 하지 말 것이요, 그들을 불쌍히 여기지도 말 것이며, 또 그들과 혼인하지도 말지니, 네 딸을 그들의 아들에게 주지 말 것이요, 그들의 딸도 네 며느리로 삼지 말 것은, 그가 네 아들을 유혹하여 그가 여호와를 떠나고 다른 신들을 섬기게 하므로 여호와께서 너희에게 진노하사 갑자기 너희를 멸하실 것임이니라.
> 오직 너희가 그들에게 행할 것은 이러하니, 그들의 제단을 헐며, 주상을 깨뜨리며, 아세라 목상을 찍으며, 조각한 우상들을 불사를 것이니라.

모세오경이 완성된 시기, 그러니까 서기전 5세기 이스라엘의 종교 지도자들은 그렇게 하는 것만이 당시 팽배했던 다신교적 문화로부터 이스라엘의 순수성을 지키는 길이라고 판단했을 것입니다.

그런 부분도 분명히 있습니다. 이스라엘이 그런 강력한 배타적 민족주의를 고수하지 않았다면, 블레셋 족속을 비롯해서 주변의 숱한 종족들이 그랬던 것처럼, 바벨론이나 페르시아 같은 당시 선진 국가의 종교와 문화에 흡수되어 역사 속으로 사라져버렸을 가능성이 큽니다.

하지만 자신들만 옳고 이웃 민족의 종교와 문화는 다 틀렸다는 식의 독선과 배타는 종교적 문화적 고립주의에 빠질 수밖에 없었습니다. 그래서 그 이후에 일어난 강대국들, 그러니까 시리아와 로마, 그리고 중세 시대에는 기독교 제국들에까지 유대인들이 따돌림을 당하고 핍박을 받는 원인이 되기도 했습니다.

그런데 나만 옳다는 식의 그 독선과 배타를 오늘날 한국의 주류 교회들이 그대로 물려받고 있으니 참으로 딱하고 안타까운 일이 아닐 수 없습니다.

신명기 8~11장에는 가나안 땅에 정착하여 안정된 생활을 누리게 되었을 때, 하나님을 잊고 살아가지 않도록 주의하라는 모세의 설교가 이어집니다. 8장 1~3절을 보겠습니다.

> 내가 오늘 명하는 모든 명령을 너희는 지켜 행하라. 그리하면 너희가 살고 번성하고 여호와께서 너희의 조상들에게 맹세하신 땅에 들어가서 그것을 차지하리라.
> 네 하나님 여호와께서 이 사십 년 동안에 네게 광야 길을 걷게 하신 것을 기억하라. 이는 너를 낮추시며 너를 시험하사 네 마음이 어떠한지 그 명령을 지키는지 지키지 않는지 알려 하심이라.
> 너를 낮추시며, 너를 주리게 하시며, 또 너도 알지 못하며 네 조상들도 알지 못하던 만나를 네게 먹이신 것은, 사람이 떡으로만 사는 것이 아니요 여호와의 입에서 나오는 모든 말씀으로 사는 줄을 네가 알게 하려 하심이니라.

'사람이 떡으로만 사는 것이 아니라 하나님의 말씀으로 산다'는 이 말씀은 예수님께서 인용하십니다. 마태복음 4장 1~4절을 보겠습니다.

그 때에 예수께서 성령에게 이끌리어 마귀에게 시험을 받으러 광야로 가사 사십 일을 밤낮으로 금식하신 후에 주리신지라. 시험하는 자가 예수께 나아와서 이르되, 네가 만일 하나님의 아들이어든 명하여 이 돌들로 떡덩이가 되게 하라. 예수께서 대답하여 이르시되, 기록되었으되, 사람이 떡으로만 살 것이 아니요 하나님의 입으로부터 나오는 모든 말씀으로 살 것이라 하였느니라 하시니

제가 굳이 이 말씀을 인용하는 이유는 '사람이 떡으로 사는 것이 아니요 하나님의 말씀으로 산다'고 잘못 인용하는 극단주의자들이 더러 있기 때문입니다. 마치 하나님의 말씀만 있으면, 떡으로 상징되는 현실 세계의 필요는 무시할 수 있다는 듯 곡해하며, 극단적인 신앙을 주장하는 사람들이 있는 것입니다.

하지만 신명기 원문이나 마태복음 모두 '떡으로'가 아니라 '떡으로만'이라고 기록되어 있습니다. 이 양자의 차이는 매우 큽니다. '떡으로' 사는 것이 아니라는 말은 떡은 필요 없다는 말로 해석될 수도 있습니다. 하지만 '떡으로만' 사는 것이 아니라는 말은 떡도 필요하다는 말입니다.

극소수이지만 가정과 사회생활까지 부정하며 '오직 믿음'을 외치는 극단주의자들이 아직도 우리 사회에는 남아 있습니다. 신앙인에게 신앙생활과 사회생활의 조화는 반드시 필요하다는 점을 기억해야 하겠습니다.

다시 신명기 본문을 이어가겠습니다. 8장에서 11장까지 이어지는 모세의 긴 설교에서, 모세는 지난 40년 광야생활에서 백성들이 어떻게 하나님을 배반했는지 그 기억을 되새기며, 다시는 그런 잘못을 반복하지 말라고 신세대들에게 권면합니다.

모세가 시나이산에서 하나님께 십계명을 하사받을 때 백성들이 수송아지를 만들고 축제를 벌였던 일을 비롯해서 하나님께 불순종했던 여러 사례들을 언급하며, 너희 신세대들도 순종하면 큰 복을 주시겠지만 불순종하면 엄벌을 피하지 못할 것이라는 내용의 설교입니다. 출애굽기와 레위기, 민수기에서 충분히 다루었던 내용이므로 다시 설명드리지는 않겠습니다.

모세의 설교 형식이 여전히 이어지고 있지만, 이 본문 속에는 이스라엘이 지난 역사에서 이웃 종교와 문화의 영향으로 야훼 신앙이 여러 차례 시험대에 오른 것을 경계하는 서기전 5세기 종교 지도자들의 위기의식이 작용하고 있습니다.

신명기 12~26장, 신명기 법전

12장부터 26장까지는 학자들이 '신명기 법전'이라고 부르는 본격적인 율법 규정들이 기록되어 있습니다.

전반부에는 출애굽기와 레위기, 민수기에 기록된 율법들이 모세의 입을 빌어 설교 형식으로 반복되고, 후반부에는 앞선 문서들에는 없는 여러 가지 생활법들이 상세히 기록되어 있는데, 이미 강해한 내용은 다시 설명드리지 않고 빠르게 훑어보고 지나가겠습니다.

12장은 가나안 원주민들이 섬기던 우상의 흔적을 모두 없애라는 명령으로 시작합니다. 1~3절을 공동번역으로 보겠습니다.

이것이 너희가 성심껏 실천해야 할 규정이요 법령이다. 너희 선조의 하느님 야훼께서 너희에게 주시어 차지하게 하신 땅에서 실천해야 할 것, 너희가 땅 위에 살아 있는 한 언제까지나 실천해야 할 것이다.

너희는 너희가 이제 쫓아내게 될 민족들이 그들의 신을 섬기던 자리를 말끔히 허물어버려야 한다. 높은 산이든 언덕 위든 무성한 나무 아래든 모조리 그렇게 해야 한다. 거기에 있는 제단은 무너뜨리고 석상은 부수어버리고 아세라 목상은 불태워 버려야 한다. 그들의 신상들을 깨뜨려 버려야 한다. 그리하여 그 이름들을 그 자리에서 지워 버려야 한다.

가나안 땅에 들어가서 해야 할 일이라며 모세가 설교하는 형식으로 되어 있지만, 실제로는 이스라엘 역사가 한창 지난 후대, 그러니까 북왕국 이스라엘이 멸망한 서기전 722년 이후에 지난 역사를 회상하면서 기록된 문서라는 것이 진보적인 신학자들의 견해입니다.

신명기 13장에는 우상숭배를 선동하는 자는 반드시 죽여야 한다는 명령이 이어집니다. 13~17절을 보겠습니다.

너희 가운데 패륜아들이 나타나 너희가 일찍이 알지 못했던 다른 신들을 섬기러 가자고 선동한다는 소문이 나돌 것이다. 그런 소문이 나돌거든, 너희는 샅샅이 조사해 보고 잘 심문해 보아 그것이 사실임이 드러나면, 그같이 역겨운 일을 너희 가운데서 뿌리뽑아야 한다. 그 성읍에 사는 주민을 칼로 쳐죽여야 한다. 그 성읍과 그 안에 있는 모든 것을 말끔히 없애버려야 한다. 거기에 있는 가축도 칼로 쳐죽이고, 모든 전리품을 장터에 모아놓고, 그 전리품과 함께 온 성읍을 불살라 너희 하느님 야훼께 바쳐야 한다. 그리고 언제까지나 폐허로 남겨두고 다시 세우지 마라.

시각에 따라 너무 잔인해 보이는 이 규정에는 북왕국 이스라엘이 멸망하고 남왕국 유다도 바벨론의 침략으로 풍전등화의 위기를 겪던 서기전 6~7세기의 긴박한 상황이 반영되어 있습니다.

다윗과 솔로몬 시대의 화려한 영광이 사라지고 이방인의 침략에 속수무책으로 당한 원인이 우상숭배에 있다고 생각한 당시 종교 지도자들의 생각이 이런 배타적인 가르침으로 나타났고, 실제로 요시야왕의 종교개혁을 낳았다고 학자들은 보고 있습니다.

14장에는 먹어도 되는 음식과 먹어서는 안 되는 음식을 구별해 놓았는데, 레위기 11장의 내용과 거의 일치하므로 자세히 설명드리지 않겠습니다.

15장에는 빚을 면제해주는 것과 노예를 해방해주는 면제년에 대한 규정이 기록되어 있습니다. 먼저 1절을 공동번역으로 보겠습니다.

칠 년에 한 번씩 남의 빚을 삭쳐주어라.

이어서 7~11절을 역시 공동번역으로 보겠습니다.

너희 하느님 야훼께서 주시는 땅의 어느 한 성읍에 동족으로서 가난한 사람이 있거든 너희는 인색한 마음으로 돈을 움켜잡거나 그 가난한 형제를 못 본 체하지 마라. 손을 펴서 그가 필요한 만큼 넉넉하게 꾸어주어라. '빚을 삭쳐주는 해, 제칠년이 얼마 남지 않았구나.' 하며 인색한 생각이 들어 가난한 형제를 냉대하여 꾸어주지 않는 일이 없도록 마음에 다짐하여라. 그가 너희를 걸어 야훼께 부르짖으면 너희에게 죄가 돌아올 것이다.

> 시원스럽게 꾸어주어라. 주면서 아깝다는 생각을 하지 마라. 그리하여야
> 너희 하느님 야훼께서 너희가 손을 대는 모든 일에 복을 내려주실 것이
> 다. 그렇다고 하여 너희가 사는 땅에서 가난한 사람이 없어지지는 않을
> 것이다. 너희가 사는 땅에는 너희 동족으로서 억눌리고 가난한 사람이 어
> 차피 있을 것이다. 그러므로 이렇게 너희 손을 뻗어 도와주라고 이르는
> 것이다.

삭친다는 말은 면제한다는 뜻입니다. 이어서 12절부터 15절까지의 본문도 보겠습니다.

> 동족인 히브리인이 남자건 여자건 너희에게 팔려 왔거든 육 년만 부리고
> 칠 년째 되는 해에는 자유를 주어 내보내야 한다. 자유를 주어 내보낼 때
> 에는 빈손으로 내보내지 못한다. 너희 하느님 야훼께서 복으로 주신 양떼
> 와 타작마당에서 거둔 것과 술틀에서 짜낸 것을 한 밑천 되게 마련해 주
> 어야 한다. 이집트 땅에서 종살이하던 너를 너희 하느님 야훼께서 해방시
> 켜 주신 것을 생각하여라. 그러므로 내가 오늘 너희에게 이를 명하는 것
> 이다.

이 본문도 출애굽기와 레위기에 다 나와 있는 규정들입니다. 그런데 제가 이 본문을 다시 언급하는 이유가 있습니다.

유대교 지도자들은 신명기의 가치를 특별하게 높이 평가하지만, 저같이 진보적인 신학을 가진 사람들에게 신명기는 지루하고 답답한 문서로 읽힐 수 있습니다. 이미 앞에서 나온 율법들의 반복이라는 점에서도 그렇지만, 단순 반복이 아니라 더욱 배타적이고 국수

주의적인 성격을 띠고 있기 때문입니다.

그런데 이 본문은 진보적인 신학을 가진 사람들에게 청량제 같은 느낌을 줍니다. 오늘날 이런 규정을 본받아 만들어진 안식년 제도를 우리나라 학계에도 일부 도입하고 있습니다. 6년 동안 재직한 교수들에게 7년째 되는 해에 안식년을 주는 대학들이 있는 것입니다.

아직까지는 대학과 일부 연구원만 그 혜택을 받지만, 우리 사회 전반에 도입한다면 삶의 질을 향상시키는 데 큰 역할을 할 것입니다. 우리 사회가 고민해볼 중요한 자료라고 생각합니다.

16장에는 절기에 대한 규정이 기록되어 있습니다. 유월절과 무교절, 칠칠절과 초막절을 지키라는 내용입니다. 이 본문도 출애굽기 12장과 13장에 나와 있는 내용과 거의 같습니다.

후반부에 벗님들과 다시 한 번 살펴보고 싶은 내용이 있어서 소개드리겠습니다. 18~20절을 공동번역으로 보겠습니다.

> 너희는 너희 하느님 야훼께서 너희 각 지파에게 주시는 성읍마다 재판관과 관리를 세워 백성을 공평무사하게 다스리도록 해야 한다. 법을 왜곡시키면 안 된다. 체면을 보아도 안 된다. 뇌물을 받아도 안 된다. 뇌물은 지혜로운 사람의 눈을 멀게 하고 죄없는 사람의 소송을 뒤엎어버린다. 정의, 그렇다, 너희는 마땅히 정의만을 찾아라. 그리하여야 너희는 살아서 너희 하느님 야훼께서 주시는 땅을 차지할 것이다.

이런 말씀이 바로 정금 같은 하나님의 말씀입니다. 음식은 편식을 하면 안 되지만 경전을 읽을 때는 반드시 편식을 해야 합니다. 옛 시대의 한계 안에서 기록된 것이기에 재해석하거나 버려야 할 말씀인지, 오늘날에도 그대로 받아들여도 좋을 말씀인지 반드시 가려내어야 합니다.

그렇지 않고 경전의 모든 기록을 문자 그대로 생명의 양식이라고 생각하면 경전의 노예, 종교의 노예가 되어 오히려 우리의 삶이 파괴될 수 있습니다.

신명기 17장에는 우상숭배하는 자를 돌로 쳐서 죽이라는 내용이 다시 등장합니다. 유일신 신앙으로 무장한 당시 종교 지도자들이 이웃 민족의 종교와 문화를 얼마나 두려워했는지 잘 알 수 있는 본문입니다.

후반부에는 왕에게 주는 교훈이 기록되어 있는데, 문자 그대로 받아들여도 좋을 구절이 있어서 소개해보겠습니다. 17절을 공동번역으로 보겠습니다.

> 왕은 또 많은 후궁을 거느리지 못한다. 그러면 마음이 다른 데로 쏠릴 것이다. 은과 금을 너무 많이 모아도 안 된다.

권력과 돈을 모두 가지려고 하면 반드시 부패할 수밖에 없다는 것, 권력과 돈은 분리될수록 좋다는 것을 옛 이스라엘의 지도자들도 잘 알고 있었나 봅니다.

그런데 지금 본문의 무대는 모세가 살아서 설교를 하고 있는 서기전 13세기입니다. 그러니까 아직 가나안 땅에 들어가기도 전인 이때, 갑자기 왕이 언급된 이유가 무엇일까요?

이스라엘은 모세 이후 여호수아 시대를 거쳐서 사사들의 시대가 200년 정도 이어집니다. 그 후에 왕정이 시작됩니다. 그런데 본문은 마치 현재 왕이 다스리고 있는 것처럼 말하고 있습니다. 신명기가 모세 시대인 서기전 13세기, 보수적인 학자들이 주장하는 서기전 15세기가 아니라 훨씬 더 후대, 적어도 왕정 시대 이후에 기록된 문서라는 증거가 되겠습니다.

아직도 일부 보수적인 학자들은 본문이 먼 훗날 왕정 시대의 지도자들에게 주는 예언적인 성격의 경고라고 주장하지만, 어느 해석이 옳은지는 벗님들이 잘 판단하시기 바랍니다.

18장에는 제사장과 레위인의 권리에 대한 규정이 기록되어 있는데, 이 부분 역시 출애굽기와 레위기에서 여러 번 나왔던 내용과 같습니다. 레위인에게는 땅을 주지 않는 대신 백성들에게서 받는 세금으로 생활할 권리가 있다는 것입니다.

후반부에는 이민족들의 종교 행위를 본받지 말고 반드시 물리치라는 내용이 다시 반복되고 있습니다.

19장 전반부에는 도피성에 관한 규정이 기록되어 있습니다. 의도적인 살인이 아니라 실수로 사람을 죽인 경우에는 레위인이 관리하는 도피성으로 피해서 친족의 복수로부터 지켜주라는 내용입니다. 이 본문 역시 민수기 35장에서 충분히 살펴본 내용입니다.

후반부에는 재판을 할 때 조심해야 할 점에 대해 기록되어 있습니다. 특히 재판관은 한 사람의 증언만 듣고 판결하지 말고, 두세 명의 증인이 있을 경우에만 고소를 받아들이라는 내용이 기록되어 있습니다.

신명기 20장부터 26장에는 모세오경의 앞선 문서에는 기록되지 않은 신명기만의 율법이 다수 포함되어 있습니다. 20장에는 전쟁에 대한 규정이 기록되어 있는데, 신명기 전체에 흐르는 엄격함과는 분위기가 매우 다릅니다. 5~8절을 공동번역으로 보겠습니다.

> 다음으로 장교들은 군인들에게 이렇게 말하여라.
> '너희 가운데 새 집을 짓고 그 집을 아직 하느님께 봉헌하지 못한 사람이 있느냐? 그런 사람은 집으로 돌아가거라. 싸움터에 나갔다가 죽어, 남이 그 집을 봉헌하게 할 수야 있겠느냐?
> 포도원을 새로 가꾸어놓고 아직 맛도 보지 못한 사람이 있느냐? 그런 사람은 집으로 돌아가거라. 싸움터에 나갔다가 죽어, 남이 그 맛을 보게 할 수야 있겠느냐?
> 약혼만 해놓고 아직 결혼하지 못한 사람이 있느냐? 그런 사람은 집으로 돌아가거라. 싸움터에 나갔다가 죽어, 남이 그 여자와 결혼하게 할 수야 있겠느냐?'
> 장교들은 또 이렇게 군인들에게 일러주어라. '두려워 겁나는 사람이 있느냐? 그런 사람도 집으로 돌아가거라. 그런 사람이 있으면 전우의 사기만 떨어진다.'

상당히 의외라는 생각이 들지 않으십니까? 지금까지의 분위기라면 '그런 일을 핑계로 군복무를 회피하는 자는 반드시 죽여야 한다'라고 기록해야 모세오경 전체의 분위기에 어울릴 것 같은데, 본문의 분위기는 그와 정반대입니다.

본문의 의도를 이해하려면 고대 이스라엘의 병력 편성에 대한 이해가 필요합니다. 고대 이스라엘 군대는 상비군이 아니라 민병대였습니다. 평소에는 농사를 짓거나 목축을 하는 백성들이 전시가 되면 무기를 들고 나가 싸우는 것입니다.

그러므로 전쟁을 할 때도 누군가는 농사를 짓고 목축도 해야 합니다. 그래야 전투에 필요한 물자를 최전방까지 보급할 수 있으니까요. 본문은 바로 이런 현실을 고려한 조치라고 할 수 있습니다.

21장에는 범인을 알 수 없는 살인이 일어났을 경우의 속죄법에 대해 기록되어 있습니다. 살인 사건이 일어나면 사건이 일어난 성읍에서 가까운 지방의 장로들이 모여 자신들은 그 사건과 관련되지 않았다는 것을 진술하고, 어린 송아지를 제물로 바치는 것으로 사건을 해결하는 방식입니다.

이 외에도 전쟁에서 사로잡은 여자를 아내로 맞이할 때 이민족의 풍습은 철저히 차단하되 여자의 처지를 충분히 헤아리고 존중해 주라는 규정과 맏아들의 상속권에 대한 규정, 그리고 불효한 아들에게 벌을 내리는 규정 등에 대해 기록되어 있습니다.

불효자가 있는데 부모가 타일러도 말을 듣지 않으면 장로들에게 데리고 가서 증언하고, 그래도 말을 듣지 않으면 시민들이 돌로 쳐 죽이게 하라고 되어 있습니다. 가정의 권위가 무너지면 사회의 기강도 무너진다고 생각했기에 이런 엄격한 법이 만들어졌을 것입니다.

22~23절에는 신약 시대에 예수님의 죽음과 관련해 해석되었

던 중요한 내용이 담겨 있습니다. 공동번역으로 보겠습니다.

> 죽을죄를 지은 사람을 처형하고는 나무에 달아 효시할 경우가 있다. 이렇
> 게 나무에 달린 시체는 하느님께 저주를 받은 것이니, 그 시체를 나무에
> 단 채 밤을 보내지 말고 그 날로 묻어라. 그렇게 두어서 너희 하느님 야훼
> 께 유산으로 받은 너희 땅을 더럽히면 안 된다.

중죄인을 처벌했을 경우인데요, 사도 바울은 예수님의 죽음을
이 본문과 연결하여 해석했습니다. 갈라디아서 3장 13~14절을 공
동번역으로 보겠습니다.

> "나무에 달린 자는 누구나 저주받을 자다."라고 성서에 기록되어 있듯이,
> 그리스도께서는 우리를 위하여 십자가에 달려 저주받은 자가 되셔서 우
> 리를 율법의 저주에서 구원해 내셨습니다. 그리하여 하느님께서 아브라
> 함에게 약속하신 복이 그리스도 예수를 믿는 이방인들에게까지 미치게
> 되었고 또 우리는 믿음으로 약속된 성령을 받게 되었습니다.

예수님의 대속 사상으로 해석될 수 있는 말씀입니다. 대속론은
기독교의 핵심 교리지만 오늘날 진보적인 신학자들은 받아들이지
않는다는 말씀을 드린 적이 있었지요.

그 말씀 때문에 적지 않은 충격을 받은 벗님들이 꽤 계신 것 같
습니다. 기독교의 비리와 허물을 지적하는 데는 기꺼이 동의하지만,
대속론을 부정하는 건 받아들이기 힘들다고 하시는 분이 아직 우리
나라 교우님들 중에는 많으신 것 같습니다. 대속론까지 부정하면 기

독교에서 무엇이 남아나겠는가 하는 의문도 가질 수 있겠습니다.

그래서 진보적인 신학자들은 신앙생활의 대전환이 필요하다고 말합니다. 지금까지는 '예수 믿음이'였다면 이제부터는 '예수 따름이'가 되어야 한다고 말입니다.

예수님이 우리 죄를 지고 죽으셨으므로 우리는 그저 예수님을 믿기만 하면 천국에 간다는 신앙에서, 우리도 예수님을 본받아 하늘을 우러러 부끄러움 없이 살고 이웃을 내 몸처럼 사랑함으로써 이 땅에 천국을 이루어야 한다는 것입니다.

'뜻이 하늘에서 이룬 것 같이 땅에서도 이루어지이다'라고 기도하라고 가르쳐주신 예수님의 말씀대로, 천국에 가는 것이 아니라 이 땅에 천국을 이루라는 것입니다. 가는 천국이 아니라 이루는 천국, 그것이 새 시대 새 기독교인들의 과제라는 것이지요.

이 문제는 앞으로도 계속 다룰 것입니다. 성서의 진정한 가치는 구약에서는 예언서, 신약에서는 복음서에 있다고 저는 생각합니다. 모세오경을 공부하는 지금은 성서에 대한 진실을 알아가는 대신 그동안 믿어왔던 신앙이 무너지는 듯한 아픔도 함께 느끼실 것입니다.

하지만 이 과정을 거치고 예언자들의 외침이 들려오면 우리 기독교 신앙에 대한 새로운 소망과 자부심을 갖게 될 것이라고 저는 생각합니다. 그때까지는 좀 힘드셔도 인내하며 동참해주시기를 부탁드립니다.

22장에는 여러 가지 사회생활에서 일어날 수 있는 규정들에 대해 기록하고 있는데, 후반부로 가면 성적인 문제가 집중되어 있습니다. 오늘날의 과학적인 상식과는 맞지 않는 편견에 희생되는 여성이 많았을 내용이 담겨 있습니다. 13~21절을 공동번역으로 보겠습니다.

> 누가 아내를 맞아 한자리에 들고는 싫어져서 '이 여자를 아내로 맞아 가까이하고 보니 처녀가 아니다.' 하고 누명을 씌워 고발했을 경우에 그 여자의 부모는 그 여자가 처녀였다는 증거를 가지고 성문께로 나가 그 성읍의 장로들에게 제시해야 한다. 그리고 그 여자의 아버지는 장로들에게 진술하여라. '나는 나의 딸을 이 사람에게 아내로 주었는데, 이 사람은 내 딸이 싫어졌다고 하여 이렇게 고발했습니다. 내 딸이 처녀가 아니었다는 것입니다. 여기에 내 딸이 처녀였다는 증거가 있습니다.' 이렇게 말하고 딸의 자리옷을 그 성읍의 장로들 앞에 펴 보여라. 그러면 성읍의 장로들은 그를 잡아 때리고 이스라엘의 처녀에게 누명을 씌운 대가로 벌금 백 세겔을 여자의 아버지에게 물어주게 하여라. 그는 그 여자를 내보내지 못하고 평생 데리고 살아야 한다.
>
> 그런데 그 고발이 사실이어서 그 여자가 처녀였다는 것이 입증되지 않으면, 그 여자를 아비의 집 문 앞에 끌어다 놓고 친정이 있는 성읍의 시민들이 돌로 쳐죽일 것이다. 그는 제 아비의 집에 있을 때 몸을 더럽혀 이스라엘에서는 생각할 수도 없는 짓을 저지른 것이다. 이런 부정한 짓을 너희 가운데서 송두리째 뿌리 뽑아야 한다.

고대 이스라엘의 관습 중에는, 이런 경우에 대비해서 신혼 첫날밤의 자리옷을 보관하는 풍습이 있었을 거라고 학자들은 추측합니다. 첫 잠자리를 함께한 흔적으로 처녀였는지 여부를 가릴 수 있다는 생각은 의학적으로 근거가 없다는 것이 오늘날에는 밝혀졌지만,

이 규정에 따르면 옛 이스라엘에서는 움직일 수 없는 증거로 인정된 것 같습니다.

이렇게 성서는 과학적 의학적 무지를 그대로 담고 있기도 하다는 사실을 알 필요가 있습니다. 이런 내용을 담고 있는데도 성서의 기록 전체가 오류 없는 하나님의 말씀이라고 우겨서는 안 될 것입니다.

23장에도 잡다한 여러 규정들이 담겨 있습니다. 총회에 참석할 자격이 없는 사람에 대한 규정, 전쟁터에서 진지 주변을 깨끗하게 하기 위한 규정, 도망친 노예를 보호하는 규정, 함부로 맹세하지 말되 일단 맹세한 경우에는 반드시 지켜야 한다는 규정 등에 대해서 기록되어 있고, 돈을 꾸어주더라도 이자를 받아서는 안 된다는 규정도 담겨 있습니다.

이자를 받지 말라는 규정은 이슬람 경전인 『꾸란』에도 영향을 주어서 지금도 이슬람 세계에서는 이자 받는 것을 법적으로 금지하는 나라들이 있습니다.

24장에도 잡다한 생활법이 나열되어 있습니다. 이혼에 대한 규정, 막 결혼한 사람은 병역의 의무를 면제해준다는 규정, 가난한 사람을 학대하지 말라는 규정 등이 담겨 있습니다. 그중 오늘날에도 귀감이 될 내용이 있어서 19~21절을 보겠습니다.

네가 밭에서 곡식을 벨 때에 그 한 뭇을 밭에 잊어버렸거든, 다시 가서 가져오지 말고 나그네와 고아와 과부를 위하여 남겨두라. 그리하면 네 하나

'고아와 과부를 위하여'라는 말은 예언서에도 수없이 반복되어 나타나는 말입니다.

오늘날 통계를 보면 가난한 사람보다 경제적으로 부유한 사람이, 학력이 낮은 사람보다 높은 사람이 교회 출석률이 높은 것으로 나타나지만, 그런 현상이 정말로 성서가 제시하는 가치관에 부합하는지 냉철하게 돌아볼 필요가 있습니다.

성서는 결코 가진 사람, 스펙이 높은 사람 편이 아닙니다. 구약성서에 나타난 율법 규정들은 매우, 때로는 지나치게 엄격하지만, 그렇다고 성서가 경제력이나 스펙으로 사람을 평가하지는 않습니다. 오히려 그런 외적인 요소로 사람을 평가하는 것을 경계합니다.

하지만 성서가 군이 어느 쪽에 서 있는가를 따진다면, 가난한 사람과 약한 사람 쪽에 서 있다고 말할 수 있습니다. 율법서에도 그런 흔적이 많이 나타나지만 예언서로 가면 더더욱 그렇습니다. 그렇다고 성서가 가난한 자, 약한 자만의 편은 아닙니다. 하나님은 고아와 과부의 하나님이시기도 하지만, 다윗과 솔로몬의 하나님이시기도 하니까요.

이렇게 가난하고 약한 사람은 물론이고 부자와 권력자를 포함하여 모든 사람을 차별 없이 품으시는 하나님, 그리고 예수님을 저는 제 인생의 구세주로 믿고 있습니다. 다만 열 손가락 깨물어 아프지 않은 손가락이 없지만, 그래도 약하고 아픈 손가락에 마음이 더 쓰이듯이, 가난하고 힘없는 사람에게 더 마음을 쓰고 그들을 돌보라는 가르침을 주는 것이 성서의 기본 메시지라고 저는 생각합니다.

성서 전체를 흐르는 이런 가치관과 경천애인의 정신에 매료되어서 저는 교단에서 내쳐진 이후에도 여전히 기독교에 몸담고 있습니다.

25장에도 생활법이 이어집니다. 1~3절을 보겠습니다.

> 사람들 사이에 시비가 생겨 재판을 청하면, 재판장은 그들을 재판하여 의인은 의롭다 하고 악인은 정죄할 것이며, 악인에게 태형이 합당하면 재판장은 그를 엎드리게 하고 그 앞에서 그의 죄에 따라 수를 맞추어 때리게 하라. 사십까지는 때리려니와 그것을 넘기지는 못할지니 만일 그것을 넘겨 매를 지나치게 때리면, 네가 네 형제를 경히 여기는 것이 될까 하노라.

태형은 40대까지만 인정한다는 규정입니다. 나중에 유대교 율법은 40대에서 하나를 뺀 39대를 실제의 최고 태형으로 확정했습니다.

사도 바울은 고린도교인들에게 보내는 편지에서 자신이 오로지 복음을 위하여 '40에서 하나 감한 매를 다섯 번' 맞았노라고 하며 교회의 일치와 단합을 호소하기도 했습니다.

이어서 형제 중에서 누군가가 죽으면 죽은 자의 아내를 그 형제 중에서 아내로 받아들여 죽은 자의 가문을 잇게 하라는 규정, 곡식을 팔 때는 공정한 저울추를 사용해야 한다는 규정 등이 25장에 담겨 있습니다.

신명기 26장에는 가나안 땅에 들어가서 첫 수확을 한 후에는 그
동안 인도하신 하나님의 은혜를 회고하면서 감사 제사를 드리고,
이웃들과 함께 축제를 벌이라는 내용이 기록되어 있습니다.

이제 신명기의 마지막 부분이자 모세오경 전체의 마지막 부분까지 왔습니다.

신명기는 가나안 진입을 앞두고 요단강 동편의 모압 광야에서 모세가 이스라엘 백성들에게 설교하는 형식을 띠고 있다고 말씀드렸습니다.

신명기 27장에서 모세는 가나안 땅에 들어가자마자 비석을 세우고 그리심산과 에발산에 제단을 쌓은 후에, 열두 가지 죄목을 열거하면서 그런 죄를 지은 자에게 저주를 선포하고 백성들은 아멘으로 화답하라는 명령을 내립니다. 11~26절을 보겠습니다.

모세가 그 날 백성에게 명령하여 이르되, 너희가 요단을 건넌 후에 시므온과 레위와 유다와 잇사갈과 요셉과 베냐민은 백성을 축복하기 위하여 그리심 산에 서고, 르우벤과 갓과 아셀과 스불론과 단과 납달리는 저주하기 위하여 에발 산에 서고, 레위 사람은 큰 소리로 이스라엘 모든 사람에게 말하여 이르기를, 장색의 손으로 조각하였거나 부어 만든 우상은 여호와께 가증하니 그것을 만들어 은밀히 세우는 자는 저주를 받을 것이라 할 것이요, 모든 백성은 응답하여 말하되 아멘 할지니라.

그의 부모를 경홀히 여기는 자는 저주를 받을 것이라 할 것이요, 모든 백성은 아멘 할지니라. 그의 이웃의 경계표를 옮기는 자는 저주를 받을 것이라 할 것이요, 모든 백성은 아멘 할지니라. 맹인에게 길을 잃게 하는 자는 저주를 받을 것이라 할 것이요, 모든 백성은 아멘 할지니라. 객이나 고아나 과부의 송사를 억울하게 하는 자는 저주를 받을 것이라 할 것이요, 모든 백성은 아멘 할지니라.

그의 아버지의 아내와 동침하는 자는 그의 아버지의 하체를 드러냈으니 저주를 받을 것이라 할 것이요, 모든 백성은 아멘 할지니라. 짐승과 교합하는 모든 자는 저주를 받을 것이라 할 것이요, 모든 백성은 아멘 할지니라. 그의 자매 곧 그의 아버지의 딸이나 어머니의 딸과 동침하는 자는 저주를 받을 것이라 할 것이요, 모든 백성은 아멘 할지니라. 장모와 동침하는 자는 저주를 받을 것이라 할 것이요, 모든 백성은 아멘 할지니라.

그의 이웃을 암살하는 자는 저주를 받을 것이라 할 것이요, 모든 백성은 아멘 할지니라. 무죄한 자를 죽이려고 뇌물을 받는 자는 저주를 받을 것이라 할 것이요, 모든 백성은 아멘 할지니라. 이 율법의 말씀을 실행하지 아니하는 자는 저주를 받을 것이라 할 것이요, 모든 백성은 아멘 할지니라.

이 본문에 기록된 악행들의 공통점은 그 잘못을 입증해서 사법적으로 처벌하기 어렵다는 점이라고 신학자들은 해석합니다.

그래서 이런 악행들에 대해 공개적으로 저주를 선포함으로써 법정에서 다루기 어려운 형벌도 하나님의 심판을 피할 수는 없다는 점을 백성들에게 깨닫게 하기 위해 이스라엘 종교 지도자들이 모세의 입을 빌려 신명기 본문에 기록되게 한 것이라는 해석입니다.

신명기 28장에는 계약을 지킬 때 받을 복과 어길 때 받을 저주에 대해 기록하고 있습니다. 계약을 지키면 온갖 복이 쏟아지고 온 세상이 부러워하는 복된 민족이 되겠지만, 계약을 지키지 않으면 온갖 저주가 내리고 마침내 이민족의 침략을 받아 망하게 된다는 내용입니다.

너무나 끔찍한 내용이 있어서 소개해야 할지 망설여지기도 하지만 정확한 이해를 위해 49~57절을 표준새번역으로 보겠습니다.

> 주께서 땅 끝 먼 곳에서 한 민족을 보내셔서, 독수리처럼 너희를 덮치게 하실 것이다. 그들은 너희가 모르는 말을 쓰는 민족이다. 그들은 생김새가 흉악한 민족이며, 노인을 우대하지도 않고, 어린 아이를 불쌍히 여기지도 않는다. 그들이 너희의 집짐승 새끼와 너희 땅의 소출을 먹어 치울 것이니, 너희는 마침내 망하고 말 것이다. 그들이 곡식과 포도주와 기름과 소 새끼나 양 새끼 한 마리도 남기지 않아서, 마침내 너희는 멸망하고 말 것이다.
>
> 그들은 너희 온 땅에서 성읍마다 포위하고, 너희가 굳게 믿고 있던 높고 튼튼한 성벽을 헐며, 주 너희의 하나님이 너희에게 주시는 땅의 모든 성읍에서 너희를 에워쌀 것이다. 너희의 원수가 너희를 에워싸서 너희에게 먹을거리가 떨어지면, 너희는 너희의 뱃속에서 나온 자식, 곧 주 너희의

하나님이 너희에게 주신 너희의 아들딸을 잡아서, 그 살을 먹을 것이다. 너희 가운데 아무리 온순하고 고귀한 남자라 하여도, 굶게 되면 그 형제와 그 품의 아내와 남아 있는 자식까지 외면할 것이며, 자기가 먹는 자식의 살점을 어느 누구에게도 나누어 주지 않을 것이다. 이것은 너희의 원수가 너희의 모든 성읍을 에워싸서, 너희에게는 아무것도 남은 것이 없기 때문이다.

너희 가운데 아무리 온순하고 고귀한 부녀자, 곧 평소에 호강하며 살아서 발에 흙을 묻히지 않던 여자라도, 굶게 되면 그 품의 남편과 자식을 외면할 것이다. 너희는 제 다리 사이에서 나온 어린 자식을 몰래 잡아먹을 것이다. 이것은, 너희 원수가 너희 성읍을 포위하고, 너희를 허기지게 하고, 너희에게 아무것도 먹을 것이 없게 하였기 때문이다.

이 본문은 모세가 미래의 일을 내다보며 예언하는 설교의 형식을 띠고 있지만, 명백하게 북왕국 이스라엘이 아시리아에게 멸망당한 서기전 722년 이후에 기록된 것이고, 어쩌면 서기전 587년에 예루살렘이 바벨론에 의해 파괴된 후에 기록된 것일 수도 있다고 진보적인 신학자들은 해석합니다. 끔찍한 역사적 사실을 체험한 사람만이 기록할 수 있는 생생한 기록이기 때문입니다.

실제로 옛날에 견고하게 지어진 성을 함락할 때는, 성을 포위한 채로 성 안의 음식이 고갈돼서 스스로 항복하고 나오기를 기다리는 전술을 많이 채택했습니다. 포위된 성 안의 주민들은 음식과 물이 모두 떨어지면 환각 상태에서 자기 자식까지 잡아먹는 일도 동서양을 막론하고 실제로 빈번히 일어났습니다.

신명기 29장과 30장에는 이스라엘이 하나님을 배반해온 역사를 회고하고, 그런 배반의 역사가 앞으로도 이어질 경우에 닥칠 환난을 예고하면서, 그래도 아예 포기하지는 말고 하나님께로 돌아와야 한다고 권면하는 내용으로 되어 있습니다.

이 본문 역시 아시리아와 바벨론에 의한 파멸을 경험한 후에 기록된 것으로 보아야 한다고 진보적인 신학자들은 해석합니다. 29장 23~27절을 공동번역으로 보겠습니다.

> 모든 민족들은 물을 것이다. '어찌하여 야훼께서 이 땅에 이런 일을 하셨을까? 이토록 혹심한 분노를 터뜨리셨을까?'
> 그러면 이렇게들 말할 것이다. '이 백성은 이집트 땅에서 구출되어 나올 때에 저희 선조의 하느님과 맺은 계약을 저버렸다가 이 모양이 되었단다. 듣지도 보지도 못하던 신들, 야훼께서 섬기지 말라고 하신 신들을 따라가 그들을 섬기며 절했지. 그러니 야훼의 분노가 이 땅에 터질 수밖에. 그래서 이 책에 기록된 모든 저주를 그 위에 내리셨던 것이다. 야훼께서 너무 노엽고 화가 나고 분하셔서 그들을 저희 땅에서 송두리째 뽑아다가 오늘날 저렇게 다른 나라에 쫓아버리신 것이다.'

마지막 문장 '오늘날 저렇게 다른 나라에 쫓아버리신 것이다'라는 기록은, 나라가 망하고 백성들이 다른 나라로 쫓겨난 후의 상황을 말하고 있다는 걸 본문이 스스로 증명합니다. 이어서 30장 1~5절도 공동번역으로 보겠습니다.

> 내가 오늘 너희 앞에 내놓는 복과 저주를 담은 이 말이 그대로 다 이루어

져서 너희 하느님 야훼께서 너희를 모든 민족들 가운데 흩으셨다고 하자. 그러나 거기에서라도 제정신이 들어 너희 하느님 야훼께 돌아와서 너희와 너희 자손이 마음을 모아 기울이고 있는 정성을 다 쏟아 오늘 내가 지시하는 말을 그대로 순종하기만 하면, 너희 하느님 야훼께서는 너희를 불쌍히 보시고 포로 생활에서 돌아오게 해주실 것이다. 너희 하느님 야훼께 쫓겨갔던 너희를 만백성 가운데서 다시 모아들이시리라. 너희가 비록 하늘과 땅이 맞닿는 데까지 흩어져 갔더라도 너희 하느님 야훼께서는 너희를 거기에서 모아 데려오실 것이다. 너희 하느님 야훼께서 너희를 너희 선조들이 차지했던 땅으로 데려오시어 그 땅을 다시 차지하게 하실 것이다. 그리고 너희를 선조들보다 더 잘되게 해주시고 더 불어나게 해주실 것이다.

이미 나라를 빼앗기고 이민족에게 끌려간 상황에서, 그래도 희망을 잃지 않고 다시 하나님께서 주신 약속의 땅을 회복하게 될 것이라는 믿음과 희망의 선포입니다.

신명기가 모세오경이 완성된 서기전 5세기에 근접한 작품임을 암시하는 본문이 되겠습니다.

31장에는 모세가 자신의 죽음을 예고하며 여호수아를 후계자로 세우는 내용이 기록되어 있습니다. 먼저 1~2절을 공동번역으로 보겠습니다.

모세는 계속하여 온 이스라엘에게 이 모든 말을 하였다. 그는 이렇게 말하였다. "내 나이 이제 백스무 살이 지나 다시는 일선에 나설 수 없는 몸이 되었다. 야훼께서는 나에게 '너는 이 요르단 강을 건너지 못한다.' 하고 말씀하셨다…

이어서 7~8절을 보겠습니다.

그리고 모세는 여호수아를 불러내어 온 이스라엘 앞에서 일렀다. "힘을 내어라. 용기를 가져라. 야훼께서 이 백성의 선조들에게 주시겠다고 맹세하신 땅으로 이 백성을 이끌고 들어갈 사람은 바로 너다. 저 땅을 유산으로 차지하게 해줄 사람은 바로 너다. 야훼께서 몸소 너의 앞장을 서주시고 너의 곁을 떠나지 않으실 것이다. 너를 포기하지도, 버리지도 않으실 것이다. 두려워하지 말고 겁내지도 마라."

40년 동안 이집트 왕궁에서 공주의 양아들로 자란 모세는, 이후 40년 동안을 미디안 광야에서 지냈고, 80세에 하나님의 부르심을 받아 그 이후 40년 동안 이스라엘의 지도자로 살았으며, 이제 120세가 되어 하나님 품으로 돌아가게 되었노라고 성서는 말합니다.

왜 40년씩 세 번에 걸친 인생으로 나누어졌는지는 민수기의 마지막 강해에서 말씀드렸습니다. 40이라는 숫자가 의미하는 대로 모세는 그렇게 충분하고 완전하게 준비된 사람이었으며, 하나님 앞에서 완전하게 자신이 맡은 사역을 마쳤다는 의미가 되겠습니다. 성서의 언어는 이렇게 사실의 언어라기보다 의미의 언어, 고백의 언어라는 점을 잊지 말아야 하겠습니다.

그런데 24~26절에는 모세오경을 모세가 직접 기록했다고 주장하는 사람들이 신주 모시듯 하는 구절이 나옵니다. 공동번역으로 보겠습니다.

> 모세는 이 법에 있는 말씀을 두루마리에 끝까지 다 기록한 다음, 야훼의
> 계약궤를 메는 레위인들에게 지시하였다. "이 법전을 가져다가 너희 하
> 느님 야훼의 계약궤 옆에 두어 너희를 일깨워주는 증거로 삼아라…

성경 본문이 스스로 이렇게 '모세 저작설'을 증거하고 있으니 성서 무오설을 믿는 보수적인 신학자들은 당연히 모세 저작설을 지지하고 따를 수밖에 없었습니다. 하지만 여러 번 말씀드린 바와 같이, 모세가 저자일 수 없다는 증거가 도처에 너무 많기에, 요즘에는 모세 저작설을 지지하는 신학자는 보수적인 학자들 중에도 거의 없는 실정입니다.

32장은 죽음을 앞둔 모세가 지나온 세월을 회고하며 그동안 이스라엘을 지켜주신 하나님의 역사를 노래로 표현한 시입니다. 44~47절을 표준새번역으로 보겠습니다.

> 모세는 눈의 아들 여호수아와 함께 가서, 백성에게 이 노래를 모두 다 들
> 려주었다. 모세가 이 모든 말을 온 이스라엘 사람에게 한 뒤에, 그들에게
> 말하였다.
> "오늘 내가 너희에게 증언한 모든 말을, 너희는 마음에 간직해 두고, 자녀
> 에게 가르쳐, 이 율법의 모든 말씀을 지키게 하여라. 율법은 단지 빈 말이
> 아니라, 바로 너희의 생명이다. 이 말씀을 순종하여라. 그래야만 너희가
> 요단 강을 건너가 차지하는 땅에서 오래오래 살 것이다."

모세의 유언이라고 할 수 있는 이 말의 마지막 축복 선언을 보면, 가나안 땅에서 너희가 오래 살 것이다, 라는 것이 결론입니다. 죽음을 앞둔 지도자가 할 수 있는 최대의 축복이 약속된 땅에서 오래 사는 것입니다.

이렇게 구약 시대, 적어도 서기전 5세기까지의 문서에는 부활이나 영생에 대한 개념이 전혀 등장하지 않습니다. 철저하게 현세적인 종교, 먼 미래나 저 하늘로 도피하지 않는 종교가 유일신 종교의 원형입니다.

오늘날 기독교가 되찾아야 할 가치도 '저기 저 천국'으로 도피하는 신앙이 아니라, 현실의 불의와 맞서 싸워서 '여기 이 땅에' 하나님의 나라를 이룩하는 것임을 잊지 말아야 하겠습니다.

33장에는 모세가 이스라엘의 열두 지파에게 축복하는 내용이 담겨 있습니다. 이 내용은 창세기 49장에서 야곱이 열두 아들에게 축복하는 내용과 일맥상통합니다.

양쪽 기록이 모두 야곱과 모세가 미래를 예언하는 형식으로 되어 있지만, 실제로는 이스라엘 역사가 진행되는 과정에서 지나온 역사를 회고하며 기록된 것이기에 당연히 유사한 내용이 있을 수밖에 없습니다.

하지만 신명기 33장에 기록된 축복에는, 창세기에서 야곱이 열두 아들에게 해준 것으로 기록된 축복과는 다른 내용도 있습니다. 장자 지파인 르우벤은 거의 멸절될 위기에 처해 있고, 시므온 지파는 이미 없어진 것으로 보입니다.

이스라엘이 국가로 성립된 초기 또는 중기의 상황을 다룬 창세기의 기록과는 달리, 신명기의 기록은 말기의 상황을 담았기 때문에 생긴 차이일 것입니다.

34장에는 모세의 죽음이 기록되어 있습니다. 하나님은 모세가 죽기 직전에 느보산 정상으로 데리고 가셔서 강 건너 가나안 땅을 보여주십니다. 그러고 나서 모세의 죽음에 대한 기록이 이어지는데 7~12절을 보겠습니다.

> 모세가 죽을 때 나이 백이십 세였으나 그의 눈이 흐리지 아니하였고 기력이 쇠하지 아니하였더라. 이스라엘 자손이 모압 평지에서 모세를 위하여 애곡하는 기간이 끝나도록 모세를 위하여 삼십 일을 애곡하니라.
> 모세가 눈의 아들 여호수아에게 안수하였으므로 그에게 지혜의 영이 충만하니 이스라엘 자손이 여호와께서 모세에게 명령하신 대로 여호수아의 말을 순종하였더라.
> 그 후에는 이스라엘에 모세와 같은 선지자가 일어나지 못하였나니, 모세는 여호와께서 대면하여 아시던 자요, 여호와께서 그를 애굽 땅에 보내사, 바로와 그의 모든 신하와 그의 온 땅에 모든 이적과 기사와 모든 큰 권능과 위엄을 행하게 하시매, 온 이스라엘의 목전에서 그것을 행한 자이더라.

이런 내용으로 신명기, 그리고 모세오경의 기록이 끝을 맺습니다.
그런데 본문은 모세가 죽을 때 나이가 120세였는데, 그의 눈이 흐리지 아니하였고 기력도 쇠하지 아니하였다고, 과거형으로 말하고 있습니다. 그리고 이스라엘 자손이 여호수아의 말에 순종했다는 본문의 기록은, 모세가 죽고 나서 여호수아의 지휘 아래 이스라엘 백성이 가나안으로 진입한 이후의 상황까지 과거형으로 말하고 있습니다.

모세오경을 모세의 작품이라고 주장하는 극보수 신학자들도 모세와 그 이후를 객관적으로 기록한 이 본문만은 다른 사람의 기록이라고 인정할 수밖에 없었습니다. 그래서 창세기 1장부터 신명기 33장까지는 모세의 기록이고, 34장만 모세의 제자 누군가가 첨가한 것이라는 주장이 아직까지도 근근이 이어져 오고 있습니다.

하지만 오늘날에는 보수적인 신학자들 가운데서도, 모세오경을 모세의 작품으로 보는 학자들은 점차 사라져가고 있습니다.

이렇게 해서 모세오경 강해를 모두 마쳤습니다. 창세기와 출애굽기 전반부까지는 이야기 형식의 글이 많아서 비교적 부드럽게 흘러갔는데, 출애굽기 20장부터는 복잡한 율법 규정이 계속되었습니다. 특히 레위기 이후부터는 앞 문서에서 언급했던 내용의 반복이 많아서, 강해하는 제 입장에서도 어려움이 있었고, 읽는 벗님들도 지루한 느낌이 있었을 것 같습니다.

뛰어난 한 사람의 문장가가 기록했다면 이렇게 되지는 않았을 텐데, 수백 년에 이르는 세월 동안 여러 사람의 입에서 입으로 전해진 내용이 어느 시점에서 단편적으로 기록되고, 그 단편 문서들이 네다섯 개의 문서로 모아졌습니다. 이러한 네다섯 개의 문서들이 다시 하나로 합쳐지는 과정에서 겹치는 문서라고 하여 함부로 빼거나 덧붙일 수 없었기에, 중복되고 때로는 서로 모순되는 내용이 함께 담기게 된 것이라고 여러 번 설명드렸습니다.

하지만 그게 전부가 아닐 수도 있습니다. 최종 편집자가 중요하다고 생각하는 내용을 다섯 권으로 나뉜 모세오경 안에 의도적으로 반복해서 집어넣었을 가능성도 있습니다. 그 이유는, 제가 앞 강의에서 이미 했던 설명을 다시 반복해서 설명하는 것과 같습니다.

신명기는 70~80퍼센트 이상이 이미 모세오경에 앞선 문서들에서 기록된 내용의 반복입니다. 반복하는 것이 듣는 사람의 입장에서는 지루할 수 있지만, 반복하면 할수록 오래 기억됩니다. 학생들이 이미 배운 내용을 다시 복습하는 이유이기도 합니다.

중요한 내용을 잊지 않고 오래 기억하게 하려면 반복 학습이 중요하다는 것을, 아마 모세오경의 최종 편집자도 알고 있지 않았을까요.

이제 모세오경에 대한 강해를 마치면서, 벗님들과 함께 생각해보고 싶은 것이 있습니다. 움베르토 에코의 장편소설 『장미의 이름』에서 윌리엄 수도사가 제자인 아드소에게 이런 말을 하는 장면이 나옵니다.

"악마라고 하는 것은 영혼의 교만, 미소를 모르는 신앙, 의혹의 여지가 없다고 믿는 진리… 이런 것일세."

이 소설의 끝부분에서 움베르토 에코는, 윌리엄 수도사가 제자인 아드소에게 말하는 형식을 빌려 종교 교리에 함몰된 사람들에게 이렇게 말하고 있습니다.

"가짜 그리스도는 지나친 믿음에서 나올 수도 있고, 하느님이나 진리에 대한 지나친 사랑에서 나올 수도 있는 것이다. 아드소, 진리를 위해서 죽을 수 있는 자를 경계하여라. 진리를 위해 죽을 수 있는 자는 대체로 많은 사람을 자기와 함께 죽게 하거나, 때로는 자기보다 먼저, 때로는 자기 대신 죽게 하는 법이다. 호르헤가 능히 악마의 대리자 노릇을 할 수 있었던 것은, 자기 나름의 진리를 지나치게 사랑한 나머지 허위로 여겨지는 것과 몸을 바쳐 싸울 각오가 되어 있었기 때문이다. 진리에 대한 지나친 집착에서 우리 자신을 해방시키는 일, 이것이야말로 우리가 좇아야 할 궁극적인 진리가 아니겠느냐."

모세가 시나이산 정상에서 하나님을 대면하는 동안 백성들은 송아지상을 만들고 축제를 벌였노라고 성서는 말했습니다. 분노하는 하나님 앞에서 백성들을 대신해 용서를 구했던 모세는 정작 하산하여 백성들의 행태를 눈으로 보자 태도가 돌변합니다. 하나님께서 친히 써주셨다는 십계명 돌판을 던져 깨뜨리고 레위 지파 사람들에게 살인 면허를 주어 3,000명의 동족을 죽이도록 했습니다.

저는 여기서 레위 지파 사람들의 마음을 헤아려보고 싶습니다. 왜 그들은 모세가 위임한 살인 행위를 거침없이 실행에 옮길 수 있었을까요? 그것이 옳은 일이라는 확신이 있었기 때문일 것입니다. 그것이 하나님을 위하고 이스라엘 공동체를 위한 일이라고 믿었을 것입니다.

물론 출애굽은 실제 역사적 사실이 아니라 설화라고 여러 번 말씀을 드렸습니다. 하지만 전설이나 설화라고 해서 전혀 근거 없이 만들어지는 경우는 드뭅니다. 노아의 홍수 설화의 원형이 메소포타미아의 홍수 설화인 「길가메시 서사시」라는 말씀을 드렸지요. 그런데 「길가메시 서사시」는 고대 근동 지방에서 실제로 일어났던 대홍수에 대한 기억을 토대로 만들어졌을 가능성이 크다고 학자들은 말합니다.

모세가 레위 지파 사람들에게 살인 면허를 주어 3,000명을 몰살시켰다는 설화도 어쩌면 그와 비슷한 잔인한 학살 사건이 기초가 되어 발생한 이야기일 가능성이 충분히 있습니다. 그렇지 않고 전승 과정이나 기록 단계에서 누군가 창작한 것이라면, 그 이야기를 만들어낸 사람의 머릿속에 그런 잔인한 학살이 이스라엘 공동체를 위해 필요하고 옳은 일이라는 생각이 자리 잡고 있었을 것입니다.

그런 확신주의자들이 자기들이 생각하는 진리를 위하여 무기를 손에 들 때 실제로 잔인한 학살이 벌어집니다. 십자군 전쟁 때 예루살렘을 점령한 십자군은 성 안에 남아 있던 유대인과 무슬림을 모두 죽였습니다. 이교도들을 죽이는 것은 하나님의 영광을 드러내는 일이라고 믿었기에 그렇게 잔인할 수 있었을 것입니다. 당시 예루살렘 성을 채운 피가 발목까지 차올랐다고 역사는 전합니다.

우리는 확신주의자들의 범죄가 얼마나 무서운지 최근의 역사를 통해서도 잘 알고 있습니다. 9·11 테러를 저지른 자들은 스스로 독실한 무슬림임을 자처했습니다. 그들은 진리를 위해 기꺼이 죽을 수 있는 자들이었습니다. 자신뿐 아니라 움베르토 에코가 자신의 소설에서 지적한 것처럼, 많은 사람을 자기와 함께 죽게 만들었습니다.

이 책을 보시는 벗님들께 부탁드립니다. '악마라고 하는 것은 영혼의 교만, 미소를 모르는 신앙, 의혹의 여지가 없다고 믿는 진리', 이런 것들이라는 것을 기억해주십시오. 가짜 그리스도는 지나친 믿음에서 나올 수도 있고, 하느님이나 진리에 대한 지나친 사랑에서 나올 수도 있다는 것을 절대로 잊지 말아 주십시오.

자기 나름의 진리를 지나치게 사랑한 나머지. 자신이 허위로 여기는 것에 몸을 바쳐 싸울 각오가 되어 있는 사람은 악마의 대리자 노릇을 할 수도 있다는 점 또한 꼭 기억해 주십시오. 진리에 대한 지나친 집착에서 우리 자신을 해방시키는 일, 그것이야말로 우리가 좇아야 할 궁극적인 진리라는 것을, 마음 깊이 새겨 주십시오.

제가 이런 식의 강의나 인터뷰를 할 때마다 헷갈려하는 사람이 많습니다. 도대체 네 정체가 무엇이냐, 기독교를 살리자는 것이냐 죽이자는 것이냐, 하는 식으로 말입니다. 둘 다입니다. 저의 대답은 언제나 같습니다. 교리에 매인 배타적인 기독교를 죽이자는 것이요, 예수님께서 삶과 말씀으로 보여주신 참 기독교를 살리자는 것입니다.

모세오경 강해, 쉽지 않은 여정이었는데 함께해주셔서 감사합니다.

1

오래전, 그러니까 40년 전인 1982년에, 시각장애인 안요한 목사님의 일대기를 그린 〈낮은 곳으로 임하소서〉라는 영화가 개봉되어 기독교계뿐 아니라 사회적으로도 적지 않은 파장을 일으켰습니다.

목사의 아들로 태어났지만 하나님을 부정하는 삶을 살다가 갑자기 시력을 잃은 안요한 목사님이, 꿈에 하나님을 만나 뵙고 큰 위로와 용기를 얻은 후에 회심하고 목사가 되는 과정을 그린 영화입니다.

그때 안요한 목사님이 꿈속에서 들었다는 말씀을 함께 살펴보고 싶습니다.

네 평생에 너를 능히 대적할 자가 없으리니, 내가 모세와 함께 있었던 것 같이 너와 함께 있을 것임이니라. 내가 너를 떠나지 아니하며 버리지 아니하리니 강하고 담대하라. 너는 내가 그들의 조상에게 맹세하여 그들에게 주리라 한 땅을 이 백성에게 차지하게 하리라.

오직 강하고 극히 담대하여 나의 종 모세가 네게 명령한 그 율법을 다 지켜 행하고 우로나 좌로나 치우치지 말라. 그리하면 어디로 가든지 형통하리니, 이 율법 책을 네 입에서 떠나지 말게 하며, 주야로 그것을 묵상하여, 그 안에 기록된 대로 다 지켜 행하라. 그리하면 네 길이 평탄하게 될 것이며 네가 형통하리라.

내가 네게 명령한 것이 아니냐, 강하고 담대하라. 두려워하지 말며 놀라지 말라. 네가 어디로 가든지 네 하나님 여호와가 너와 함께 하느니라 하시니라.

여호수아 5~9절인데, 지금도 보수적인 신앙을 가진 분들이 금과옥조처럼 여기는 말씀입니다.

영화가 만들어진 1982년에 저는 장로회신학대학교 신학대학원 졸업반 학생이었습니다. 그로부터 4년 전인 1978년에 학교 내 신앙 동아리 겨울 수련회에서 저는 하나님을 뜨겁게 만났지만, 근본주의 색체가 너무나 강했던 학내 신앙 동아리에서 대학 3~4학년 과정을 근본주의 신앙과 씨름하며 지냈습니다.

학부에서 철학을 전공했던 저는 장신대 신학대학원에 들어가서 대학 때 받은 근본주의 신앙의 영향으로 '알보수'라는 별명을 얻기도 했습니다. 그런데 막상 졸업반이 되었을 때는 기독교에 대한 절망감으로 방황하고 있었습니다.

당시에 저는 납득이 되지 않는 성경 구절을 만나면 만족할 만한 답을 얻을 때까지 관주 성경으로 성서 전체를 헤집고 다니면서 관련된 모든 부분을 샅샅이 살펴보곤 했습니다. 그때 〈낮은 곳으로 임하소서〉를 본 거의 모든 분이 큰 은혜를 받았다는 여호수아 1장의 이 말씀도 만났지만, 저에게는 전혀 위로가 되지 못했습니다.

오히려 이 말씀의 전후 맥락에 흐르는 무서운 살상과 오직 이스라엘만을 위하시고 이방인에게는 전혀 자비를 베풀지 않으셨던 성서의 하나님에 대한 회의로 더 힘들고 외로웠던 기억이 납니다. 신학대학원 3년 과정을 거의 마치고 졸업을 앞둔 시점까지도 성서의 언어가, 기본적으로 고백의 언어라는 것을 학교에서는 배울 수 없었기에 겪어야 했던 아픔이었습니다.

종교학에서는 기초 중의 기초라고 할 수 있는, 종교의 언어를 어떻게 읽어야 하는지에 대해 신학대학원 졸업반에서조차 배우지 못한 이유는, 제가 이 책에서 소개하고 있는 신학적인 관점이 불행하게도 당시 대한예수교장로회 통합 측 교단에서는 공개적으로 입에 올릴 수 없는 위험한 신학으로 간주되었기 때문입니다.

40년이 지난 지금은 어떤지 궁금합니다. 아직도 여전히 성서의 언어를 모두 사실의 언어인 것처럼 신학교에서 가르치고 있다면 그것은 커다란 왜곡이고, 역사에 죄를 짓는 일인데 말입니다.

2

여호수아 이야기를 조금 더 나누고 싶습니다. 모세의 뒤를 이어 이스라엘의 영도자가 된 여호수아는 가나안에 입성하여 원주민들의 땅을 차근차근 정복해 나갑니다.

3장에는 여호수아가 제사장들을 앞세워 요단강을 건너는 장면이 기록되어 있지요. 제사장이 법궤를 메고 앞에서 건너고 그 뒤를 1킬로미터 정도 간격을 두고 백성들이 따르는데, 놀라운 기적이 일어났노라고 본문은 말합니다. 14~17절을 보겠습니다.

> 백성이 요단을 건너려고 자기들의 장막을 떠날 때에 제사장들은 언약궤를 메고 백성 앞에서 나아가니라. 요단이 곡식 거두는 시기에는 항상 언덕에 넘치더라.
>
> 궤를 멘 자들이 요단에 이르며 궤를 멘 제사장들의 발이 물가에 잠기자, 곧 위에서부터 흘러내리던 물이 그쳐서 사르단에 가까운 매우 멀리 있는 아담 성읍 변두리에 일어나 한 곳에 쌓이고, 아라바의 바다 염해로 향하여 흘러가는 물은 온전히 끊어지매, 백성이 여리고 앞으로 바로 건널새 여호와의 언약궤를 멘 제사장들은 요단 가운데 마른 땅에 굳게 섰고 그 모든 백성이 요단을 건너기를 마칠 때까지 모든 이스라엘은 그 마른 땅으로 건너갔더라.

출애굽 한 이스라엘 백성들이 홍해를 건널 때 일어났던 것과 거의 같은 기적이 여기서도 재현되었다고 본문은 말합니다. 하지만 이런 일은 일어날 수 없습니다. 하나님께서 만드신 자연법칙을 스스로 깨뜨리는 일이기 때문입니다.

오늘날의 신학자들 중에는 하나님과 자연법칙을 동일시하는 분도 많습니다. 자연법칙이 곧 하나님이라는 것입니다. 옛 사람들은 하나님께서 온 세상을 창조하시고, 그 세상이 온전히 운행되도록 섭리하신다고 고백했지만, 오늘날 그 역할을 하는 것은 사람처럼 사랑도 하고 화도 내는 인격체로서의 하나님이 아니라 바로 자연법칙이라는 것입니다.

저는 이 견해를 부분적으로 수용합니다. 다른 점이 있다면, 저는 하나님을 자연법칙 자체가 아니라 그 법칙의 근저에 있는 보다 근원적인 존재와 질서로 보고, 자연법칙은 하나님의 뜻이라고 보는 관점입니다.

그러니까 저의 신앙관에 따르면 자연법칙을 만드신 분이 하나님인데, 성서에서는 그 하나님이 너무나 자주 당신이 스스로 만드신 자연법칙을 깨뜨리십니다. 그러나 그건 하나님답지 않은 일입니다. 자연스럽지도 않습니다. 좀 심하게 말하면 억지입니다. 정확히 말하면 옛 사람들의 희망 사항이자 욕심일 뿐입니다.

사람이 물 위를 걷다니요. 그런 일은 일어날 수 없습니다. 보리빵 다섯 개와 물고기 두 마리로 5,000명이 나누어 배불리 먹고도 열두 광주리가 남았다고요? 자연의 질서를 파괴하는 그런 일은 일어날 수 없습니다.

하나님께서 바다를 가르게 하시고 요단강 물도 멈추게 하셔서 이스라엘 백성을 건너게 하셨다는 성서 본문의 기록은, 하나님의 은혜를 간절히 바라는 약소민족 이스라엘의 가엾은 생존 욕구와 희망 사항이 담긴 고백의 언어이지 사실의 언어일 수가 없습니다.

저는 하나님을 세상사에 일일이 간섭하시는 존재가 아니라, 자연에는 법칙을 부여하시고 인간에게는 이성을 주셔서 합리적으로 판단하고 스스로 선택할 수 있는 존재로 만들어주신 분이라고 믿습니다.

3

제가 이렇게 여호수아 본문 일부를 소개해 드리는 이유는, 모세오경 강해가 끝이 아니라는 것을 말씀드리고 싶기 때문입니다.

유튜브 영상으로는 〈류상태 성서 강해〉 시리즈가 모세오경을 넘어 계속 이어지고 있습니다. 건강과 여건이 허락된다면, 저는 이 강해 작업을 요한계시록까지 마치고 싶습니다.

성서를 어떻게 읽어야 하는지를 아는 것은, 성서의 내용을 아는 것 못지않게, 아니 그보다 훨씬 더 중요합니다. 그것은 몸이 아프다고 해서 아무 약이나 무조건 먹어서는 안 되고, 용법에 맞게 복용해야 하는 것과 마찬가지입니다.

성서는 과학책이나 역사책이 아니라 종교 경전이라는 것, 그래서 기본적으로 성서의 언어는 객관적 사실의 언어가 아니라 주관적 진실의 언어이며, 고백의 언어라는 것을 이해하는 것이 너무나 중요합니다.

아무쪼록 이 책을 통해서 독자들이 성서의 진실에 한 걸음이라도 더 다가갈 수 있다면 저로서는 더 바랄 게 없겠습니다.

모세오경의 진실

ⓒ 류상태, 2022

초판 1쇄 2022년 6월 22일 찍음
초판 1쇄 2022년 7월 7일 펴냄

지은이 | 류상태
펴낸이 | 이태준

기획·편집 | 박상문, 김슬기
디자인 | 최진영
관리 | 최수향
인쇄·제본 | (주)삼신문화

펴낸곳 | 북카라반
출판등록 | 제17-332호 2002년 10월 18일

주소 | (04037) 서울시 마포구 양화로7길 6-16 서교제일빌딩 3층
전화 | 02-486-0385
팩스 | 02-474-1413
ISBN 979-11-6005-106-3 03200
값 20,000원